商務禮儀

主編 ◎ 劉江海

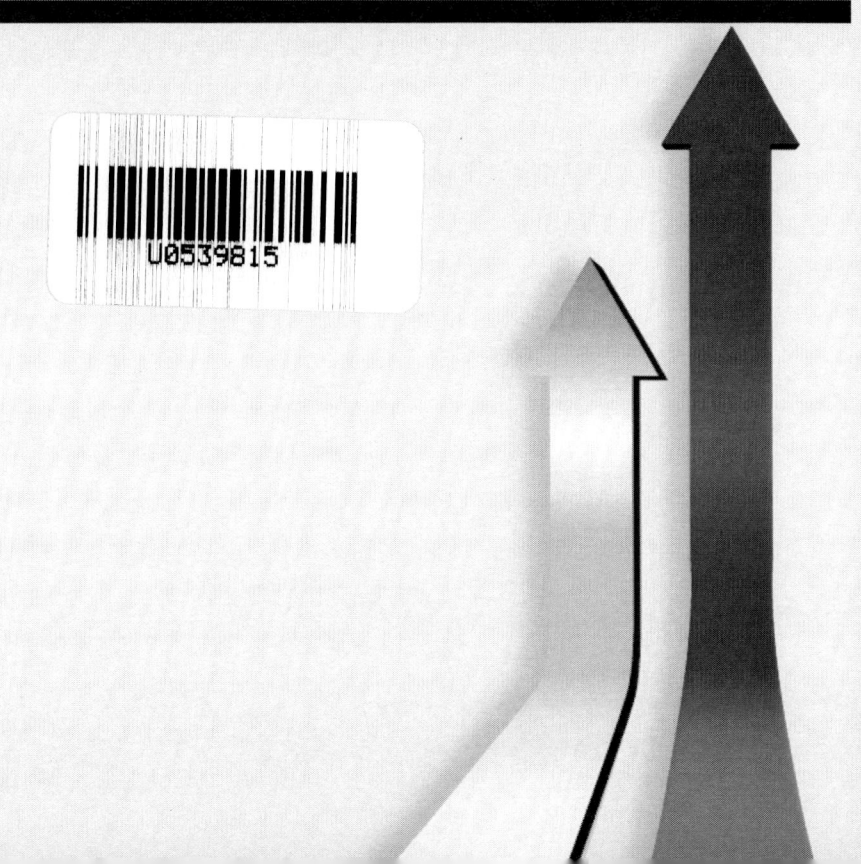

前 言

社會發展需要禮儀規則意識，以體現個人的學識、修養和價值觀。禮儀能有效地展現施禮者和還禮者的教養、風度與魅力，體現了個人對他人和社會的認知水平、尊敬程度，是人與人之間表達心意、增進交流、促進瞭解的有效保障，是人際交往活動中不可缺少的潤滑劑和聯繫紐帶。

商務禮儀是一門實踐性非常強的應用型學科。在本教材中，學生不僅要掌握個人形象塑造和商務禮儀運用的基本知識和操作方法，更重要的是要有意識地運用禮儀知識，為以後走上工作崗位，建立完善的人際關係，為更快地走向成功奠定良好的基礎。

本書的一大特點是結合學生今後在現代服務業和現代社會活動的實際需要，結合企業常見商務活動，分為職業形象禮儀、商務會面交往禮儀、商務接待拜訪禮儀、商務宴請禮儀、商務活動禮儀、會議談判禮儀和求職面試禮儀七大模塊。每個模塊由禮儀諺語、模塊教學目標、知識目標、技能目標、素質目標組成。每個模塊中又包含了多個任務，每個任務由案例導入、任務目標、理論知識、實訓技能構成。本書以任務為目標，以技能為導向，提高學生在任務開發過程中的分析問題、解決問題的能力,提高學生的實踐操作技能。

本書的另一大特點是在每個任務或模塊結束前，設置了一個情景模擬與角色扮演環節，通過一些商務活動的真實場景，組織學生積極參與教學，進行體驗式學習和演練，並在訓練禮儀技能的基礎上，提高創新能力和團隊合作能力，培養自信心。

本書具有較強的應用性和可操作性，是按照當代大學生職業目標定位方向和培養目標的要求進行編寫的，尤其適合高等職業型人才和應用創新型人才培養使用。本書遵循「實用為主，適用為變」的原則，以內強素質、外塑形象為重要目標突出商務禮儀的重要性。

本書在編寫過程中，參考了大量的國內外專家學者的文獻和資料，在此表示衷心

的感謝。

儘管在本書的編寫過程中編者做出了許多努力,但仍存在疏漏和不足之處,懇請同行專家、學者及廣大讀者不吝賜教,批評指正。

編者

目 錄

緒論　商務禮儀實訓概述 …………………………………………… (1)

模塊一　職業形象禮儀 ……………………………………………… (10)
　任務 1　儀態禮儀 ……………………………………………………… (11)
　任務 2　儀表禮儀 ……………………………………………………… (38)
　任務 3　儀容禮儀 ……………………………………………………… (54)

模塊二　商務會面交往禮儀 ………………………………………… (64)
　任務 1　稱呼與問候禮儀 ……………………………………………… (65)
　任務 2　見面禮節 ……………………………………………………… (71)
　任務 3　介紹禮儀 ……………………………………………………… (81)
　任務 4　名片使用禮儀 ………………………………………………… (87)
　任務 5　電話禮儀 ……………………………………………………… (93)

模塊三　商務接待拜訪禮儀 ………………………………………… (98)
　任務 1　接待禮儀 ……………………………………………………… (99)
　任務 2　拜訪禮儀 ……………………………………………………… (106)
　任務 3　饋贈禮儀 ……………………………………………………… (112)

模塊四　商務宴請禮儀 ……………………………………………… (117)
　任務 1　中餐宴請禮儀 ………………………………………………… (118)
　任務 2　西餐宴請禮儀 ………………………………………………… (131)

模塊五　商務活動禮儀 ……………………………………………… (147)
　任務 1　簽字儀式 ……………………………………………………… (148)
　任務 2　開業慶典 ……………………………………………………… (153)

任務3　剪彩儀式 …………………………………………………（157）

模塊六　會議談判禮儀 ……………………………………………（166）
　　任務1　商務會議禮儀 ………………………………………………（167）
　　任務2　茶話會禮儀 …………………………………………………（174）
　　任務3　商務談判禮儀 ………………………………………………（179）

模塊七　求職面試禮儀 ……………………………………………（185）
　　任務1　求職面試準備 ………………………………………………（186）
　　任務2　面試禮儀 ……………………………………………………（193）

緒論　商務禮儀實訓概述

一、課程概述

(一) 課程性質

商務禮儀實訓課程是當代大學生各專業，尤其是經濟管理類各專業集中實踐性教學環節的專業實訓課，屬於應用性實踐必修骨幹課程和職業訓練課程。課程遵循「實用為主，適用為變」的原則，以內強素質、外塑形象為重要目標突出商務禮儀的重要性。

商務禮儀實訓，既是教學與訓練項目課程之一，也是學生在校學習期間理論聯繫實際、增長實踐知識的重要手段和方法之一。

(二) 基本理念

商務禮儀實訓課程以「教師為主導，學生為主體」作為課程的指導思想，理論知識以必須、適用為度，以任務設計、技能訓練、情景模擬和角色扮演等實踐活動為載體，以學生未來就業崗位的實用技能培養為宗旨。課程設計理念注重職業能力培養，即：注重學生包括職業素養和溝通表達能力等職業能力訓練，提升學生的團隊意識及合作精神；注重課程與社會的關聯度，即注重課程與企業的關聯，要求課程內容應符合企事業單位商務活動的要求與標準，教學團隊專兼職結合、教學環境校內外結合，不脫離社會實際；注重課程設計的開放性，即注重在課時、內容和考核的安排上，通過教學內容的合理編排和教學過程中的體驗訓練，體現校企的合作性和學生的參與性。

(三) 設計思路

商務禮儀實訓課程將針對學生今後在現代服務業和現代社會活動的實際需要，通過實訓環節鞏固學生先修課程講授的禮儀基本理論和知識，要求學生熟悉商務禮儀的基本原理，掌握商務交往活動中的基本規則和正確的商務禮儀技巧，自覺按照商務禮儀的規範約束個人言行舉止，以達到在觀念、態度、能力等多方面提升學生的職業素養、全面提高學生個人的道德修養、改善自身形象、淨化社會風氣的目的，為學生將來建立良好的人際關係、走向職業化奠定基礎。

本實訓課程通過啓發引導、案例分析、情景模擬、角色扮演等教學方法，採用互動、模擬、訓練等方式開展有關商務和公務活動的相關禮儀程序和技巧的培訓和實踐，以期達到活學活用的效果；並使學生在意識、形象、語言、舉止、內外往來及溝通技巧上有據可依、有章可循，從而提高學生的職業素養，規範自身言行和行為，掌握接

人待物以及溝通藝術與技巧。

二、課程目標

（一）課程總目標

商務禮儀實訓課程以高等職業本科及應用型本科人才培養的目標和社會對現代商務人才的需求為依據，以企業常見商務活動的主要類型進行實訓教學，以完成各項實際工作為任務來開展教學，以企業一個完整的商務活動安排教學任務，以任務的完成為目標，以學生自主思考和訓練、模擬和實際體驗為主，以教師啟發引導、講解、示範為輔，教與學結合，學與做結合。

課程要求學生採用互動、模擬、訓練等方式，認識和瞭解企業常見商務活動策劃與組織的一般程序，熟練掌握商務活動策劃與組織各項技能，熟練掌握商務活動各環節的禮儀規範，培養學生一定的溝通能力、組織能力、應變能力以及團隊合作精神。

通過商務禮儀實訓課程的學習和培訓，學生應掌握個人形象塑造和商務禮儀運用的基本知識和操作方法，並有意識地運用禮儀，為以後走上工作崗位，建立完善的人際關係，更快地走向成功奠定良好的基礎。

（二）課程具體目標

1. 知識目標

（1）瞭解並掌握塑造良好個人形象的原則；
（2）瞭解企業商務活動的主要類型和工作流程；
（3）瞭解商務禮儀的基本原則和國際慣例；
（4）掌握商務活動各環節禮儀規範要求。

2. 技能目標

（1）掌握塑造良好職業形象的技巧和方法；
（2）掌握會面交往、客戶接待與拜訪的禮儀規範；
（3）掌握商務宴請的流程和禮儀規範；
（4）掌握各類特定商務活動策劃的方法和規範；
（5）掌握各類商務會議的工作流程，並熟悉其活動的策劃內容；
（6）掌握面試應聘的技巧和禮儀規範；
（7）掌握涉外交往中不同國家的禮儀習俗禁忌。

3. 素質目標

（1）培養學生的職業素養和職業意識；
（2）培養學生的團隊意識與合作精神；
（3）培養學生的組織能力與責任意識；
（4）培養學生的溝通能力與應變能力。

三、課程內容與標準

（一）課程導論內容與標準（表 0.1）

表 0.1　　　　　　　　　　　課程導論內容與標準

\multicolumn{2}{c|}{課程導論——實習動員}	
知識目標	通過導論部分的學習，要求學生掌握瞭解以下兩方面的內容
^	1. 課程定位及學習要求 （1）本課程在培養方案中的地位 （2）本課程的教學目的與要求 （3）教學內容與教學安排 （4）成績考核與評價方法
^	2. 課程的目標和教學方法 （1）課程的總體目標和分目標 （2）課程教學方法
任務	統一思想、端正認識；人員分組、實訓物資準備等

（二）職業形象禮儀內容與標準（表 0.2）

表 0.2　　　　　　　　　　　職業形象禮儀內容與標準

模塊名稱	\multicolumn{2}{c|}{模塊一　職業形象禮儀}	
知識目標	\multicolumn{2}{l|}{1. 瞭解儀態、儀表、儀容的概念、內容及要點 2. 掌握商務人員儀態、儀表、儀容的禮儀規範要求 3. 掌握站立、入座、行走和下蹲等姿態，以及表情、手勢和身體語言使用的禮儀規範和基本要求 4. 掌握男士西裝、女士套裙和商務著裝的基本原則、著裝要求以及服飾搭配要領 5. 掌握儀容修飾的基本原則，掌握皮膚護理、職業化妝、髮型選擇、手腳修飾及其他儀容修飾的技巧}	
素質培養目標	\multicolumn{2}{l|}{1. 培養學生的個人素養和職業素質 2. 培養學生養成注重個人容儀表、行為舉止的優秀意識和良好習慣 3. 提高學生審美修養和塑造自我美好個人形象的能力}	
任務	內容	技能目標
^	任務1 儀態禮儀	1. 掌握儀態禮儀的禮儀原則和要求 2. 掌握優美規範的站姿、坐姿、行姿和蹲姿 3. 掌握眼神禮儀和微笑禮儀，正確使用身體語言以及各類手勢 4. 培養良好的行為舉止習慣
^	任務2 儀表禮儀	1. 掌握男士西裝、女士套裙和職業著裝的原則 2. 掌握商務活動著裝規律、飾品佩戴要求
^	任務3 儀容禮儀	1. 掌握潔面步驟、美容要領和職業化妝技巧 2. 職業裝扮技巧訓練

（三）商務會面交往禮儀內容與標準（表0.3）

表0.3　　　　　　　　　　商務會面交往禮儀內容與標準

模塊名稱	模塊二　商務會面交往禮儀	
知識目標	1. 掌握不同場合的稱呼與問候 2. 掌握握手、擁抱、合十、拱手等會面禮儀要求 3. 掌握自我介紹和介紹他人的禮儀技巧 4. 掌握名片製作的方法、遞接及索要名片的技巧 5. 掌握接聽電話、撥打電話的技巧以及手機使用的注意事項	
素質培養目標	1. 提高學生在待人接物、社會交往和商務工作中的禮儀修養 2. 掌握基本禮貌用語，具備在不同場合與人交往的基本素質	
任務	內　容	技　能　目　標
	任務1 稱呼與問候禮儀	1. 掌握不同場合的稱呼 2. 掌握不同場合的問候
	任務2 見面禮節	1. 掌握握手、擁抱、合十、拱手等會面禮儀要求 2. 掌握不同國家的見面禮儀
	任務3 介紹禮儀	1. 掌握自我介紹的禮儀技巧 2. 掌握介紹他人的禮儀技巧
	任務4 名片使用禮儀	1. 掌握名片製作的方法 2. 掌握名片遞接的技巧 3. 掌握索要名片的技巧
	任務5 電話禮儀	1. 掌握電話接聽與撥打的禮儀規範 2. 掌握手機使用禮儀

（四）商務接待拜訪禮儀內容與標準（表0.4）

表0.4　　　　　　　　　　商務接待拜訪禮儀內容與標準

模塊名稱	模塊三　商務接待拜訪禮儀	
知識目標	1. 掌握接待工作流程及內容 2. 瞭解接待前的準備工作 3. 掌握接待時迎客、待客、送客和乘車禮儀 4. 掌握商務拜訪的準備技巧、正式拜訪和告辭過程中的禮儀 5. 掌握饋贈禮儀的規範、要求及注意事項 6. 熟悉不同國家的接待拜訪禮儀	
素質培養目標	1. 提高學生在商務接待和商務拜訪中的禮儀修養 2. 培養學生的專業能力與職業核心能力，提高學生的職業素養	
任務	內　容	技　能　目　標
	任務1 接待禮儀	1. 掌握接待工作的流程和標準 2. 掌握接待時迎客、待客、送客和乘車禮儀
	任務2 拜訪禮儀	1. 掌握商務拜訪的禮儀原則和技巧 2. 掌握商務拜訪的準備技巧、正式拜訪和告辭過程中的禮儀 3. 掌握不同國家的拜訪禮儀
	任務3 饋贈禮儀	1. 掌握禮品選擇的技巧 2. 掌握禮品贈送、接受和謝絕的禮儀 3. 掌握禮品回贈的禮儀

（五）商務宴請禮儀內容與標準（表0.5）

表0.5　　　　　　　　　　商務宴請禮儀內容與標準

模塊名稱	模塊四 商務宴請禮儀	
知識目標	1. 掌握宴請活動的程序、桌次與席位排序禮儀 2. 掌握中餐餐具分類使用、點菜要領及上菜順序等餐桌禮儀 3. 掌握西餐餐具類別使用、點菜要領、上菜順序及餐酒搭配等餐桌禮儀	
素質培養目標	1. 培養學生的個人素養和職業素質，在提高自身綜合素質的同時，幫助人們順利開展各種商務交往 2. 培養學生的溝通能力與交際意識	
任務	內　容	技　能　目　標
	任務1 中餐宴請禮儀	1. 掌握中餐宴請的尊位確定、主客位次排序 2. 掌握中餐餐具的使用 3. 理解中餐點菜要領及上菜順序等餐桌禮儀
	任務2 西餐宴請禮儀	1. 掌握西餐宴請的主客位次排序 2. 掌握西餐餐具的類別與使用 3. 掌握西餐的點菜、上菜及餐酒搭配等餐桌禮儀

（六）商務活動禮儀內容與標準（表0.6）

表0.6　　　　　　　　　　商務活動禮儀內容與標準

模塊名稱	模塊五 商務活動禮儀	
知識目標	1. 掌握簽字儀式的程序及活動內容 2. 掌握各種開業慶典的籌備工作流程、儀式程序與活動內容 3. 掌握各種剪彩儀式的程序與活動內容	
素質培養目標	1. 培養學生的創意思維和策劃能力 2. 培養學生的團隊合作精神與組織協調能力	
任務	內　容	技　能　目　標
	任務1 簽字儀式	1. 掌握簽字場地的布置準備 2. 掌握簽字文本的格式內容 3. 掌握簽字儀式流程
	任務2 開業慶典	1. 掌握傳播媒介的選擇原則與方法 2. 掌握嘉賓名單的擬定與邀請方式的選擇 3. 掌握場地布置的方法 4. 掌握開業慶典的流程設計及過程組織
	任務3 剪彩儀式	1. 掌握剪彩儀式的流程和活動內容 2. 掌握剪彩場地的布置和位次的排定 3. 掌握對剪彩者的選定和助剪者的禮儀要求

(七) 會議談判禮儀內容與標準（表0.7）

表0.7　　　　　　　　　　會議談判禮儀內容與標準

模塊名稱	模塊六　會議談判禮儀	
知識目標	1. 掌握組織會議、接待會議以及參加會議的相關禮儀規範 2. 掌握組織和參加茶話會的禮儀規範 3. 掌握談判前、中、後期整個過程的禮儀要求	
素質培養目標	1. 培養學生的個人素養和職業素質，在提高自身綜合素質的同時，幫助其順利組織、策劃、開展各種會議及談判等商務交往 2. 培養學生的會議組織能力及溝通能力	
任務	內容	技能目標
	任務1 會議禮儀	1. 瞭解會議準備的內容 2. 掌握商務會議工作流程及制定方法 3. 掌握會議禮儀規範 4. 掌握會議座次安排的原則 5. 瞭解質詢的禮儀
	任務2 茶話會禮儀	1. 瞭解茶話會準備工作的內容 2. 掌握茶話會禮儀規範
	任務3 談判禮儀	1. 瞭解商務談判重點涉及的內容 2. 瞭解談判室的布置與主、客方談判座次安排 3. 瞭解出席商務談判的儀表儀態、語言規範的基本要求

(八) 求職面試禮儀內容與標準（表0.8）

表0.8　　　　　　　　　　求職面試禮儀內容與標準

模塊名稱	模塊七　求職面試禮儀	
知識目標	1. 瞭解求職面試禮儀的基本原則和要求 2. 掌握求職面試前的準備工作 3. 掌握面試過程中的禮儀技巧和注意事項	
素質培養目標	1. 培養學生的應聘能力 2. 提高學生的溝通能力與言談技巧 3. 要求學生能出色地完成一次面試任務	
任務	內容	技能目標
	任務1 求職面試準備	1. 掌握應聘信息收集的方法 2. 掌握簡歷和自薦信的製作技巧 3. 對面試問題進行充足的準備 4. 對服飾和個人儀表儀容進行準備
	任務2 面試禮儀	1. 掌握求職者的儀態禮儀 2. 熟知面試中的十個禮儀要求及三個注意事項 3. 掌握面試時的一些應答及應對技巧

（九）實訓綜合考核內容與標準（表0.9）

表0.9　　　　　　　　　實訓綜合考核內容與標準

\multicolumn{2}{c}{實訓綜合考核——商務場景模擬展演}	
知識目標	通過商務場景模擬展演，要求學生綜合掌握以下兩方面的禮儀內容
	1. 儀容、儀態、儀表綜合禮儀展示
	2. 不同商務場景綜合禮儀展示
任　務	團隊統一思想、配合默契；展示符合禮儀標準、展示物品準備齊全。在商務場景模擬展演中，能綜合運用實踐環節的各種禮儀知識。儀容、儀態、儀表正確，禮儀使用合理並恰到好處，語言表達順暢。提升整體禮儀水平

四、實施建議

（一）教學方法

商務禮儀實訓課程的教學，將傳統教學方法與多媒體等現代化的手段相結合，採用任務開發、訓練結合、情景模擬和角色扮演等體驗式教學方法。

（1）任務開發型教學法。它是指以實際任務為目標，教學圍繞任務解決開展，通過完善任務的實際流程，讓學生在任務開發過程中提高分析解決問題的能力，提高實踐操作技能。

（2）訓練結合教學法。它是指以學生為主體，教師加以適當引導，突出知識的應用性，引導學生自主思考，提高學生分析問題、解決問題的能力，提高學生的實踐技能。

（3）情景模擬教學法。它是指在實踐教學的過程中，通過設置一些商務活動的真實場景，組織學生積極參與教學。

（4）角色扮演教學法。它是指學生按不同的任務要求，在特定情境之下，分別扮演特定組織中的不同角色，通過體驗式學習和演練，達到提高創新能力、培養自信心和掌握技能的目的。

（二）教學手段

商務禮儀實訓課程教學要求學生已掌握商務禮儀的基本知識，注重學生實際操作能力的培養。實訓以學生練習為主，教師指導為輔。

商務禮儀實訓課程充分運用現代教學技術手段，將多媒體課件、音頻資料、視頻資料、圖片資料等各類課件的使用有機地納入整個課程教學，與文字教材配合使用。

商務禮儀實訓課程通過現場訓練與指導、實地參觀考察、模擬場景設計和特定角色扮演等實際操作訓練手段，完成體驗學習演練的任務，達到掌握塑造職業形象和提高商務禮儀技能的目標，提高學生解決實際問題的能力，以便在商務禮儀實踐活動中應用自如。

（三）學時分配

商務禮儀實訓課程的教學總學時可以設為40~60學時，也可以在實訓課程之前開設16~32學時的理論教學。如設立為60學時，可以選擇實際操作訓練40學時，輔導20學時。如果設立為40學時，可以把輔導學時作為學生的課後作業。每個模塊考慮的學時分配如表0.10所示。

表0.10　　　　　　　　　　每個模塊考慮的學時分配

序號	模塊	實際操作訓練	輔導
1	課程導論	2	1
2	職業形象禮儀	10	5
3	商務會面交往禮儀	4	2
4	商務接待拜訪禮儀	4	2
5	商務宴請禮儀	4	2
6	商務活動禮儀	4	2
7	會議談判禮儀	4	2
8	求職面試禮儀	4	2
9	實訓綜合考核	4	2
學時合計		40	20

（四）評價考核

課程評價考核的目的是全面評估學生的學習狀況。對學生學習的考核，既要關注學生知識理解與技能掌握的程度，也要關注學生價值觀與職業素養的發展；不僅關注結果，更關注過程。

考核手段和形式將過程評價與結果評價相結合，定性與定量相結合，充分關注學生的個性差異，發揮考核的激勵作用，增強學生的自信心和實踐能力。

教師將利用考核所提供的信息，進一步改善教學設計，調整教學過程，改進教學水平。

商務禮儀實訓課程的考核項目，包括課程教學過程中的出勤率、學生的態度及積極性、小組討論、技能訓練等教學活動中的參與度。此外，在每一個教學任務或模塊完成後，都要安排學生情景模擬與角色扮演練習，同時撰寫實訓筆記，作為模塊小結。

實訓總成績，將根據學生在實訓期間的出勤情況、實習態度和積極性、各模塊訓練效果、商務場景模擬展演和實訓報告的質量綜合評定。具體如表0.11所示。

學生最終成績90~100分評定為優秀；80~89分評定為良好；70~79分評定為中等；60~69分評定為及格；59分及以下評定為不及格。

無故缺席1/3學時及以上者，成績評定為不及格。

表 0.11　　　　　　　　　　　實訓總成績考核

考核方式	考 核 項 目	成　績	標　準
過程考核 （70%）	1. 出勤率	10 分	缺席一次扣三分
	2. 實習態度和積極性	10 分	是否積極參與訓練、積極參與小組活動
	3. 各模塊技能訓練效果	20 分	是否認真完成實訓任務的訓練，實訓後各種商務禮儀是否有改進
	4. 實訓綜合考核：商務場景模擬展演	30 分	在商務場景模擬展演中，是否能綜合運用實踐環節的各種禮儀知識。儀容、儀態、儀表是否正確，禮儀使用是否合理並恰到好處，語言表達是否順暢。是否提升了整體禮儀水平
結果考核 （30%）	5. 實訓報告	30 分	不少於 3,000 字。語言表達是否流暢，字數是否達到規定數量，總結是否深刻，是否達到實習的目的
	總　分	100 分	

（五）實訓設備配置

按每個實訓班最多 30 名學生配置，配備可容納 50 人左右，可模擬辦公、會見、談判、宴請等商務場景和形體訓練的多媒體實訓教室。

模塊一　職業形象禮儀

商務人士在商務交往中想要給他人留下好的第一印象，必須注重自己的職業形象。一個人職業形象的形成涉及的方面很廣，容貌、妝貌、儀態、服飾等，都是個人職業形象的重要組成部分。因此，商務人士必須加強個人儀容、儀表、儀態等方面禮儀知識，學習提升自身修養的職業形象禮儀規範。

【禮儀諺語】

　　人的一切都應該是美麗的：面貌、衣裳、心靈、思想。

——契訶夫

【模塊教學目標】

　　1. 瞭解職業形象禮儀的基本內容；
　　2. 掌握儀態禮儀的規範及要求；
　　3. 掌握儀表禮儀的規範和要求；
　　4. 掌握儀容禮儀的規範和要求。

【知識目標】

　　1. 瞭解儀態、儀表、儀容的概念、內容及要點；
　　2. 掌握商務人員儀態、儀表、儀容的禮儀規範要求；
　　3. 掌握站立、入座、行走和下蹲等姿態，以及表情、手勢和身體語言使用的禮儀規範和基本要求；
　　4. 掌握男士西裝、女士套裙和商務著裝的基本原則、著裝要求以及服飾搭配要領；
　　5. 掌握儀容修飾的基本原則，掌握皮膚護理、職業化妝、髮型選擇、手腳修飾及其他儀容修飾的技巧。

【技能目標】

　　1. 掌握優美規範的站姿、坐姿、行姿和蹲姿；
　　2. 掌握眼神禮儀和微笑禮儀，正確使用身體語言以及各類手勢；
　　3. 能在仿真的工作環境中規範、正確地著裝和搭配；
　　4. 能根據不同的工作性質，正確地裝飾自己的儀容。

【素質目標】

1. 培養學生的個人素養和職業素質；
2. 培養學生養成注重個人儀容儀表、行為舉止的優秀意識和良好習慣；
3. 提高學生審美修養和塑造自我美好個人形象的能力。

任務 1　儀態禮儀

【案例導入】

小張將要大學畢業，雖然成績在班級中名列前茅，但一直沒有找到合適的實習崗位。某天小張到 A 公司面試管理培訓生的實習崗位，在面試過程中，小張彎腰駝背，蹺著二郎腿，腳還不停地抖動；在回答問題時，小張面無表情，一直低著頭，不敢與面試官有眼神上的交流。面試結束後，小張覺得自己的專業知識回答得還不錯，但最終還是未能獲得 A 公司的實習機會。

思考：

1. 小張面試失敗的原因是什麼？如果你是這位大學生，如何做才能贏得面試官的青睞？
2. 商務人員需要掌握和注意哪些儀態禮儀？

【任務目標】

通過實訓，學生應掌握儀態美的基本動作要領，掌握符合禮儀規範的站姿、坐姿、行姿和蹲姿，同時掌握目光禮儀和微笑禮儀的要領，能規範使用身體語言以及各類手勢。

【理論知識】

一、儀態的概述

儀態是指人們在行為中具體呈現的各種體態和姿勢的總稱，主要包括人的站、坐、行、蹲、一擊一笑、舉手投足等。一個人的儀態是呈現一個人修養的一面鏡子，人們往往會憑藉一個人的儀態來判斷其生活、能力、品格以及文化教養等。優雅的舉止、瀟灑的風度，常常會給人留下深刻的印象。

儀態是人們在成長和交往過程中逐步形成的，具有習慣性的特點。在人際交往中，人們除了用語言來表達思想情感外，還常常用體態來表達內心的活動，因為通過體態表達的信息一般要占所傳遞信息總量的65%左右，其信息承載量遠遠大於有聲的語言。因此，「聽其言，觀其行」是所有商務活動中必不可少的。人們在語言交流的同時，也在通過面部表情、身體的姿態、手勢和動作傳遞信息，而通過儀態表達的禮儀比用語言更讓受禮者感到真實可靠。

二、體態禮儀

在人際交往中，體態的調整和變化，往往涉及禮貌、個人風度和教養等幾個方面的問題。正確而優雅的體態可以給人留下美好的印象，不正確、不得體的體態會顯得不禮貌，甚至失禮。

（一）站的姿態

站姿是指人的雙腿在直立靜止狀態下所呈現出的姿勢。站姿是走姿、坐姿和蹲姿的基礎，一個人想要表現出得體雅致的姿態，首先要從規範站姿開始。優雅挺拔的站姿可以顯示出一個人的自信，展現美好的氣質和風度。

1. 基本站姿

對站姿的要求是「站如松」，其意思是站得要像松樹一樣挺拔，同時還要注意站姿的優雅和穩健。站立時，要注意肌肉張弛的協調性，挺胸、立腰、沉肩、兩肩和手臂的肌肉放鬆，呼吸自然，面帶微笑。其基本做法是：

（1）頭部抬起、雙眼平視、下顎微收、頸部挺直、雙肩放鬆、呼吸自然、腰部直立。

（2）雙臂自然下垂，處於身體兩側，手部虎口向前，手指稍許彎曲，指尖朝下。

（3）兩腿立正並攏，雙膝與雙腳的根部緊靠於一起，雙腳呈 45°~60°夾角，身體重量應平均分佈在兩條腿上。

（4）標準站姿從正面看，應頭正、肩平、身直。從側面看，其主要輪廓線應為挺胸、收腹、直腿。

基本站姿如圖 1.1 所示。

圖 1.1　基本站姿

2. 女士站姿

除了基本站姿外，女士還可以採用叉手站姿。在站立時，挺胸收腹，平視前方，面帶微笑，雙腿並攏，雙手在腹前交叉，右手握住左手手指部分，雙腿均勻用力。女

士叉手站姿如圖 1.2 所示。

除了「V」字形站姿外，女士還可以站成「T」字形。「T」字形站姿，也稱為丁字步站立。在站立時，挺胸收腹，平視前方，面帶微笑，右手握左手並輕搭小腹前，一腳在另外一腳弓處成 90°，呈丁字形。站立時間較長時，左右腳可以互換以減輕疲勞感。女士「T」字形站姿如圖 1.3 所示。

女性要注意表現出女性的大方、文雅、端莊的韻味，要給人一種寧靜之美。

圖 1.2　女士叉手站姿　　　　圖 1.3　女士「T」字形站姿

3. 男士站姿

除了基本站姿外，男士還可以採用背手站姿和叉手站姿。

背手站姿在站立時，挺胸直立，平視前方，面帶微笑，雙腳分開，兩腳外沿寬度以不超過肩寬為宜，雙手背後輕握，重心分散於兩腳上。具體如圖 1.4 所示。

男士叉手站姿需要兩手自然並攏，右手搭在左手上，輕貼腹部。具體如圖 1.5 所示。

圖 1.4　男士背手站姿　　　　圖 1.5　男士叉手站姿

13

男士在站立時要注意表現出男性穩重、剛健、瀟灑的風采,要力求給人一種陽剛之美。

4. 站姿的注意事項

（1）站立時,切忌歪頭、縮頸、聳肩、含胸、彎腰駝背,兩肩一高一低。

（2）忌低頭、目光呆滯。

（3）忌無精打採、東倒西歪、重心不穩。

（4）忌手位不當,如手插在口袋裡,雙手叉腰或者雙手抱胸。

（5）忌腿位不雅,如雙腿叉開過寬,雙腿扭在一起,雙腿彎曲,一腿高抬等。

（6）忌把其他物品作為支撐點,依物站立,更不要靠門或者靠牆站。

（7）注意小動作,如雙手玩弄衣角、頭髮、物件等。

（8）腿不要不停地抖動。

錯誤站姿如圖 1.6 所示。

圖 1.6　錯誤站姿

（二）坐的姿態

坐姿是指人在就座以後身體所保持的一種姿勢　。坐姿也是一種靜態的身體造型,是人們在商務活動中採用最多的姿勢。端莊優美的坐姿不僅給人以文雅、穩重、大方的感覺,而且也是展現自己氣質和風度的重要形式。

1. 基本坐姿

坐姿的基本要求是：端莊、穩重、自然,給人一種舒適感,即「坐如鐘」。其基本做法是：

（1）入座時,要走到座位前面再轉向,右腳向後退半步,然後輕穩地坐下。女士穿著裙裝或大衣時,要先從後向前撫順裙擺後再輕輕坐下　需坐在椅子前方 1/2 或者 2/3 的位置,脊背不要靠椅背,收左腳,腳尖平行向前,兩腿自然彎曲,兩腳平落地

面，膝蓋呈 90°垂直。入座時，一般都是要求「左進左出」，即從椅子的左邊入座。(2)

入座後，女士雙膝和雙腳都必須並攏，兩腳平行。男士雙膝可適度分開，但雙膝寬度不能超過肩膀寬度，上身自然挺直，雙肩平正放鬆，立腰、挺胸，兩手放在雙膝上。女士雙手可疊放一邊，壓住裙子，以防走光，雙目平視，嘴唇微閉，微收下顎，面帶微笑。

（3）起立時，右腳向後退半步，然後起立站起，收右腳，從椅子的左邊離座。基本坐姿如圖 1.7 所示。

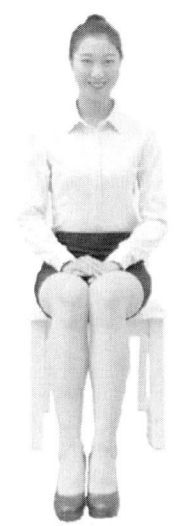

圖 1.7　基本坐姿

2. 女士坐姿

女士坐姿有很多種，但基本要求都是身體坐直，膝蓋並攏。

（1）標準式坐姿。如上基本坐姿，主要要求是：坐正，雙膝並攏，雙手可疊放在左或者右膝上，小腿垂直於地面。具體如圖 1.8 所示。

（2）雙腿疊放式坐姿。這種坐姿適合穿裙子的女士採用，造型極為優雅。主要要求是：將雙腿完全地一上一下交疊在一起，交疊後的兩腿之間沒有任何縫隙，猶如一條直線。雙腳斜放於左側或者右側，斜放後的腿部與地面呈 45°角，疊放在上的腳的腳尖垂直地面。具體如圖 1.9 所示。

（3）雙腿斜放式坐姿。這種坐姿適合穿裙子的女士在較低處就座所用。主要要求是：首先並攏，然後雙腳向左側或右側斜放 力求使斜放後的腿部與地面呈 45°具體如圖角。1.10 所示。

（4）雙腳交叉式坐姿。女士坐在辦公室後面、主席臺上或車上時，比較適合採用這種坐姿。其主要要求是：雙膝先要並攏，然後雙腳在踝部交叉 。需要注意的是，交叉後的雙腳可以內收 ，也可以斜放，但不宜向前方遠遠地直伸出去。具體如圖 1.11 所示。

商務禮儀實訓

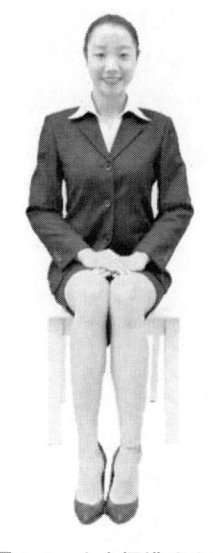 

圖 1.8　女士標準式坐姿　　　　　圖 1.9　女士雙腿疊放式坐姿

 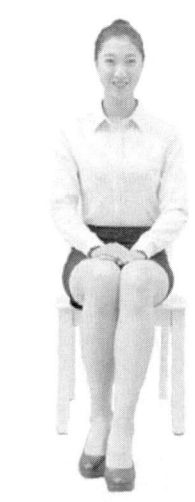

圖 1.10　女士雙腿斜放式坐姿　　　圖 1.11　女士雙腳交叉式坐姿

3. 男士坐姿

男士坐姿有端坐標準式、分足式和大腿疊放式。

端坐標準式如上基本坐姿要求：坐正，雙腿並攏，雙手放在膝蓋上或者扶手上，掌心向下，小腿垂直於地面。

分足式坐姿，即雙腿分開，但不得超過肩寬，在正式場合或者女性面前一般是一個拳頭的距離，在非正式場合可以是兩個拳頭的距離，分足式坐姿時，可以四指並攏，虎口張開朝前。具體如圖 1.12 所示。

大腿疊放式坐姿多適合男性在非正式場合採用，俗稱二郎腿。主要要求是：兩條腿在大腿部分疊放在一起。疊放之後位於下方的一條腿的小腿垂直於地面，腳撐著地；

位於上方的另一條腿的小腿則向內收，同時腳尖下壓。具體如圖 1.13 所示。

圖 1.12　男士分足式坐姿　　　　　圖 1.13　男士大腿疊放式坐姿

4. 入座禮儀

一個人入座時，無所謂順序，多人一起就座時就要考慮順序問題。一般客人、長輩、領導、女士優先。入座時要注意方位，分清座位的尊卑，主動讓上座，如把面門的座位、居中的座位、舒適的座位、居右的座位讓給尊者。入座時，從座位左側就座。在就座時，如遇到熟人，應起身主動跟對方打招呼；如不認識身邊的人，也應向其點頭示意。

5. 離座禮儀

離座時，身旁如有人，需以言語或者動作先向其示意，隨後方可起身；如果與他人同時離座，需注意起身的先後次序，地位低於對方時，應稍後離座。起身離座時，動作要輕緩、無聲，從左側離開座位。

6. 坐姿的注意事項

(1) 入座後，忌彎腰駝背、東倒西歪、前俯後仰。

(2) 入座後，忌雙腿抖動或者腿晃來晃去。

(3) 在正規場合下，比如求職面試、與領導談話等，不要使用大腿疊放式坐姿。(4) 坐下後，忌雙腿拉開成八字形或腳尖相對，也不能將腳伸得很遠。

(5) 忌入座後坐得太深，靠在椅背上。

(6) 忌把腳放在桌子上，忌以腳踏物，忌以腳鉤住桌腿等不文明坐姿。

(7) 女士入座時，勿忘輕撫裙擺，坐下後，雙腿務必合攏，以防走光。

(8) 蹺二郎腿時，忌將腳抬得過高，忌將腳尖指向他人，應將腳尖朝地下壓。(9) 忌雙手亂放，比如雙手抱於胸前，雙手抱於腦後，雙手夾在大腿間或手抱膝蓋等。

錯誤的坐姿如圖 1.14 所示。

圖 1.14　錯誤坐姿

（三）行的姿態

行姿，也稱為走姿，是指一個人在行走過程中的姿態。它是站姿的延續動作，是在站姿的基礎上展示人的動態美。每個人都是一個流動的造型體，優雅、穩健、敏捷的行姿，會給人以美的感受，產生感染力，反應出積極向上的精神狀態。

1. 基本行姿

所謂「行如風」，是說人行走時，如風行水上，有一種輕快自然的美。邁步行走時，應腳尖向著正前方，腳跟先落地，腳掌緊跟落地。步幅、步速要以出行目的、環境和身分等因素而定。協調和韻律感是步態的最基本要求。其基本做法是：

（1）行走時，上身挺直，雙肩平穩，目光平視，下顎微收，面帶微笑。

（2）手臂伸直放鬆，手指自然彎曲，擺動時，肘關節略彎曲，以肘關節為軸，大臂帶動小臂，兩臂自然擺動，以前擺 35°、後擺 30° 為宜。

（3）邁步向前時，身體稍向前傾，大腿帶動小腿。抬腳不宜太高或太低，落腳聲音不可大。

（4）步幅適中。在生活中，步幅的大小往往與人的身高成正比，身高腿長者步幅就大些，反之則小些。男性步幅（前後腳之間的距離）約 25 厘米，女性步幅約 20 厘米，或者說前腳的腳跟與後腳腳尖相約為一腳長。步幅與服飾也有關，如女士穿裙裝時（特別是穿旗袍、禮服和穿高跟鞋），步幅應小些，穿長褲時步幅可大些。

（5）步態平穩。男士的步伐要注意陽剛美，一般以大步為佳，步伐頻率每分鐘約 100 步。女士的步伐要注意陰柔美，步子輕一些，步伐頻率約每分鐘 90 步。

（6）步位平直。在較正式場合中，女士一般走直線，即行走時兩腳的內側在一條直線上，兩膝內側相碰，收腰提臀，挺胸收腹，肩外展，頭正頸直，收下顎。男士在較正式的場合中的行路軌跡應該是兩條距離 5 厘米的直線，即行走時兩腳的內側應是在兩條直線上。

女士的走姿要注意輕盈、自然、大方，給人以動中有靜、靜中有動、婀娜多姿的

美感。男士的走姿應穩健、自信、挺拔,給人從容、堅定、瀟灑、氣度不凡的感覺。但無論男女,行走時都要注意昂首、挺胸、收腹、眼平視、肩要正、身要直、雙肩自然下垂,兩臂前後擺動自如協調。在某些特殊場合,女士也可採用叉手的方式行走。

基本行姿如圖1.15和圖1.16所示。

圖1.15　男士基本行姿

圖1.16　女士基本行姿

2. 特殊場合的行姿

(1) 陪同引導。陪同引導是指陪伴或帶領客人。在陪同或引導客人時,要注意方位、速度、關照及體位。所謂的方位,是指不讓客人先行,也不應讓其走在外側,一般情況下,應該讓客人走在中央或是內側,原則是中央高於兩側,內側高於外側。如果雙方並排行走,陪同引導人員應該在客人左側;如果雙方單行行走,陪同引導人員

應居於客人左前方約 2~3 步的位置。所謂的速度,就是陪同引導人員在行走時,須與客人行走速度相協調,不能走得太快或者太慢。同時,在引領過程中,陪同引導人員要以客人為中心,尤其在客人不熟悉的地方,需要隨時關照和提醒對方,不要讓客人有陌生和尷尬感。最後,在整個陪同引領過程中,還需要使用一些體位,比如請對方開始行走,要面向對方,稍微欠身。如果在行走時需與對方交談,應將頭部和上身轉向對方。

(2) 進出電梯。乘電梯時,應等電梯裡面的人出來後,外面的人方可進入電梯。如果電梯中無人,陪同引導人員應該採用「先進後出」,被陪同人員「後進先出」的原則。也就是說,陪同人員應該先進入電梯,按住「開門」按鈕,再請客人進入電梯,以防電梯門夾到客人,到達目標樓層時,按住「開門」按鈕,請客人先下。如果電梯中有人,陪同引導人員可以把手放在電梯門側門,讓客人先進入電梯,自己最後進入電梯。進入電梯後,要讓客人站在裡面,並尊重周圍的乘客。下電梯前,應提前和周圍乘客打好招呼或者提前換到電梯門口。下電梯時,同樣把手放在電梯門感應位置,讓客人先下。

(3) 上下樓梯。陪同引領客人上下樓梯時,不應並排行走,應靠右側單行。在上樓梯時員陪同引導人 應在客人後方 1~2 個臺階;在下樓梯時,陪同引 導人員應在客人前方 1~2 個臺階。上下樓梯時,應盡量快速通過,注意禮讓客人。

(4) 出入房門。進入房間前,一定要先敲門或者按門鈴,向房內的人通報。如果門是向外開的,應入門時替對方拉門,讓客人先進,之後反手關門。如果門是向內開的,應把門推開先進入,背對門,再請客人進入,之後反手關門。出門時和入門時原則一樣。但要注意的是,務必用手開門或關門,推拉門時注意自己的站位,不要擋住客人。

3. 行姿的注意事項

(1) 忌走內八字步或外八字步。
(2) 忌彎腰駝背,忌歪肩晃膀。
(3) 忌大甩手、扭腰擺臂,忌大搖大擺、左顧右盼。
(4) 行走時,需注意雙腿不要過於彎曲。
(5) 步幅和步態要根據自己的身高來調整,不要忽快忽慢。
(6) 忌腳蹭地面,忌雙手插兜。
(7) 女士在穿高跟鞋行走時,注意不要發出「咚咚」的聲音。

錯誤的行姿如圖 1.17 所示。

(四) 蹲的姿態

蹲姿是由站立姿態變化而來的相對靜止的體態,即在站姿的基礎上,雙腿彎曲,身體下降。在商務工作中也會經常用到蹲姿,例如,撿拾物品時或者拍集體照片時。蹲姿講究屈腿而不彎腰,動作輕緩而不急促。

蹲姿的基本要領是:在站立姿態的基礎上,一腳在前,一腳在後。上身保持正直,不要低頭,也不要彎腰,兩腿合力支撐身體,掌握好身體的重心。腿部慢慢彎曲向下蹲,蹲下後要保持上身的挺拔和自然。

圖 1.17　錯誤行姿

常見的蹲姿有四種。

1. 高低式蹲姿

高低式蹲姿一般是男性經常採用的姿態。基本做法是：

（1）下蹲時，兩腿不並排在一起，而是一腳在前，一腳在後。一般情況下，左腳在前，右腳在後。但當需要側身下蹲面向客人時，需要把膝蓋高的一面對著客人，因此可以根據客人具體所在位置，來調整左右腳在前後的位置。

（2）下蹲後，前腳小腿垂直於地面，前腳掌全著地，後腿腳跟提起，雙膝一高一低，後膝應低於前膝，頭和腰應保持一條直線，臀部向下，後腿支撐身體。男士兩腿之間可以有適當的縫隙，女士兩腿必須靠緊。

（3）下蹲後，男士的手可以放在兩邊大腿靠膝蓋的位置，如圖 1.18 所示。女士兩手交叉（右手握左手）放在前腿大腿靠膝蓋的位置，用手輕輕壓住裙子，如圖 1.19 所示。

圖 1.18　男士高低式蹲姿

2. 交叉式蹲姿

交叉式蹲姿一般女士使用得比較多，尤其是在穿著短裙時，這種蹲姿造型優美但難度較大。基本做法是：下蹲時，一腳在前，一腳在後，前腿在上，後腿在下，在前的小腿垂直於地面，全腳著地，雙腿交叉重疊，後腿膝蓋由後下方穿過前腿膝蓋下方伸向另一側，後腳腳跟抬起，腳掌著地。兩腿前後靠近，合計支撐身體。臀部向下，上身略向前傾。具體如圖1.20所示。

圖 1.19　女士高低式蹲姿

圖 1.20　女士交叉式蹲姿

3. 半跪式蹲姿

半跪式蹲姿是一種非正式蹲姿，多用於下蹲時間較長，或為了用力方便之時使用。其特點是雙腿一蹲一跪。基本做法是：下蹲之後一腿單膝跪地，臀部坐腳跟之上，以腳尖著地，另一條腿則應全腳著地，小腿垂直於地面，雙膝應同時向前，雙腿應盡力靠攏。具體如圖1.21所示。

4. 半蹲式蹲姿

半蹲式蹲姿多為行進之中臨時採用。其特點是身體半立半蹲。基本做法是：下蹲時，上身稍許彎下，但不宜與下肢構成直角或者銳角，臀部向下而不是撅起，雙膝略為彎曲，其角度根據需要可大可小，但一般均應為鈍角，身體的重心應放在一條腿上。具體如圖1.22所示。

男士使用蹲姿時，兩腿之間可以有適當的距離。女士無論採用哪種蹲姿，都要將腿靠緊，臀部向下。舉止應自然、得體、大方、不造作。女士如果穿著低領上裝，下蹲時應該一手護住胸口。在公共場合下蹲時，應盡量避開他人的視線，盡可能避免後背或正面朝人。在取地面上物品時，應先走到物品左側，慢慢下蹲去拾起物品，不要低頭或弓背。

蹲姿需要注意以下事項：

（1）忌過度的彎曲上身和翹起臀部，防止內衣或者皮膚外露。

（2）忌下蹲時彎腰駝背，忌歪肩晃膀。

（3）忌下蹲速度過快。

模塊一　職業形象禮儀

圖 1.21　女士半跪式蹲姿　　　　圖 1.22　女士半蹲式蹲姿

（4）兩人一起下蹲時，注意雙方的距離，以防雙方迎頭相撞。
（5）女士下蹲時，兩腿一定要並攏，不要出現「洗手間蹲姿」，很不雅觀。
（6）女士穿著低領上裝下蹲時，需護住胸口，防止走光。
（7）下蹲撿物品時，應該先走到物品旁，需控制好和物品的距離。
（8）在公共場所不要蹲著休息，這種做法非常不文明。

錯誤的蹲姿如圖 1.23 所示。

圖 1.23　錯誤蹲姿

三、動作禮儀

（一）鞠躬

鞠躬是一種比較常見的動作禮儀。在商務活動中，面對客人、下級對上級、晚輩對長輩、演講、上臺領獎、表示感謝和回禮時都可以行鞠躬禮。在中國的商務活動中，一般使用 15°~90° 的鞠躬禮；在國外，例如日本和韓國，還會使用到 180° 的鞠躬禮。各種鞠躬禮的使用視不同場合和對象而定；同時，鞠躬的幅度也視行禮者對受禮者的

23

尊重程度而定。行鞠躬禮的基本做法是：

（1）行禮之前應當先脫帽，摘下圍巾，身體肅立，面向受禮者兩三步距離，目光平視，自然微笑，面對受禮者。

（2）男士雙手可自然下垂，貼放於身體兩側褲線處，也可交叉於腹前。女士雙手可搭放在腹前。

（3）鞠躬前必須伸直腰、腳跟靠攏、雙腳尖處微微分開，目視對方。

（4）鞠躬時，以腰部為軸，伸直腰背，上身慢慢前傾。整個肩部向前傾15°以上，視線也隨之自然下垂。

（5）鞠躬時，彎腰速度要適中，身體前傾到位後，需停留一秒左右再抬頭直腰，動作可慢慢做，這樣會令受禮者感覺很舒服。

（6）鞠躬時，目光應向下看，表示一種謙恭的態度。不要一面鞠躬，一面試圖翻起眼睛看對方。

不同角度的鞠躬禮如圖1.24～圖1.26所示。

圖1.24　15°鞠躬禮　　　　　　　　圖1.25　30°鞠躬禮

圖1.26　45°鞠躬禮

鞠躬時，需要注意以下事項：
（1）忌只彎頭的鞠躬。
（2）忌不看對方的鞠躬。
（3）忌頭部左右晃動的鞠躬。
（4）忌雙腿沒有並齊的鞠躬。
（5）忌駝背式的鞠躬。
（6）忌可以看到後背的鞠躬。
（7）忌速度過快的鞠躬。
（8）忌邊鞠躬邊抬頭看受禮者或者視線飄忽不定。
錯誤的鞠躬禮如圖 1.27 所示。

圖 1.27　錯誤鞠躬禮

（二）手勢

手勢是人際交往中不可缺少的動作。美國心理學家詹姆斯認為，在身體的各部分中，手的表達能力僅次於臉。因此，得體適度的手勢，可以增強感情的表達，體現出對賓客的尊重和禮貌。

1.「請」的手勢

「請」的手勢，是手勢表達的基礎，既能表達「請」的寓意，也可以指示或者引領方向。其基本要領是：女士手掌自然伸直並攏，男士拇指可自然稍微分開，掌心向內向上，腕關節伸直，手與前臂成直線，掌心斜向前方，大小臂彎曲以 90°～180° 為宜。身體微前傾，肩下壓，同時配合眼睛和表情，使手勢更顯協調大方。

常見的「請」的手勢，可以按照大小臂彎曲的弧度分為小「請」、中「請」和大「請」。

（1）小「請」。小「請」一般用來指示或引領較近的地方，例如入門前的「請進」或者「裡面請」。基本做法是：五指並攏伸直，手臂從身體的一側向指引的方向抬起，以肘關節為軸，抬起到大小臂彎曲至 90° 為止。具體如圖 1.28 所示。

圖1.28 小「請」手勢

（2）中「請」。中「請」一般是用來指示或引領不遠不近的地方。基本做法是：五指並攏，手臂從身體的一側向指引的方向抬起，以肘關節為軸，抬起到大小臂彎曲至140°為止。具體如圖1.29所示。

圖1.29 中「請」手勢

（3）大「請」。大「請」一般是用來指示或引領較遠的地方。基本做法是：五指並攏，手臂穿過腰間線，屈肘向需指引的方向抬起，抬到約與肩同高，大小臂彎曲180°。在使用大「請」時，可以加上禮貌用語，比如「請往前走！」「請看這邊！」等。具體如圖1.30所示。

無論是小「請」、中「請」還是大「請」，頭部和上身都要向伸出手的一側微微傾斜，另外一隻手自然下垂或放在腹前，目視賓客，面帶微笑。

同時，按照手勢的活動範圍，還可以分為高位手勢、中位手勢和低位手勢。一般把手勢抬到肩部以上的，稱為高位手勢；抬到腰部以下的，稱為低位手勢；抬到腰部和肩部之間的，稱為中位手勢。例如，在引領賓客就座的時候，我們常常用到低位手勢。

圖1.30　大「請」手勢

使用「請」的手勢時，需要注意以下事項：
（1）使用「請」的手勢時，注意眼神、表情和其他姿態的配合。
（2）使用「請」的手勢時，注意動作的柔美和流暢，不要左右或者上下搖擺。
（3）忌手掌緊握，忌食指伸出。
（4）忌手心向下。

2. 其他的手勢

除了「請」的手勢外，在商務活動中還會使用到很多其他的手勢，比如打招呼、舉手致意、揮手道別等。優雅的手勢可以幫助商務人士更好地表達情感，但在使用的過程中，也必須注意一些基本事項。如在與人交談時，手勢不宜過多，動作幅度不宜過大，否則會給人以手舞足蹈的印象，效果反而不理想。還有，要特別注意的是在不同的國家或地區，使用手勢的習慣是不同的。有時，同樣的手勢卻表達出完全相反的含義。因此在國際商務活動中，應該特別注意手勢的使用，千萬不要亂用手勢。

以下列舉幾個手勢在不同國家和地區的不同理解：

（1）「V」形手勢。第二次世界大戰期間，英國首相丘吉爾推廣了這個手勢，表示「Victory」即勝利的意思。但在英國，使用「V」形手勢，只有在手掌心向外時，才表示勝利的意思。如果手掌心向內，就有貶低和侮辱人的意思。而在希臘，做這一手勢，即使手掌心向外，如果雙臂伸直，也有對人不恭的意思。另外，「V」形手勢，在世界大部分國家和地區都表示數字「二」的意思。

（2）「OK」形手勢。「OK」形手勢在19世紀流行於美國，在英語國家代表讚同和了不起的意思，但在法語國家表示零或沒有的意思。在韓國、日本以及一些東南亞國家表示金錢，在突尼斯表示傻瓜，在巴西表示侮辱男人、引誘女人的意思。

（3）蹺大拇指的手勢。在美國、澳大利亞、新西蘭等國，蹺大拇指代表搭車，但如果大拇指向下，則是侮辱人的信號。在中國，蹺大拇指是積極的信號，表示高度的讚揚。在德國，蹺大拇指代表數字「一」的意思。

四、表情禮儀

人與人在交往的時候，內心情感在面部上的表現，即為表情。表情是人體語言中

最為豐富的部分，是內心情緒的反應。人們通過喜、怒、哀、樂等表情來表達內心的情感。在人際溝通中，表情起著重要的作用。美國心理學家艾伯特‧梅拉比安將人的感情表達效果總結出了一個公式：感情的表達＝7％語言＋38％聲音＋55％表情。而構成表情的主要因素：一是眼神，二是笑容。

（一）目光禮儀

眼睛是心靈的窗戶，是人體傳遞信息最有效的器官。英國詩人泰戈爾說：「一旦學會了眼睛的語言，表情的變化將是無窮無盡的。」這說明了，眼睛語言的表現力是極強的，是其他身體語言無法比擬的。因此，在商務活動中，眼神的運用要符合一定的禮儀規範，即目光禮儀。眼神使用不當，往往會被人視為無禮，給人留下壞的印象。就眼神的使用來說，需要注意以下四個問題：

1. 注視的時間

注視時間主要是指注視對方時間的長短。一般來說，注視時間較長表示較重視，反之表示不太重視。

通常情況下，和對方目光接觸的時間占和對方相處的總時間的三分之一比較好，每次眼神交流的時間在三秒鐘左右，這樣會讓人感覺自然舒服。在向對方表示關注和重視的時候，注視時間可以加長，約占相處總時間的三分之二。如果目光時常遊離於對方，注視對方的時間不到全部時間的三分之一，則被視為輕視，會令人不安。

在和對方交談時，注視對方時間的長短，也是十分重要的。雙方交談時，聽的一方通常應該多注視說的一方。要經常保持雙方目光的接觸，長時間迴避對方目光或者左顧右盼，是「心不在焉」或「不感興趣」的表現。但也不能把目光始終盯在對方身上或者反覆打量對方，這樣有可能被視為敵意或者挑釁。當要表示對對方比較感興趣時，也可以加長注視時間，但需要注意的是，目光不能直勾勾地一直盯著對方，眼神需要偶爾離開一下。

當雙方都沉默不語時，應將目光移開，以免因為一時沒有話題而感到尷尬或不安。當對方說錯話或者拘謹的時候，不要正視對方，以免對方誤以為是對他的諷刺和嘲笑。

2. 注視的角度

注視對方時，目光的角度，即目光從眼睛裡發出的方向，能表示出與交往對象的親疏遠近。

在普通場合，與身分、地位平等的人進行交流，一般採用平視，即視線呈水平狀態抬頭注視他人，即仰視，是表示尊重或者敬畏對方。長輩對晚輩多採用俯視，即向下注視他人，但俯視也有對他人輕慢、歧視的意思。

3. 注視的部位

注視的部位是指目光凝視的區域。在不同的商務活動中，注視對方的部位應該不同。

在商務談判、洽談、磋商業務等正式場合，注視的位置在對方雙眼或雙眼與額頭之間的「上三角」區域。這樣會顯得嚴肅認真，對方也會感到你的誠意，同時更容易控制談話的主動權。

如果是在一般社交場合，比如酒會、舞會等，注視的區域是以雙眼為上線，以唇為下線所形成的「中三角」區域。這個區域的注視，能給人一種平等、輕鬆的感覺，從而創造一種和諧的氣氛。

而與親人、戀人可採用親密注視，即注視的位置在對方雙眼到胸部之間的「下三角」區域。特別需要注意的是，在注視初次相識的異性時，切勿將目光集中於對方臉上或身體的某個部位。

4. 注視的方式

在日常交往中，我們不能死盯著對方，也不要躲躲閃閃、飄忽不定或眉來眼去；同時，要避免瞪眼、斜視、白眼等不禮貌的眼神。

在社交場合中，採用直視或者凝視的方式比較好。直視表示認真、大方、坦誠和尊重。凝視一般適用於演講、授課或者比較熟悉的人群之間，表示專注和恭敬。

盯視或虛視是不被推薦的注視方式。盯視是指目不轉睛地長時間凝視，往往表示挑釁。虛視是指眼神不集中，目光不聚焦於某處，表示膽怯、焦慮或走神。

當同時與多人打交道時，可以採用環視的方式，即有節奏地注視不同的人或事物，表示對所有人都抱著認真、重視、一視同仁的態度。

在掌握並正確運用目光禮儀的同時，還應當學會「閱讀」對方的目光語言。從對方的目光變化中，分析他的內心活動和意向。目光語言雖然是千變萬化的，但都是一個人內心情感的流露，學會閱讀和分析目光語言，對於正確開展社交活動有著重要的意義。

綜上所述，目光禮儀的注意事項是：

（1）與人交流時，忌不看對方，忌一直盯著對方看或上下打量。需要控制好與對方眼神交流的時間，一般在談話時間的三分之一到三分之二之間比較恰當。

（2）與人交流時，需注意眼睛轉動幅度不能過快或過慢。

（3）在與女性交流時，注意注視的部位。

（4）忌用睞視、斜視、瞟視、瞥視等方式。

（5）當對方說了錯誤的話正在拘謹害羞時，不要馬上轉移自己的視線。

（6）與人交往時，冷漠、呆滯、疲倦、輕視、左顧右盼的眼光都是不禮貌的。

（7）忌反覆上下打量人，更不可以對人擠眉弄眼或用白眼看人。

（二）微笑禮儀

笑容，即人們在笑的時候的面部表情。利用笑容，可以消除彼此間陌生的感覺，打破交際障礙，為更好地溝通與交往創造有利的氛圍。

笑有很多種，包括含笑、微笑、淺笑、輕笑、大笑、狂笑、冷笑、嘲笑、苦笑等，不同的笑容表達了不同的感情，其中微笑是最受歡迎的。

在工作中，微笑是禮貌待人的基礎要求，可以使人自然放鬆，緩解緊張，消除誤會、焦慮和不安。

微笑時，面部應平和自然，下顎向後收，嘴角微微上揚，牙齒不露或微露，發自內心，親切和藹，自然大方。具體如圖 1.31 所示。

圖 1.31　不露齒微笑

微笑是有規範的，一般要注意四個結合：

（1）微笑與眼睛的結合。眼睛有傳神送情的特殊功能。微笑時，要學會用眼睛去「微笑」。可以自己對著鏡子練習，先對著鏡子找到自己最美麗的笑容，然後將嘴巴部分遮起來，只看鏡子中的眼睛，這時眼睛應該是帶著「笑意」的，也就是要用眼睛來表現笑容。

（2）微笑與神、情、氣質相結合。這裡講的「神」，就是要笑得有情入神，笑出自己的神情、神色、神態，做到情緒飽滿。「情」，就是要笑出感情，笑得親切、甜美，反應美好的心靈。「氣質」就是要笑出謙遜、穩重、大方、得體的感覺。

（3）微笑與語言的結合。微笑和語言都是傳播信息的重要符號，只有注意微笑與美好語言相結合，聲情並茂，微笑才能發揮出它應有的特殊功能。在練習時，可以把微笑和問候語、敬語結合起來，這樣對方會感到你的話語是發自內心的。

（4）微笑與形體的結合，以笑助姿、以笑促姿，形成完整、統一、和諧的美。在練習時，可以把微笑和點頭、握手、鞠躬等禮儀結合起來，從而增加肢體語言中的情感色彩。

微笑的訓練方法有很多種，其中最簡易的訓練方法就是「咬筷子微笑訓練法」，如圖 1.32 所示。

基本做法是：放鬆嘴唇周圍的肌肉，用門牙輕輕地咬住筷子，把嘴角對準筷子，兩邊都要翹起，並觀察連接嘴唇兩端的線是否與筷子在同一水平線上，保持這個狀態十秒鐘後，輕輕地拔出筷子，練習維持這種狀態。

除此之外，還有幾種其他的訓練微笑的方法：

（1）他人誘導法。同桌、同學之間互相通過一些有趣的笑料、動作引發對方發笑。

（2）情緒回憶法。通過回憶自己曾經的往事，幻想自己將要經歷的美事引發微笑。

（3）口型對照法。通過一些相似性的發音口型，找到適合自己的最美微笑狀態，如，「一」「七」「茄子」「錢」「肥」等。

圖 1.32　咬筷子微笑訓練法

（4）習慣性微笑。強迫自己忘卻煩惱、憂慮，假裝微笑。時間久了，次數多了，就會改變心靈的狀態，展現出自然的微笑。

（5）露齒法。笑不露齒是微笑，露上排牙齒是輕笑，露上下八顆牙齒是中笑，牙齒張開看到舌頭是大笑。

職業的微笑是不露牙齒或者露出六到八顆牙齒，在商務活動中要求工作人員展現職業的微笑。但是日常生活中並非所有人都適合這種職業微笑。建議每個人對著鏡子尋找自己認為最滿意的、最甜美的微笑，長期地保持下去，固化下來，形成自己獨有的、特別的燦爛微笑。

微笑時，需要注意以下事項：

（1）微笑時，兩邊的嘴角應該同時提起。只有一面提起會給對方留下不好的印象。

（2）微笑時，不要露出很多牙齦。露出很多牙齦，往往會笑得沒有自信，不是遮嘴，就是腼腆地笑。

（3）微笑時，要注意與眼睛和面部表情的結合。如果只有微笑，而面部表情不當，同樣達不到微笑的效果。

（4）忌用假笑、冷笑、怪笑、媚笑、竊笑、獰笑等方式。

微笑是人際交往中的潤滑劑，是廣交朋友、化解矛盾的有效手段。微笑是社交場合中最富吸引力、最令人愉悅的，也最有價值的面部表情。因此，無論是個人還是組織，都應充分重視微笑禮儀。

【實訓設計】

實訓技能一　站姿

一、實訓內容

正確站姿訓練。

二、實訓步驟

（1）準備一間多媒體實訓室，教師講解禮儀站姿的理論知識，播放優雅站姿的相關視頻，使學生對正確站姿有一定的基礎性的瞭解。

（2）準備一間形體實訓室，要求至少有一面牆設置大鏡子。同時教師準備音樂播放器材、音樂歌曲 CD 等。

（3）學生以 6~10 人為一個單位，進行分組，選出組長，在組長的帶領下，學生按照之前講解的站姿知識，展示自己的站姿。

（4）教師糾正錯誤的站姿，並示範和講解標準的站姿。

（5）學生進行站姿練習。

（6）教師考核。

三、實訓（練習）方法

（1）按照站姿的基本要求練習，進行自我調整，盡量用心去領悟動作要領。訓練時可放些優雅、歡快的音樂，調整心境，微笑要自然。每次訓練 20 分鐘左右，休息 5 分鐘左右。

（2）貼牆站立。要求後腳跟、小腿、臀、雙肩、後腦勺都緊貼牆。這種訓練是讓學生感受到身體上下處於一個平面。每次訓練 20 分鐘左右，休息 5 分鐘左右。

（3）背對背站立。要求兩人一組，背對背站立，兩人的小腿、臀部、雙肩、後腦勺都貼緊。兩人的小腿之間夾一張小紙片，不能讓其掉下。每次訓練 20 分鐘左右，休息 5 分鐘左右。

（4）在頭頂放一本書，使其保持水平，促使人把頸部挺直，下巴向內收，上身挺直。每次訓練 20 分鐘左右，休息 5 分鐘左右。

（5）以小組為單位，進行標準站姿評選活動，每個小組選出一位站姿最出色的同學，與其他小組的同學進行比賽，最終選出全班站姿比較標準的三位同學。

（6）站姿訓練可以結合微笑進行，強調微笑的自然、始終如一，可配上悠揚、歡快的音樂以調整學生的心境。

（7）站姿訓練時要強調學生的眼睛應平視前方。

實訓技能二　坐姿

一、實訓內容

正確坐姿訓練。

二、實訓步驟

（1）準備一間多媒體實訓室，教師講解禮儀坐姿的理論知識，播放正確坐姿的相關視頻，使學生對正確坐姿有一定的基礎性的瞭解。

（2）準備一間形體實訓室，要求至少有一面牆設置大鏡子，形體教室中須有椅子、沙發等練習坐姿需要的物品。同時教師準備音樂播放器材、音樂歌曲 CD 等。

（3）學生以 6~10 人為一個單位，進行分組，選出組長，在組長的帶領下，學生按照之前講解的坐姿知識，展示自己的坐姿。

（4）教師糾正錯誤的坐姿，並示範和講解標準坐姿。

（5）學生進行坐姿練習。

（6）教師考核。

三、實訓（練習）方法

（1）練習入座和離座。入座時，教師說「請坐」，學生說「謝謝」。女生入座時，雙手必須捋一下裙子。入座和離座時，需按規範流程進行，速度適中，既輕又穩，注意「左入左出」。

（2）練習坐姿。按照規範的坐姿坐下，放上音樂。練習在高低不同的椅子、沙發上的坐姿，練習不同交談氣氛下的各種坐姿。訓練時，重點強調上身的挺直。女士雙膝不能分開，用一張小紙片夾在雙膝間，從始至終不能掉下來。每次訓練 20 分鐘左右，休息 5 分鐘左右。

（3）以小組為單位，進行標準坐姿評選活動，每個小組選出一位坐姿最出色的同學，與其他小組的同學進行比賽，最終選出全班坐姿比較標準的三位同學。

（4）坐姿訓練可結合微笑進行。

（5）坐姿訓練可結合目光禮儀進行。

實訓技能三　行姿

一、實訓內容

正確行姿訓練。

二、實訓步驟

（1）準備一間多媒體實訓室，教師講解禮儀行姿的理論知識，播放正確行姿的相關視頻，使學生對正確行姿有一定的基礎性的瞭解。

（2）準備一間形體實訓室，要求至少有一面牆設置大鏡子。同時教師準備音樂播放器材、音樂歌曲 CD 等。

（3）學生以 6~10 人為一個單位，進行分組，選出組長，在組長的帶領下，學生按照之前講解的行姿知識，展示自己的行姿。

（4）教師糾正錯誤的行姿，並示範和講解標準的行姿。

（5）學生進行行姿練習。

（6）教師考核。

三、實訓（練習）方法

（1）走直線。在地上畫一條直線，行走時手部叉腰，上身正直，行走時雙腳內側稍稍碰到這條線，即證明走路時兩只腳幾乎是平行的。配上節奏明快的音樂，訓練行走時的節奏感。強調眼睛平視，不能往地上看，收腹、挺胸、面帶微笑，充滿自信和友善。每次訓練 20 分鐘左右，休息 5 分鐘左右。

（2）頂書而行。這是為了糾正走路時擺頭晃腦的毛病，而保持在行走時頭正、頸直的訓練。每次訓練 20 分鐘左右，休息 5 分鐘左右。

（3）進行原地擺臂訓練。站立，兩腳不動，原地晃動雙臂，前後自然擺動，手腕進行配合，掌心要朝內，以肩帶臂，以臂帶腕，以腕帶手，糾正雙臂橫擺、同向擺動、單臂擺動、雙臂擺幅不等的現象。每次訓練 20 分鐘左右，休息 5 分鐘左右。

（4）練習背小包、拿文件夾、公文包、穿旗袍、裙裝、休閒裝時的行走。每次訓練 20 分鐘左右，休息 5 分鐘左右。

（5）模擬不同的特殊場合，練習不同特殊場合下的行姿。每次訓練20分鐘左右，休息5分鐘左右。

（6）以小組為單位，進行標準行姿評選活動，每個小組選出一位行姿最出色的同學，與其他小組的同學進行比賽，最終選出全班行姿比較標準的三位同學。

（7）訓練可結合微笑進行，配上悠揚、歡快的音樂，以調整學生的心境，減少疲勞感。女生可穿3~5厘米的高跟鞋進行訓練，以強化訓練效果。

（8）行姿訓練時要強調學生的眼睛應平視前方，不能低頭。

實訓技能四　蹲姿

一、實訓內容

正確蹲姿訓練。

二、實訓步驟

（1）準備一間多媒體實訓室，教師講解禮儀蹲姿的理論知識，播放正確蹲姿的相關視頻，使學生對正確蹲姿有一定的基礎性的瞭解。

（2）準備一間形體實訓室，要求至少有一面牆設置大鏡子。同時教師準備音樂播放器材、音樂歌曲CD等。

（3）學生以6~10人為一個單位，進行分組，選出組長，在組長的帶領下，學生按照之前講解的蹲姿知識，展示自己的蹲姿。

（4）教師糾正錯誤的蹲姿，並示範和講解標準的蹲姿。

（5）學生進行蹲姿練習。

（6）教師考核。

三、實訓（練習）方法

（1）練習不同的蹲姿。按規範的蹲姿下蹲，放上音樂。訓練時，重點強調上身挺直。女士雙腿不能分開，可以用一張小紙片夾在雙腿間，從始至終不能掉下來。每次訓練20分鐘左右，休息5分鐘左右。

（2）女士練習穿旗袍和裙裝時的蹲姿。男士練習穿職業裝和休閒裝時的蹲姿。每次訓練20分鐘左右，休息5分鐘左右。

（3）練習行走時，下蹲撿物品，例如撿書、撿鑰匙、撿筆等。每次訓練20分鐘左右，休息5分鐘左右。

（4）以小組為單位，進行標準蹲姿評選活動，每個小組選出一位蹲姿最出色的同學，與其他小組的同學進行比賽，最終選出全班蹲姿比較標準的三位同學。

（5）訓練可結合微笑進行，女生可穿3~5厘米的高跟鞋進行訓練，以強化訓練效果。

（6）蹲姿訓練時要結合目光禮儀。

實訓技能五　鞠躬禮

一、實訓內容

正確使用鞠躬禮。

二、實訓步驟

（1）準備一間多媒體實訓室，教師講解鞠躬禮的理論知識，播放鞠躬禮的相關視頻，使學生對正確鞠躬有一定的基礎性的瞭解。

（2）準備一間形體實訓室，要求至少有一面牆設置大鏡子。同時教師準備音樂播放器材、音樂歌曲CD等。

（3）學生以6~10人為一個單位，進行分組，選出組長，在組長的帶領下，學生按照之前講解的鞠躬禮知識，展示自己的鞠躬禮。

（4）教師糾正錯誤的鞠躬禮，並示範和講解標準的鞠躬禮。

（5）學生進行鞠躬禮練習。

（6）教師考核。

三、實訓（練習）方法

（1）練習不同角度的鞠躬禮。伴隨音樂，分別練習15°、30°、45°、60°和90°鞠躬禮。訓練時，重點強調上身挺直，面帶微笑，眼神隨著鞠躬的角度自然下垂。每次訓練20分鐘左右，休息5分鐘左右。

（2）練習鞠躬禮時，加入問候語或告別語，例如「您好!」「早上好!」「您辛苦了!」「歡迎光臨!」「見到您很高興!」「歡迎下次再來!」等。每次訓練20分鐘左右，休息5分鐘左右。

（3）兩個人一組，重點練習15°、30°和45°鞠躬禮。在練習時，思考一下，在什麼時間、場合或者情況下，會使用到15°、30°和45°鞠躬禮。每次訓練20分鐘左右，休息5分鐘左右。

（4）以小組為單位，進行鞠躬禮評選活動，每個小組選出一位鞠躬最出色的同學，與其他小組的同學進行比賽，最終選出全班鞠躬禮最標準的三位同學。

實訓技能六　「請」的手勢

一、實訓內容

正確使用「請」的手勢。

二、實訓步驟

（1）準備一間多媒體實訓室，教師講解手勢的理論知識，播放正確「請」的手勢的相關視頻，使學生對「請」的手勢的使用有一定的基礎性的瞭解。

（2）準備一間形體實訓室，要求至少有一面牆設置大鏡子。同時教師準備音樂播放器材、音樂歌曲CD等。

（3）學生以6~10人為一個單位，進行分組，選出組長，在組長的帶領下，學生按照之前講解的「請」的手勢的要點，展示自己的手勢禮。

（4）教師糾正錯誤的「請」的手勢，並示範和講解標準的「請」的手勢。

（5）學生進行「請」的手勢的練習。

（6）教師考核。

三、實訓（練習）方法

（1）練習不同類型的「請」的手勢禮。伴隨音樂，分別練習 小「請」、中「請」、

大「請」、高位手勢、中位手勢和低位手勢。訓練時，注意頭部和上身都要向伸出手的一側微微傾斜，注視賓客。每次訓練 20 分鐘左右，休息 5 分鐘左右。

（2）練習「請」的手勢時，加入禮貌用語，例如「先生，裡面請」「請走這邊」「女士，請進」「請坐」等。每次訓練 20 分鐘左右，休息 5 分鐘左右。

（3）兩個人一組，相互練習不同的「請」的手勢。在練習時，思考一下，在什麼時間、場合或者情況下，會使用不用的「請」的手勢。每次訓練 20 分鐘左右，休息 5 分鐘左右。

（4）以小組為單位，進行標準手勢禮評選活動。每個小組選出一位「請」的手勢表現最出色的同學，與其他小組的同學進行比賽，最終選出全班「請」的手勢禮儀表現比較標準的三位同學。

實訓技能七　目光禮儀

一、實訓內容

正確使用目光禮儀。

二、實訓步驟

（1）準備一間多媒體實訓室，教師講解目光禮儀的理論知識，播放正確使用目光禮儀的相關視頻，使學生對目光禮儀的使用有一定的基礎性的瞭解。

（2）準備一間形體實訓室，要求至少有一面牆設置大鏡子。

（3）學生以 6~10 人為一個單位，進行分組，選出組長，在組長的帶領下，學生按照之前講解的目光禮儀的要點，展示自己的目光禮儀。

（4）教師糾正錯誤的目光禮儀，並示範和講解標準的目光禮儀。

（5）學生進行目光禮儀練習。

（6）教師考核。

三、實訓（練習）方法

（1）練習不同注視時間的目光禮儀。分別練習三分之一和三分之二注視時間的目光禮儀，並認真思考一下，不同注視時間的使用場景。每次訓練 20 分鐘左右，休息 5 分鐘左右。

（2）練習不同注視角度的目光禮儀。分別練習平視、仰視和俯視，並認真思考一下在什麼情況下使用。重點練習平視，目光需親切自然。每次訓練 20 分鐘左右，休息 5 分鐘左右。

（3）練習不同注視部位的目光禮儀。分別練習注視「上三角」區域、「中三角」區域和「下三角」區域，並認真思考一下在什麼情況下使用。每次訓練 20 分鐘左右，休息 5 分鐘左右。

（4）練習不同注視方式的目光禮儀。分別練習直視、凝視和環視。每次訓練 20 分鐘左右，休息 5 分鐘左右。

（5）兩個人一組，自定場景，相互練習目光禮儀。需要注意的是，訓練時需配合眉毛和面部表情，並結合微笑。每次訓練 20 分鐘左右，休息 5 分鐘左右。

實訓技能八　微笑禮儀

一、實訓內容
正確掌握微笑禮儀。

二、實訓步驟
（1）準備一間多媒體實訓室，教師講解微笑禮儀的理論知識，播放微笑禮儀的相關視頻，使學生對微笑禮儀的使用有一定的基礎性的瞭解。

（2）準備一間形體實訓室，要求至少有一面牆設置大鏡子。

（3）學生以6~10人為一個單位，進行分組，選出組長，在組長的帶領下，學生按照之前講解的微笑禮儀的要點，展示自己的微笑禮儀。

（4）教師糾正錯誤的微笑禮儀，並示範和講解標準的微笑禮儀。

（5）學生進行微笑禮儀練習。

（6）教師考核。

三、實訓（練習）方法
（1）練習咬筷子微笑訓練法。每次訓練20分鐘左右，休息5分鐘左右。

（2）練習其他的微笑訓練方法。分別練習他人誘導法、情緒回憶法、口型對照法、習慣性伴笑和露齒法。每次訓練20分鐘左右，休息5分鐘左右。

（3）練習微笑的四個結合：微笑與眼睛的結合；微笑與神、情、氣質的結合；微笑與語言的結合；微笑與形體的結合。每次訓練20分鐘左右，休息5分鐘左右。

（4）兩個人一組，自定場景，相互練習微笑禮儀。需要注意的是，在微笑時，面部應平和自然，牙齒不露或微露（6~8顆），發自內心，自然大方。每次訓練20分鐘左右，休息5分鐘左右。

（5）以小組為單位，進行標準商務微笑評選活動，每個小組選出一位微笑最出色的同學，與其他小組的同學進行比賽，最終選出三位商務微笑比較標準的同學。

情景模擬與角色扮演

一、實訓內容
綜合儀態禮儀展示，其中包括正確的站姿、坐姿、行姿、蹲姿、鞠躬禮、「請」的手勢、目光禮儀和微笑禮儀。

二、實訓步驟
1. 教師介紹本次實訓的內容。

2. 教師示範講解儀態禮儀及注意事項。

3. 把全班同學分成6人一組，給同學觀看一些儀態禮儀展示的視頻。

5. 團隊成員結合需要展示的儀態禮儀內容，自編一套儀態禮儀進行展示，展示時間為2分鐘。

4. 全組討論禮儀展示時應該注意的事項，並尋找禮儀展示時搭配的音樂。

6. 儀態禮儀展示：

（1）抽簽排序，一組一組進行。（組數過多時可隨機抽簽確定）

（2）一組模擬時，其他組觀摩並指出問題。
7. 教師考核。
8. 師生點評。

三、任務考核

教師負責考核。考核評分標準如表 1.1 所示。

表 1.1　　　　　　　　　儀態禮儀考核評分標準

組別＿＿＿＿＿　　姓名＿＿＿＿＿　　時間＿＿＿＿＿

評價項目與內容		應得分	扣分	實得分
準備工作	物品準備齊全，模擬出場迅速	5		
	全組協調與合作良好	5		
	背景音樂適合	5		
體態禮儀	站姿	10		
	坐姿	10		
	行姿	10		
	蹲姿	10		
動作禮儀	鞠躬	5		
	「請」的手勢	5		
表情禮儀	目光得體、大方	5		
	面帶微笑	5		
觀摩討論	觀摩認真	5		
實訓筆記	按規定時間上交	5		
	字跡清楚、填寫規範、內容詳盡完整	5		
	實訓分析總結正確	5		
	能提出合理化建議及創新見解	5		
合計		100		

考評教師（簽名）：

任務 2　儀表禮儀

【案例導入】

　　丹妮是 B 公司的總經理。有一次，他熟悉的一家德國企業的董事長要來本市進行訪問，並有尋求合作夥伴的意向。於是，他與對方進行了聯繫，並得知這家德國企業也有興趣與他的企業合作，因此順利地安排了雙方會面的時間。在會見當天，丹妮刻意對自己的形象進行了一番修飾。他按照自己對時尚的理解，上穿夾克，下穿牛仔褲，

頭戴棒球帽，足蹬旅遊鞋。他希望能給對方留下精明強干、時尚新潮的印象。然而事與願違，丹妮經理自我感覺良好的時尚「行頭」，卻被對方理解為此人著裝隨意，個人形象不合常規，過於時尚，欠缺沉穩。最終未能達成合作。

思考：丹妮經理錯在哪裡？談談你的看法。

【任務目標】

通過實訓，學生應掌握服飾禮儀的基本要求，掌握男士西裝、女士套裙的穿著規範以及服飾搭配的技巧。

【理論知識】

一、儀表的概述

儀表通常指人的外表，是人外在美的組成部分，主要指人的服飾。服飾是一種文化，也是一種「語言」，反應一個人的道德修養、文化素質和審美情趣。服飾是一個人給其他人「第一印象」的重要組成部分，服飾的雅致和整潔有一種無形的魅力，也是尊重他人的具體表現。

二、服飾禮儀的基本原則

服飾禮儀的首要原則是保持服裝的整潔，要根據自身的特點和氣質選擇合適的服裝，既要突出個性，又要顧及共性。

1. 整潔原則

在任何情況下，服裝首先應該是乾淨整齊的。衣領和袖口尤其要注意不能污漬斑斑。衣服應該平整，勤換洗，扣子應齊全，不能有開線，更不能有破洞。尤其是西服襯衫，應潔淨。皮鞋應保持鞋面光亮。

2. 協調原則

正如世間沒有兩片樹葉是完全相同的，每個人也都有自己的特點，人人都希望在社交場合中樹立自己獨特的個人形象。不同的人由於身材、年齡、性格、職業、文化等不同，會有不同的個性特點。服裝的選擇首先應考慮自身特點，「量體裁衣」，揚長避短。只有當服裝與個性協調時，才能更好地發揮其效應，塑造出自身的良好形象。著裝要和年齡、體形、職業、角色和環境相協調。

3. 交際原則

在社會交往中，應正確理解並充分利用服裝的社會功能，在與他人交際過程中，選擇合適的服裝有助於縮短彼此間的距離，協調彼此間的關係，從而使對方接受自己，達到交際的目的。

4. TPO 原則

TPO 是英文中的時間（Time）、場合（Place）、目的（Objective）三個單詞的縮寫，是指人們在選擇著裝搭配時，應當注重時間、場合、目的這三個客觀因素。

（1）時間原則。時間原則不僅是指每天的早、中、晚，也包括每年春、夏、秋、

冬四季，以及不同的時期、時代。比如冬季要保暖，夏季要涼爽，這是基本的常識，夏季的裙裝再美如果在冬天穿也會讓人感到不合時宜。通常早間人們在家中活動居多，不管是早起鍛煉還是在家洗漱用餐，著裝都應以方便、隨意、舒適為主。日間工作時，著裝要根據自己的工作性質選擇，總體上以莊重大方為準則。宴會、舞會、音樂會等正式社交活動，則大多安排在晚間，著裝則應講究一些。

（2）場合原則。場合原則是指服飾應與特定的場合相適應，以獲得視覺與心理上的和諧感。無論穿戴多麼豔麗，如果不考慮場合，也會被人恥笑。當大家都穿正裝，穿便裝就欠妥當。試想穿著花色豔麗的海南島島服出現在沙灘或旅遊景點，會讓人覺眼前一亮，但一旦出現在談判的會場上，則會讓人感到詫異。在正式的場合以及參加儀式時，還要顧及傳統和習慣，順應各國或地方的風俗。

（3）目的原則。目的原則是指服裝穿著要適合自己，要根據自己的工作性質、社會活動的要求、年齡和氣質等來選擇服裝，從而塑造出與自己身分、個性相協調的外表形象。同時，著裝的目的原則也是要通過自己的穿著打扮，給別人留下不同的印象。是嚴謹可信，還是隨意自然，不同的著裝可以突出不同的印象。例如：女士穿西式套裙去辦公事，主要是為了使自己顯得成熟穩重；穿著旗袍去赴宴，意在展示自己所獨具的女性魅力；穿上一身牛仔裝與友人郊遊踏青，則是為了使同行者感到輕鬆愉快、平易近人。這就是服飾的應時、應事、應境的原則。

最後，著裝還要注意色彩的搭配。不同顏色的服飾會產生不同的穿著效果。例如：淺色服裝有擴張作用，瘦人穿著可產生豐滿的效果；深色服裝給人以收縮感，適合胖人等穿著。一般來說，黑、白、灰是配色中的幾種「安全」色，因為他們比較容易與其他各種色彩搭配，而且效果也比較好。

三、男士西裝著裝禮儀

西裝是一種國際性語言，對男士來說，西裝是最理想的職業服飾，是正式場合著裝的優先選擇。一套合體的西裝，可以使人顯得瀟灑、精神、風度翩翩。按照國際慣例，參加正式、隆重的商務活動及宴會，欣賞高雅的文藝演出時，都應該穿著西裝。在正式場合中所穿的西裝，必須是西裝套裝。西裝套裝一般是由外套、襯衫、長褲、領帶和馬甲組成。穿著馬甲被稱為三件套西裝（如圖1.33所示）；反之則為兩件套西裝（如圖1.34所示）。按照傳統觀念，三件套西裝顯得更正式，穿著更為講究，一般參加高層次的對外活動時，可以這麼穿。

1. 西裝的面料和顏色

西裝一般要求在正式場合穿著，因此對面料的要求也比較高。高檔西裝應選擇純毛料或含毛量高的毛滌織物，面料一般宜選擇無圖案面料或隱形細豎條紋面料。在款式上，應樣式簡潔，同時，注重服裝的剪裁和做工，因為質量決定了穿著者的層次。在色彩選擇上，以單色為宜，男性職業裝的顏色最好是深藍、灰色、咖啡色、深藏青色和黑色。建議至少要有一套深藍色的西裝。深藍色顯示出高雅、理性、穩重；灰色比較中庸、平和，顯得莊重、得體而氣度不凡；咖啡色是一種自然而樸素的色彩，顯得親切而別具一格；深藏青色比較大方、穩重，也是較為常見的一種色調，比較適合

圖 1.33　三件套西裝　　　　　圖 1.34　兩件套西裝

黃皮膚的東方人；黑色適合在各種儀式上穿。西裝穿得好不好，決定了穿著者是不是專業、敬業。

2. 西裝的外套

新買的西裝外套在穿著之前，要把袖子上的商標剪掉。西裝的外套要求挺拔、合體，不能有褶皺。西裝要不卷不挽，西裝口袋內應不裝或少裝東西，同時要注意紐扣的扣法。

（1）西裝的長度。西裝上衣的長度包括衣長和袖長。衣長宜與垂下臂時衣服下沿與手指的虎口處相齊，袖長應在距手腕處 1~2 厘米為宜。西裝穿上身後，其前襟和後背下面不能吊起，應與地面平行，長度以剛好遮住臀部為宜。具體如圖 1.35 所示。

圖 1.35　西裝上衣長度

（2）西裝的扣子。穿西裝，扣子的扣法很講究。一般而言，站立時，特別是在大庭廣眾之前起身而立，西裝上衣的紐扣應當系上，以示鄭重。就座之後，西裝上衣的紐扣則要解開，以防其「扭曲」走樣。在扣西裝外套時，單排扣西裝與雙排扣西裝、兩粒扣西裝和三粒扣西裝都有很大的區別。

在正式場合中：

- 單排兩粒扣西裝（如圖1.36所示），扣上不扣下。
- 單排三粒扣西裝（如圖1.37所示），只扣中間那粒或上面兩粒。
- 雙排扣西裝（如圖1.38所示），則應全扣上。

在非正式場合中，無論是單排扣，還是雙排扣，都可以不扣，以顯示自然瀟灑。

圖1.36　單排兩粒扣　　圖1.37　單排三粒扣　　圖1.38　雙排扣

（3）西裝的口袋。無論哪種西裝，其口袋應不裝或少裝東西。西裝上衣胸部的口袋是放折疊好的裝飾手帕的（如圖1.39所示），其他東西不宜裝。兩側衣袋只作裝飾用，不宜亂裝物品，以防西裝變形。物品可以裝在上衣內側的衣袋裡，例如鋼筆、錢包或名片夾，但不宜放過厚的東西，以保持胸部的平挺。

圖1.39　西裝上衣口袋裝飾帕

3. 西裝的襯衫

襯衫是與西裝搭配的重點，選擇襯衫要注意其顏色、衣領、衣袖、腰身、長度是否與西裝搭配。在正式場合，西裝裡面應該穿單色襯衫。通常西裝外套是深色的，因此襯衫應選擇淺色，最常用的是白色襯衫，淺藍色也可以，不宜穿淡紫色、桃色、格子、圓點或寬條紋的襯衫。從衣領上講，正裝襯衫的領型多為方領。立領、翼領和異色領的襯衫，都不大適合與正裝西裝相配。襯衫的領頭要挺括、潔淨，不能有折痕，而且要比外套的領子高出1.5厘米左右（如圖1.40所示），並貼緊，襯衫的下擺要掖在褲子裡。從衣袖上講，正裝襯衫必須為長袖襯衫，短袖襯衫則具有休閒性質。襯衫的衣袖要露出西裝外套袖口1~2厘米左右（如圖1.41所示），以顯出層次。襯衫領口的扣子要扣好，如不戴領帶時應不扣襯衫領口的扣子。白色的襯衫配深色的西裝，花

襯衫配單色的西裝，單色襯衫配條紋或帶格西裝都比較合適。方格襯衫不應配條紋西裝，條紋襯衫同樣不要配方格西裝。襯衫的面料最好以純棉為主，以單薄為宜。襯衫內不宜再穿其他衣物，天冷時，可以在襯衫外面再穿一件西裝背心或羊絨衫，以不顯臃腫為度。

因此，穿著正裝襯衫與西裝相配套，要注意五點事項：一是衣扣要系上；二是袖長要適度；三是下擺要放好；四是大小要合身；五是領口和袖口要乾淨。

圖 1.40　西裝襯衣領子高度　　　圖 1.41　西裝襯衣衣袖長度

4. 西裝的領帶

領帶是男士衣著品味和紳士風度的象徵，凡在比較正式的場合，男士穿西裝都須系領帶。領帶可以說是商界男士穿西裝時最重要的飾物。因此人們才說：「男人的領帶，總是不可缺少的一條。」在歐美各國，領帶則與手錶和裝飾性袖扣並列，被稱為「成年男子的三大飾品」。作為西裝的靈魂，領帶的選擇講究甚多。

男士在挑選和使用領帶時，至少要注意以下幾點：

（1）面料。以真絲面料為最優。

（2）長度。領帶上片的長度以系領帶者呈標準姿勢站立時，領帶尖正好垂至褲帶帶扣中央下沿為最佳，一般在 130～150 厘米。不能太短，更不能比下片還短；也不能太長，太長很不雅觀。如果配有西裝背心，領帶須置於它的裡面，且下端不能露出領帶頭。所以每個人所需領帶的長度是由自己的身高決定的。

（3）色彩。領帶有單色與多色之分。在商務活動中，藍色、灰色、棕色、黑色、紫紅色等單色領帶都是十分理想的選擇。商界男士在正式場合中，切勿佩戴多於三種顏色的領帶；同時，也盡量少打淺色或豔色領帶。淺色領帶與由三種以上的色彩所制成的領帶一樣，僅適用於社交或休閒活動之中。

（4）圖案。適用於商務活動中佩戴的領帶，主要是單色無圖案的領帶，或者是以條紋、圓點、方格等規則的幾何形狀為主要圖案的領帶（如圖 1.42 所示）。以人物、動物、植物、景觀、徽記、文字或計算機繪畫為主要圖案的領帶，則主要適用於社交或休閒活動。除此之外，如果是帶企業標志的圖案領帶，在商務活動中是可以出現的。

圖 1.42　領帶圖案

（5）款式。領帶的款式往往受到時尚的左右。在這個問題上，商界人士主要應注意以下四點：一是領帶有箭頭與平頭之分。一般認為，下端為箭頭的領帶，顯得比較傳統、正規；下端為平頭的領帶，則顯得時髦、隨意一些。二是領帶有著寬窄之別。除了要盡量與流行保持同步以外，根據常規，領帶的寬窄最好與本人胸圍和西裝上衣的衣領成正比。三是簡易式的領帶，如「一拉得」領帶、「一掛得」領帶，均不適合在正式的商務活動中使用。四是領結宜與禮服、翼領襯衫搭配，並且主要適用於社交場所。

（6）領帶的系法。領帶打得漂亮與否，取決於領帶結打得好與壞。打領帶結的基本要求是要領帶挺括、端正，並且在外觀上呈倒三角形。領帶結的具體大小，最好與襯衫衣領的大小成正比。常見的領帶系法有以下幾種：

• 平結。平結為較多男士選用的領帶結打法之一，幾乎適用於各種材質的領帶。要訣：領結下方所形成的小酒窩需讓兩邊均勻且對稱，如圖 1.43 所示。

• 交叉結。這是單色素雅質料且較薄領帶適合選用的領結，對於喜歡展現流行感的男士不妨多加使用「交叉結」，如圖 1.44 所示。

• 雙環結。一條質地細緻的領帶再搭配上雙環結頗能營造時尚感，適合年輕的上班族選用。該領結完成的特色就是第一圈會稍露出於第二圈之外，可別刻意給蓋住了，如圖 1.45 所示。

• 溫莎結。溫莎結適合於寬領型的襯衫，該領結應多往橫向發展。應避免材質過厚的領帶，領結也勿打得過大，如圖 1.46 所示。

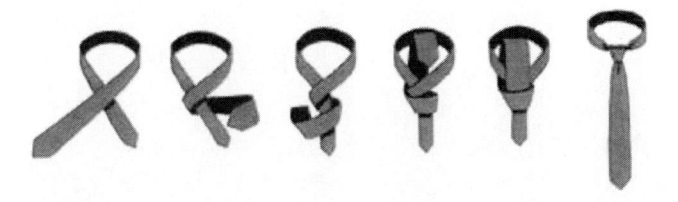

圖 1.43　平結

圖 1.44　交叉結

圖 1.45　雙環結

圖 1.46　溫莎結

領帶系好後，應認真整理，使之規範、定型。

（7）領帶佩飾。領帶佩飾包括領帶棒、領帶夾、領帶針等，有各種型號，主要功能是固定領帶。除了經常做大幅度的動作，或領帶夾作為企業標志使用外，其他情況下最好不用領帶夾。佩戴時應注意，領帶夾的位置不能太靠上，以從上往下數襯衫的第四粒和第五粒紐扣之間，或者從上往下領帶三分之二的位置為宜（如圖 1.47 所示）。西裝上衣系好扣子後，領帶夾不應被看見。

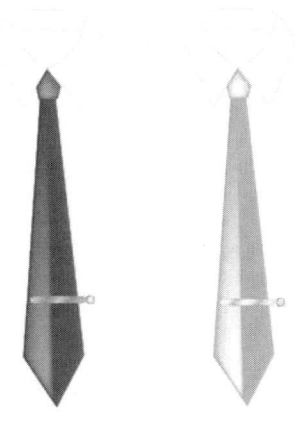

圖 1.47　領帶夾位置

在選擇領帶時，還需要注意領帶與襯衫、西裝之間要和諧、調和。西裝、襯衣和領帶的花紋不能重複。如果襯衫上有條紋或格子，領帶上就不要有條紋或格子，或僅有含蓄的條紋與格子。如果襯衫是白色，西裝是深色的，那麼，領帶應該選比較明快的顏色；如果襯衫是白色，西裝的顏色樸實淡雅，領帶就應該選華麗、明快一些的。當然，除了襯衫、領帶、西裝的色彩協調應充分考慮外，這三者的色彩關係還應顧及穿著者的膚色、年齡、職業、性格特徵等。

領帶的保養應注意以下幾點：

- 使用過後，請立即解開領結，並輕輕從結口解下，因為用力拉扯表布及內襯，極易使得纖維斷裂，並造成永久性的褶皺。
- 每次解開結口後，應將領帶對折平放或用領帶架吊起來，並留意置放處是否平滑，以避免刮傷領帶。
- 開車系上安全帶時，勿將領帶綁於安全帶內，以避免產生褶皺。
- 同一條領帶戴完一次，應隔幾天再戴，並先將領帶置於潮濕溫暖的場所或噴少許水，使其褶皺處恢復原狀後，再收至乾燥處平放或吊立。
- 沾染污垢時，應立即乾洗。
- 處理結口皺紋，應以蒸汽熨鬥低溫燙平，水洗及高溫熨燙容易造成領帶變形而受損。

5. 西裝的長褲

西褲作為西裝整體的另一個主體部分，要求與上裝互相協調，以構成和諧的整體。西褲立檔的長度以褲帶的鼻子正好通過胯骨上邊為宜，褲腰大小以系上扣子後伸入一手掌為標準，西褲的長度以褲角接觸腳背為宜，一般達到皮鞋後幫的一半為佳 。西褲穿著時，褲扣要扣，拉鏈要全部拉嚴。褲子兩邊的口袋不宜裝東西，以求臀圍合適，褲型美觀。具體如圖 1.48 所示。

圖 1.48　西裝的長褲

6. 配套的鞋襪和腰帶

穿西裝對鞋子、襪子和腰帶也特別講究。襪子的顏色以深色為主，一般與褲子或鞋子的顏色相同，忌穿白色襪子。襪子要乾淨，不應有異味和破洞。購買時，應選擇純棉質品。皮鞋的選擇以黑色為主，並要保持皮鞋的潔淨和光亮。參加重大社交活動，特別是涉外活動前，一定要擦皮鞋，這是對賓客的尊重。布鞋、旅遊鞋或者長筒靴等不宜在正式場合穿。腰帶要選擇正裝皮質腰帶，顏色和皮鞋顏色相同。腰帶一般在2.5~3厘米的寬度較為美觀，褲帶系好後留有皮帶頭的長度一般為12厘米左右，過長或過短都不符合美學要求。

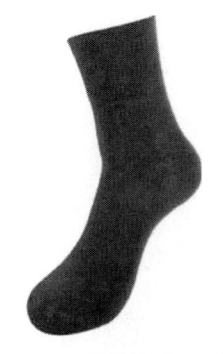

圖 1.49　西裝的鞋襪和腰帶

7. 西裝的「三三」原則

西裝的「三三」原則包括：三色原則、三一定律和三大禁忌。

（1）三色原則。三色原則規定，穿西裝正裝時，全身上下的顏色不能多於三種。當然休閒西裝沒有這個問題，穿休閒西裝比較隨意，沒必要打領帶，也不受這一原則限制。正裝西裝的基本特點是單色的或深色的，一般是藍色、灰色居多，有時候也有咖啡色和黑色，但是黑色西裝一般是當作禮服穿著。

（2）三一定律。三一定律是指男士在重要場合穿著套裝，身上有三個要件，鞋子、腰帶、公文包（或錢包），應該是同一個顏色，並且首選黑色。如果同時佩戴手錶、眼鏡，那麼手錶表帶、眼鏡鏡框和皮帶扣的顏色應該一樣，這才協調。

（3）三大禁忌。其一，袖子上的商標不能不拆。其二，非常重要的涉外商務交往中，忌穿夾克打領帶。大體上來講，穿夾克打領帶，有兩種情況是允許的：一是穿制服式夾克。所謂制服，就是制式服裝，統一色彩、統一面料、統一設計、統一款式的服裝，是企業形象的標志。這時可以穿夾克打領帶。還有一種是行業領導或者單位領導。他們在自己行業之內參加內部活動時可以如此穿著。其三，忌襪子出現問題。穿西裝時有兩種襪子是不可以穿的。一是白襪子。商務穿著的襪子最好和皮鞋或褲子是同一個顏色，渾然一體。二是尼龍絲襪。尼龍絲襪最大的問題是不吸濕、不透氣，容易產生異味，會妨礙交際。

男士西裝穿著具有一定的程序，正常的程序是梳理頭髮→更換襯衫→更換西褲→穿上皮鞋→系上領帶→穿上外套。這種穿西裝的程序是一種規範，也是一種禮儀。

穿著西裝時，還有下面五點注意事項：一是西裝要乾淨、熨燙平整；二是衣扣要

系上；三是袖長要適度；四是下擺要放好；五是大小要合身。

四、女士套裙著裝禮儀

套裙，是指上裝穿西裝，下裝為開衩直筒裙的組合搭配方式，是女士在正式場合常穿的服裝之一。通常，在辦公場合，女士也可以選擇西服套褲，套褲的著裝禮儀與男士西裝禮儀相似，因此，這裡著重介紹一下女士套裙的著裝禮儀。女士套裙要求合體，突出女性體型的曲線美，如圖 1.50 所示。

圖 1.50　女士套裙

1. 套裙的面料

女士套裙盡量選擇純天然、質地上乘的面料。上衣和裙子要採用同種面料，要求不起皺、不起毛、不起球、勻稱平整、柔軟豐厚、懸垂挺括。襯衣要求輕薄而柔軟，故真絲、麻紗、府綢、羅布都可以用作其面料。襯裙可以考慮各種面料，但是以透氣、吸濕、單薄、柔軟者為佳，過於厚重或過於硬實的面料，通常不宜用來製作襯裙。

2. 套裙的色彩

女士套裙的色彩選擇應當以冷色調為主，借以體現出著裝者的典雅、端莊與穩重；還須使之與風行一時的各種「流行色」保持一定距離，以示自己的傳統與穩重。一套套裙的全部色彩不要超過兩種，不然就會顯得雜亂無章。

3. 套裙的尺寸

套裙在整體造型上的變化，主要表現在它的長短與寬窄兩個方面。商界女士的套裙曾被要求上衣不宜過長，下裙不宜過短。通常套裙之中的上衣最短可以齊腰，而裙子最長則可以達到小腿的中部。裙子下擺恰好抵達著裝者小腿肚子上的最豐滿處，乃是最為標準、最為理想的裙長。必須注意的是，穿著套裙時不能露腰、露腹。

4. 穿著到位

女士在正式場合穿套裙時，上衣的扣子一定要全部系上，這樣才能顯出女性的端莊、典雅。裙子要穿得端端正正，上下對齊。當穿絲、麻、棉、薄型面料套裙時，裡面一定要穿一條與外裙相協調的襯裙，以免內衣外觀，有失雅觀。襯衣的下擺應掖入

襯裙裙腰與套裙裙腰之間。襯衣的紐扣除最上面一粒可以不系上，其他紐扣均應系上。穿西裝套裙，鞋子的搭配一般是高跟或半高跟皮鞋，以黑色牛皮鞋為上品。襪子應選擇肉色高筒或連褲絲襪，以尼龍絲或羊毛襪為佳。國際上通常認為襪子是內衣的一部分，因此，裙擺下面絕不可露出襪邊，以免破壞腿部的美感。

穿著套裙時，應該注意鞋子、襪子和套裙之間的顏色是否協調。

5. 妝飾

通常穿著打扮，講究的是著裝、化妝和配飾風格統一，相輔相成。穿套裙時，必須要維護好個人的形象，所以不能不化妝，但也不能化濃妝。選配飾要少，要合乎身分，不允許佩戴有可能過度張揚自己的耳環、手鐲、腳鏈等首飾。在工作崗位上，不佩戴任何首飾也是可以的。套裙上不宜添加過多的點綴。一般而言，以貼布、綉花、花邊、金線、彩條、扣鏈、亮片、珍珠、皮革等加以點綴或裝飾的套裙，不宜在正式場合穿著。

6. 舉止優雅

套裙最能夠體現女性的柔美曲線，這就要求職場女性舉止優雅，注意個人的禮儀。當穿上套裙後，要站得又穩又正，不可以雙腿叉開，站得東倒西歪。就座以後務必注意姿態，不要兩腿分開，或是蹺起一條腿來，抖動腳尖；更不可以腳尖挑鞋直晃，甚至當眾脫下鞋來。走路時，不能大步地奔跑，只能小步走，步子要輕要穩。拿自己夠不著的東西，可以請他人幫忙，千萬不要逞強，尤其是不要踮起腳尖、伸直胳膊費力去夠，或是俯身、探頭去拿。

綜上所述，套裙的穿法：

（1）套裙的上衣可以短至腰部，裙子可長達小腿的中部。

（2）穿著到位，上衣衣扣必須一律扣上。

（3）考慮場合，協調妝飾，不可不化妝，也不可化濃妝。

（4）佩飾物以少為宜，不超過三件。

（5）就座時，不可將雙腿分開或蹺二郎腿。

（6）內衣忌露，鞋襪得體。

（7）不穿黑色皮裙。

女性職業著裝禁忌：一忌穿著暴露；二忌「內衣」外穿；三忌裙、鞋、襪不搭配；四忌光腳。

現代社交中，女士不僅僅要選對衣服，更要穿著得體、搭配和諧，只有這樣才能真正體現出職場女性落落大方的優雅氣質，給人留下好印象。

五、服飾搭配禮儀

服飾搭配通常指著裝與飾品的搭配。飾品，亦稱首飾、飾物，是人們在穿著打扮時所使用的裝飾物，它可以在著裝中起到畫龍點睛的作用。因此，飾品的選擇應和著裝者的身分和所處的場合相協調，這樣才能與合體的衣服相得益彰。飾品包括兩大類，第一類是實用性為主的附件，比如鞋子、襪子、帽子等；第二類是屬於以裝飾性為主的飾物，有戒指、項鏈、耳環、胸飾等。

1. 飾品佩戴遵循的原則

（1）以少為佳，恰到好處。佩戴飾品時講究以少為佳，首飾不要超過三件，同一種類的飾物佩戴不應超過兩件。渾身上下珠光寶氣，掛滿飾物，除了讓別人感覺你的炫耀和庸俗外，沒有絲毫美感。

（2）搭配合理，盡顯風采。首先裝飾物應注意與服裝色彩、款式的搭配。頭飾最好與上衣顏色一致，這樣從色彩上達到了協調，避免了雜亂感。腰帶、提包、圍巾、項鏈、耳環等與服裝色彩的搭配，或採用對比色彩的配合，或採用同類色彩的配合，但原則是佩戴的飾品講究顏色一致或接近。其次，佩戴的飾品要講究質地或質料相同，不能同時佩戴純金項鏈、珍珠耳環和玉鐲。最後，裝飾物還應注意與臉型的搭配。比如：圓形臉的人適合佩戴長吊墜的耳環或長墜的項鏈；方形臉的人適合佩戴直向長於橫向的弧形設計的耳環；鵝蛋臉的人不管佩戴何種款式的鑽石都很亮麗迷人。

（3）揚長避短，顯優藏拙。裝飾物是起點綴作用的，要通過佩戴裝飾物突出自己的優點，掩蓋缺點。比如：脖子短而粗的人，不宜戴緊貼著脖子的項鏈，而應戴細長的項鏈，這樣從視覺上把脖子拉長了；個子矮的人，不宜戴長圍巾，否則會顯得更加矮小。

（4）突出個性，不盲目模仿。佩戴飾品要突出自己的個性，不要別人戴什麼，自己也跟著戴什麼，別人戴著好看的東西，不一定適合自己。比如，西方女性嘴大、鼻子高、眼窩深，戴一副大耳環顯得漂亮；而東方女性適合戴小耳環，以突出東方女性含蓄、溫文爾雅的特點。

2. 鞋、襪、帽、腰帶的穿戴禮儀

（1）鞋襪。鞋子和襪子被西方國家稱作「腳部時裝」和「腿部時裝」。鞋子在整體著裝中具有重要地位。一雙得體的鞋子，能為全身的服裝添色增輝，不僅能映襯出服裝的整體美，更重要的是能增加人體本身的挺拔俊美。

在正式或非正式場合，男性一般著沒有花紋的黑色平跟皮鞋，女性一般著黑色半高跟皮鞋，鞋跟在 3~5 厘米為最佳（如圖 1.51 所示）。露腳趾的皮涼鞋是絕對禁止在禮儀場合穿著的。旅遊鞋、布鞋、各式時裝鞋與西裝都是不相配的。皮鞋的顏色、款式應與衣服、手包相配套。一般來說，鞋的顏色應與衣服的下擺一致或更深一些。衣服從下擺開始到鞋的顏色保持一致，可以使大多數人顯得高一些。

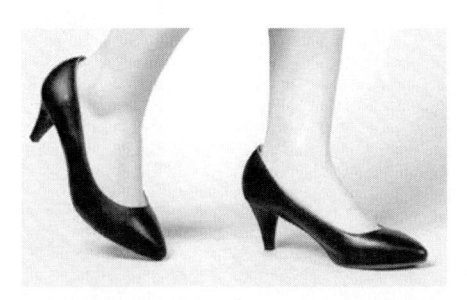

圖 1.51　**女士高跟鞋**

襪子的穿著也是重要一環。在禮儀場合，決不能赤足穿鞋。女性應穿長筒絲襪或

褲襪，白天可穿肉色或淺色的，晚間活動可穿略深的。不宜穿短襪，更不宜露出腿部肌膚。正式或半正式場合，男性應著顏色素淨的中長筒襪子，這樣可避免坐下談話時露出皮膚或濃重的腿毛。襪子的顏色應以單色、深色最好，圖案可以選擇帶條紋或方格圖案，但以隱形或不顯眼為佳。襪子的色調應選擇比褲子深一些，可以使它在褲子和鞋子之間作為一種過渡。女性著肉色長筒絲襪，配長裙、旗袍最為得體。長筒襪的長度一定要高於裙子下部邊緣，且留有較大余地；否則，一走動就露出一截腿來，極為不雅。因此，在禮儀場合，穿短襪配短裙是不適宜的。

（2）帽子。選擇帽子既要照顧款式，也應注意色彩、大小、高低與自己膚色、體型、身材的關係，盡量讓帽子幫助自己達到揚長避短的效果。

長臉形不宜戴高帽子，而圓臉型的人，戴頂端微凸的帽子就比較順眼。個矮的人戴稍凸的帽子會顯高，而小個子戴頂大帽子又會產生「小蘑菇」的滑稽感。帽子的色彩要與膚色結合考慮。膚色白的人，選擇余地大些；膚色較深的人則不宜戴深色帽子；膚色發黃的人，最好是戴深紅色、咖啡色的帽子，這樣可以襯托出一些健康色，戴白、綠、淺藍的帽子，都有加重病態的感覺。帽子既可正戴，也可歪戴，不同的戴法會產生不同的視覺效果和禮儀效應。正戴顯得莊重、嚴肅，歪戴則顯得活潑、嫵媚。正戴可使臉型更加豐滿、端莊，歪戴則會使之顯出清瘦、俏皮。

從禮儀的角度講，男士在室內場合不允許戴帽子，女士則可以將帽子及其他用品作為禮服的一部分在室內場合穿戴。女士戴帽子不僅是禮節上的要求，也是身分上的象徵。而且女士帽子不像男士帽子那樣千篇一律，可以配合五光十色的衣服，不斷變換著花樣。

（3）腰帶。腰帶佩戴時也應和自己的身材協調。個子嬌小的人系細腰帶，而且顏色最好與衣服相符合。粗腰的人，絕不能系鮮豔和寬粗的腰帶。上身長的人，可系稍寬的腰帶；上身短的人，應把腰帶系在低腰處。

3. 裝飾性飾物的佩戴禮儀

（1）戒指。戒指不僅是一種重要的飾品，還是特定信息的傳遞物。儘管它有鑽石、珍珠、金銀等不同質地，有渾圓、方形、雕花和刻字等不同造型，但其佩戴的方法是一致的，表達的含義也是特定的。戒指通常戴在左手上。一般來說，戴在食指上，表示尚未戀愛，正在求偶；戴在中指上，表示已有意中人，正在戀愛；戴在無名指上，表示已正式訂婚或已結婚；而戴在小指上，則表示誓不婚戀，篤信獨身主義。在不少西方國家，未婚女子的戒指戴在右手而不是左手上。修女的戒指總是戴在右手無名指上，這意味著她已經把愛獻給了上帝。一般情況下，一只手上只戴一枚戒指，戴兩枚或兩枚以上的戒指是不適宜的。

（2）項鏈。項鏈是女性最常用的飾品之一，既可裝飾人的頸項、胸部，使女性更具魅力和性感，又能使佩戴者的服飾更顯富麗。但假如對項鏈的色彩、質地、造型的各種功能沒有一個正確的認識，效果就可能適得其反。一般來講，金項鏈以「足赤」而給人一種華貴富麗的感覺；珍珠項鏈則以白潤光潔而給人以高雅的美感。它們可以與各色服裝相配，給人以華美的總體印象。但假如與衣裝顏色過於接近則會因混於一色，而不易分辨，就會失去裝飾的功能。從項鏈的造型看，細小的金項鏈只有與無領

的連衣裙相配才會顯得清秀，而掛在厚實的高領衣裝外，會給人清貧寒酸的印象。矮胖圓臉的人，掛上一串下垂到胸部的項鏈，會使人感到似乎增加了身高，拉長了臉型；而脖子細長的人，以貼頸的短項鏈，尤以大珍珠項鏈最為合宜。另外，衣著的質料、顏色、樣式及場合也常常影響著各種質地、造型的項鏈的佩戴。

（3）耳環。耳環雖小，卻是戴在一個明顯而重要的位置上，直接刺激他人的注意力。因此，美觀大方的耳環對人的風度氣質的影響很大。耳環的種類很多，常見的有鑽石、金銀、珍珠等。耳環的形狀各異，有圓形、方形、三角形、菱形以及各種異形。一般來講，純白色的耳環和金銀耳環可配任何衣服；而具鮮豔色彩的耳環則需與衣裝相一致或接近。從質地方面看，佩戴鑽石耳環或潔白晶瑩的大珍珠耳環，必須配以深色高級天鵝絨旗袍或高檔禮服，否則會相形見絀；而人們一般習慣佩戴的金銀耳環對服裝則沒有過多的限制。選擇耳環主要應當考慮自己的臉型、頭型、髮式、服飾等方面。例如，長臉形，特別是下頜較尖的臉型，應佩帶面積較大的扣式耳環，以便使臉部顯得圓潤豐滿；而臉型較寬的方臉型，宜選擇面積較小的耳環。服飾色彩比較豔麗，耳環的色彩也應豔麗。

（4）胸飾。胸飾包括胸花和胸針。胸花一般指戴在左胸部位的花飾，多用於參加宴會、招待會及各種大型的慶典活動和具有特色紀念意義的活動。參加這些活動，佩戴胸花可顯出自己的身分、地位，並給人以正規、隆重之感。選佩胸花時，要重視胸花的樣式及衣服顏色的搭配。服飾漂亮，胸花宜樸實；反之，宜選擇色彩鮮豔的胸花。胸針也佩戴在胸部，它大小不一，多為金屬製作，適合各種場合佩戴，但選擇時應同服飾及環境相協調，如穿西裝套裙上班，所選胸針的圖案和花色應當莊重、文雅。

總而言之，佩戴飾品要少而精，以體現自己的個性為主，絕不能認為項鏈選得越粗越好，戒指戴得越多越好，結果反而會弄巧成拙，顯得自己俗不可耐。男性首飾的佩戴要力求舒適、大方，給人一種穩重、瀟灑的感覺。

【實訓設計】

情景模擬與角色扮演

一、實訓內容

假設你是A公司的業務經理，你要代表公司去面見一位重要客戶，請選擇合適的服飾及搭配。

二、實訓步驟

（1）教師介紹本次實訓的內容及模擬情景。

（2）教師講解儀表禮儀規範。

（3）學生以6人為一個單位，進行分組，選出組長，在組長的帶領下，學生按照之前講解的儀表禮儀的要點互相評議當天的著裝是否規範，服飾搭配是否協調。

（4）要求

①要求有條件的男生穿西裝、系領帶；女生穿職業裙裝。

②沒有條件的同學要求穿一套自認為搭配最協調的服裝。

③同學之間可調配服裝。
④熟練掌握幾種領帶的打法。
⑤熟練掌握服飾搭配技巧。
⑥掌握在不同場合選擇合適的服飾的技巧。
（5）教師考核。
（6）師生點評。

三、任務考核

教師負責考核。考核評分標準如表1.2（男）和表1.3（女）所示。

表1.2　　　　　　　　　　男士西裝禮儀考核評分標準

組別＿＿＿＿　　姓名＿＿＿＿　　時間＿＿＿＿

評價項目與內容		應得分	扣分	實得分
準備工作	出場迅速	5		
	實訓過程全組協調良好	5		
基本知識掌握	熟悉男士西裝的穿著規範及搭配	10		
男士西裝	西裝乾淨、整潔，西褲燙出褲線	10		
	襯衣清潔，穿著符合要求	5		
	西裝的扣子系法符合要求	5		
	西裝口袋不裝物品，衣袖、褲邊不卷	5		
	領帶形狀規整、長度適中、打法正確	10		
	鞋襪乾淨、顏色搭配恰當	5		
	西裝合適，整體顏色搭配協調	10		
觀摩討論	觀摩認真	5		
	積極討論	5		
實訓筆記	按規定時間上交	5		
	字跡清楚、填寫規範、內容詳盡完整	5		
	實訓分析總結正確	5		
	能提出合理化建議及創新見解	5		
合計		100		

考評教師（簽名）：

表1.3　　　　　　　　　　女士職業裝禮儀考核評分標準

組別＿＿＿＿　　姓名＿＿＿＿　　時間＿＿＿＿

評價項目與內容		應得分	扣分	實得分
準備工作	出場迅速	5		
	實訓過程全組協調良好	5		

表1.3(續)

評價項目與內容		應得分	扣分	實得分
基本知識掌握	熟悉女士職業裝的穿著規範及搭配	10		
女士職業裝	職業裝款式、面料選擇合理	10		
	襯衣以白色為主	5		
	內衣應柔軟合理	5		
	襯裙選擇合適	5		
	職業裙長度適合	5		
	絲襪顏色合理，無破洞	5		
	鞋子顏色合理，與套裝相配	5		
	職業裝顏色整體搭配協調	5		
飾品	飾品搭配合理	5		
觀摩討論	觀摩認真	5		
	積極討論	5		
實訓筆記	按規定時間上交	5		
	字跡清楚、填寫規範、內容詳盡完整	5		
	實訓分析總結正確	5		
	能提出合理化建議及創新見解	5		
合計		100		

考評教師（簽名）：

任務3　儀容禮儀

【案例導入】

　　某國際豪華遊輪公司面向學校招聘一批畢業生，前來報名的同學絡繹不絕。其中有幾位女同學認為，在豪華遊輪工作是一件非常時髦的事，因此特別到美髮店做了一個非常時髦的髮型。她們高高興興地來到報名地點，結果招聘經理連她們的簡歷都沒有收，就讓她們離開了。

　　思考：

　　1. 你認為，招聘經理不收她們的簡歷的原因是什麼？
　　2. 作為商務人士，應該注意哪些儀容禮儀？

【任務目標】

　　通過實訓，學生應瞭解商務人員的儀容必須遵循乾淨、整潔的基本原則，培養良

好的儀容禮儀和觀念，掌握面部修飾、髮型選擇、手腳修飾及其他儀容修飾的方法。

【理論知識】

一、儀容的概述

儀容是指人體不需要著裝的部位，主要是指面容及其他暴露在外的肢體部分，廣義上還包括頭髮、手部以及穿著某些服裝露出的腿部。在人際交往中，每個人的儀容都會引起交往對象的特別關注，並將影響到對方對自己的整體評價。

儀容美的基本要素是貌美、髮美、肌膚美，主要要求整潔、乾淨、自然。美好的儀容一定能讓人感覺到其五官構成彼此和諧並富於表情；髮質、髮型使其英俊瀟灑、容光煥發；肌膚健美使其充滿生命活力，給人以健康自然、鮮明和諧、富有個性的深刻印象。但每個人的容貌是父母給予的，相對定型，但通過保養、修飾和裝扮可以使人煥然一新，充分發揮自己的優勢，有效地彌補自身的缺陷和不足。

當然除了儀容的修飾美外，培養儀容的自然美和內在美同樣很重要。自然美可以通過保持良好的心態、充足的睡眠、健康的飲食和適當的鍛煉來提升。內在美可以通過學習，提高個人的文化素養，培養出高雅的氣質與美好的心靈來提升。心理研究表明，一個人心理健康、為人豁達、性格直爽、胸襟開闊，就能使容顏在相當長時期保留一種年輕的活力美。

二、面部修飾

商務人員儀容的修飾是為了給交往對象以美感，留下良好的印象。修飾面部不是要求人們去變更自己先天的容貌，而是要求人們「秀於外」與「慧於中」並舉，使自己顯得端莊大方。商務人員在出席公共場合時，對面部可以進行適當修飾。商務人員修飾自己的面部，首先是要通過護膚讓面部保持乾淨和水嫩，其次才是通過化妝來修飾面容。因此護膚是美容的基礎。做好護膚也是化妝的先行條件。

（一）護膚技巧

皮膚在社交場合中也是塑造良好形象的一個重要組成部分，特別是面部。

1. 認識皮膚

一般來說，人的皮膚是由表皮、真皮和皮下組織構成。從皮膚的性質看，可以將人的皮膚分為中性、干性、油性和混合性皮膚。

（1）中性皮膚。中性（正常）皮膚油脂分泌適中，皮膚表面柔滑滋潤，富有光澤，是理想的皮膚。其特點是健康、組織致密，皮脂和汗腺分泌通暢，光滑細膩，但受季節影響較大，夏天趨向油性，冬天趨向干性。

（2）干性皮膚。干性皮膚分為缺油性干性皮膚和缺水性干性皮膚。缺油性干性皮膚油脂分泌少，毛孔不明顯，不易長粉刺，外觀潔白細嫩，但臉無光澤，易起小皺紋。缺水性干性皮膚的特點是皮膚組織欠緊湊堅實，毛孔不明顯，皮膚較厚，水分不易蒸發。這種皮膚很敏感，經不起環境和情緒變化的影響，容易過早衰老，應選保濕性化妝品。

（3）油性皮膚。油性皮膚油脂分泌過多，面部油亮光澤，毛孔明顯、粗大，皮脂腺分泌旺盛，易長粉刺，但不易起皺紋。臉上常像塗了一層油，特別是額頭、鼻梁、下巴等處。皮膚色澤較深，為淡褐色或褐色，甚至為紅銅色。此類皮膚的酸鹼度不平均、不穩定，當鹼性過強時，皮膚容易出現斑點。

（4）混合性皮膚。混合性皮膚為干性和油性皮膚的混合。油性部分呈「T」字型，包括前額、鼻梁及面頰兩側，而眼周及頸部則為干性。據統計，女性大約有80%屬於混合性皮膚。

無論你屬於哪類皮膚，都要以科學的方法加以保護。只有這樣，皮膚才會柔嫩潔白、滋潤光澤、充滿活力。

2. 皮膚護理的方法

皮膚護理的方法很多，根據每個人的條件不同，可以採用不同的皮膚護理方法。這裡介紹幾種既簡單又經濟的方法。

（1）正確潔面。洗臉用的水溫非常重要。有的人圖省事，直接用冷水洗臉；有的人認為自己是油性皮膚，要用很熱的水才能把臉上的油垢洗淨。其實這些都是錯誤的觀點，正確的方法是用溫水。這樣既能保證毛孔充分張開，又不會使皮膚的天然保濕油分過分丟失。

無論用什麼樣的潔面乳，量都不宜過多，面積有五分硬幣大小即可。在向臉上塗抹之前，一定要先把潔面乳在手心充分打起泡沫，忘記這一步的人最多，而這一步也是最重要的一步。因為，如果潔面乳不充分起沫，不但達不到清潔效果，還會殘留在毛孔內引起青春痘。泡沫當然是越多越好，還可以借助一些容易讓潔面乳起沫的工具。

把泡沫塗在臉上以後要輕輕打圈按摩，不要太用力，以免產生皺紋。大概按摩15下左右，讓泡沫遍及整個面部。

用潔面乳按摩完後，就可以清洗了。有一些女性，擔心洗不乾淨臉，會用毛巾用力地擦洗，這樣做對嬌嫩的皮膚非常不好。應該用濕潤的毛巾輕輕在臉上按，反覆幾次後就能清除掉潔面乳，又不傷害皮膚。

清洗完畢後，很多人認為洗臉的過程已經全部完成了，其實並非如此。還應照鏡子檢查一下發髻周圍是否有殘留的潔面乳，這個步驟也經常被人們忽略。有些女性發際周圍總是容易長痘痘，其實就是因為忽略了這一步。

化妝後的潔面，一定要用專業的卸妝產品，因為一般的潔面乳或洗面奶不能把臉上的化妝品完全清洗乾淨。因此，洗臉時，如果之前有化妝，就應該先卸妝，然後再用洗面奶洗臉。這樣才能把皮膚裡面的臟東西清理得更徹底、更乾淨。

（2）保持良好的心態。心態決定一切，良好的心態是身體健康的基礎。微笑是保持良好心態最好的「潤滑劑」。人在微笑時，面部肌肉在做運動，會使皮膚保持健康的狀態。另外，人在生氣時，會在體內產生毒素。所以人要經常面帶微笑，笑看人生，還要經常和快樂的人接觸，相互感染，提高自信。

（3）養成良好的睡眠習慣。醫學研究表明，人表皮細胞的新陳代謝最活躍的時間是從午夜到清晨兩點，熬夜是最毀容的，因為不眠會影響細胞再生的速度，導致肌膚老化，這種恐怖的後果會直接反應在女士們的臉龐上。人類有1/4到1/3的時間是在睡

眠中度過的，因此，保持良好的睡眠習慣，對人的皮膚和身體健康都大有益處。

● 睡覺前要洗臉，不要讓污垢在臉上過夜。因為人在睡覺時細菌是最容易侵蝕的。

● 注意臥室的濕度，不要在特別干燥的房間裡睡覺，以防皮膚干燥。

● 注意睡覺的姿勢，不要讓不對稱的小皺紋掛在臉上。一個理想的睡眠體位應該是使頭頸部保持自然仰伸位，胸部及腰部保持自然曲度，雙膝略呈屈曲狀，如此可使全身肌肉、韌帶及關節獲得最大限度的放鬆與休息。

● 保證足夠的睡眠。通常情況下，要保證7~8小時的睡眠，特別是晚上10點到凌晨2點，因為專家認為這是美麗皮膚形成的最佳時間。

（4）養成多喝水的習慣。一般來說，人要保持皮膚的健康，需要每天保證喝適量的水。一天所需的水分，包括食物中的水分，要在1.5~2升之間。對於皮膚健康來說，喝水比買護膚品更便宜也更重要。水還可以幫助身體排除有害物質，潤滑關節和肌肉，防止便秘，保持正常體溫，燃燒更多脂肪，生病時還有助於恢復健康等。

（5）注意科學合理的飲食。要想皮膚健康，還要注意合理的飲食結構。一般來說，從皮膚護理的角度看，合理攝取各種維生素，可以使皮膚自然健康。因此應該多吃新鮮水果蔬菜，不酗酒，不抽菸。同時，蜂蜜也是理想的天然美容劑。研究表明，蜂蜜可以改善營養狀況，促進皮膚新陳代謝，增強皮膚的活力和抗菌力，減少色素沉澱，防止皮膚干燥，使肌膚柔軟、潔白、細膩，並可減少皺紋，防止粉刺，起到理想的養顏美容的作用。在使用蜂蜜時，需用溫開水衝服。

（6）注意防曬。強紫外線照射可使皮下的纖維組織斷裂，使皮膚粗糙，因此要防止長時間在強光下暴曬。當夏天裡需要到外面去的時候，可採取一些防範措施，如帶遮陽傘、塗防曬霜等。防曬霜根據SPF指數分成不同的檔次，指數越大，保護時間越長。通常，防曬霜的保護時間，是SPF指數乘以15分鐘，如SPF8號的防曬時間是120分鐘。日常防曬一般選擇在SPF15左右。如果去海邊或海拔比較高的地方，由於紫外線更強，可以選擇SPF30及以上的防曬霜。由於防曬霜的指數是指防曬的時間長短，而非防曬的效果，防曬指數越高的產品，油膩感越重，容易堵塞毛孔，不利於排汗，所以針對不同的場合，採用間隔性的塗抹防曬霜比一次性塗抹高指數的防曬霜效果更好。

（7）加強體育鍛煉和戶外運動。現在社會工作節奏加快，工作壓力也很大，心理長時間處於緊張狀態，容易導致身心疲憊，也會加速容顏衰老。加強體育鍛煉和戶外運動是緩解壓力最好的方法，每天堅持適當的體育鍛煉也可以增強身體新陳代謝功能，使女人更健康、更美麗。

（二）化妝技巧

商務人員化妝總的原則是少而精，強調和突出自身的自然美，做到妝而不露、化而不覺。因此，商務裝一般宜化淡妝。

1. 化妝的功能

對商界人士來說，化妝最重要的功能有兩個：

第一，要求職員化妝上崗，有助於體現企業的統一性和紀律性，有助於使其企業

形象更為鮮明、更具特色。一句話，這樣做可以塑造良好的企業形象。

第二，要求職員化妝上崗，意在向商界的交往對象表示尊重。也就是說，在商務交往中，化妝與否，絕非個人私事，而是衡量其對商務交往對象是否尊重的一個尺度。

2. 化妝的原則

商務人員化妝應遵循與時間、季節、場合相適應的原則。

（1）時間原則。化妝應根據一天的時間變化而有所區別。白天自然光強烈，化妝不宜過濃，應著重在眼周、臉頰、唇部化妝，粉底應淡薄透明，妝色明朗。夜晚光線暗淡，不易顯露化妝痕跡，各色燈光也會使妝色發生一些變化，因此化妝應考慮燈光下的效果，化妝的色彩也可以稍濃一些。

（2）季節原則。化妝應根據季節的轉變而有所區別。一年四季的轉變，自然界的色彩也會隨之變化，化妝應與自然界的色彩相協調。夏季出汗多，多穿著淡色服裝，宜淡妝。冬季萬物凋零，人們通常著深色服裝，化妝色彩可選擇稍深一些。

（3）場合原則。化妝還應根據不同場合、環境而有所區別。商務人員在工作崗位上應該化淡妝，妝容要求清麗、素雅、簡約，要有鮮明的立體感，既要給人以深刻的印象，又不允許脂粉氣十足。濃妝只有在夜晚參加晚宴等一些社交性活動時才可以化，夜色朦朧，光線幽暗，晚宴妝要亮麗。在外出旅遊或參加戶外運動時，女士不要化濃妝，這時的妝面應明朗自然。

3. 化妝的要點

（1）化妝要考慮自己的膚色。商務人員的美容化妝要以統一、和諧、自然為準則，化妝給人文明、整潔、優雅的印象。化妝後一般不要明顯改變自己的膚色，盡量與原有膚色恰當結合，才能顯得自然協調。

（2）化妝要考慮自己的臉形。臉寬者，描眉、畫眼、塗口紅、抹腮紅都盡量集中在中間，以收攏縮小面部；臉窄者，可適當放寬。

（3）化妝要考慮粉底、眼影、腮紅、口紅的顏色要和皮膚、服飾的顏色協調。

4. 化妝的程序

化妝的一般程序如下：

（1）清潔面部。用適合自己的洗面奶去除油污、汗水和灰塵，使面部保持清潔。一般用含有營養成分的洗面奶比較好，盡量避免用一些質量差的香皂，因為其鹼性大，會傷害皮膚。

（2）潤膚。拍上適量的化妝水或緊膚水，均勻塗抹一層護膚霜或營養霜，以防止皮膚干燥起皮。

（3）隔離。使用隔離霜使皮膚與外界之間形成保護屏障，防止皮膚受傷或老化，保護皮膚免受其他化妝品的刺激。

（4）打底。打底的目的是調整皮膚的顏色，要根據不同的膚色選擇粉底，粉底顏色越接近膚色看上去越自然，最好還要多準備一支深色的粉底，作為下顎、鼻梁、額頭上打陰影用，以修飾臉型，突出五官，使妝面產生立體感。

（5）定妝。使用少許定妝粉或蜜粉來固定粉底，這樣可以使妝色更加柔和、穩定，不易花妝，同時可以減少皮膚上的油光感。

（6）修飾眼部。先畫眼影，根據不同的服飾、場合，確定眼影的顏色；再畫眼線，可以使眼部輪廓清晰，增強眼睛的黑白對比度；修飾睫毛，可以增強睫毛的濃密感，並使睫毛變長；最後根據臉型修剪眉形，注意眉弓的位置。

（7）塗腮紅。工作淡妝要選擇接近膚色的腮紅，呈現完美自然、若有若無的妝效。塗腮紅可以使人顯得健康精神，並可以彌補臉型的不足。長臉宜左右塗，寬臉宜上下塗，瓜子臉則以面頰中偏上處為重點，然後向四周散開。腮紅顏色的選擇也要考慮時間因素。一般情況下，白天宜選擇玫瑰紅或粉色，晚上宜選用朱紅。

（8）修飾唇部。先用唇線筆描出合適的唇形，先描上唇，後描下唇；然後填入色彩適宜的口紅，使其紅唇生色，更加美麗。口紅一般宜選用接近嘴唇的顏色，如淡紫紅色，可增加活力和美感。如果唇色比較重，也可以只塗一點潤唇膏。

（9）補妝。為了避免妝容殘缺，化妝後要檢查，特別是在出汗、用餐、休息之後。如果發現妝面殘缺，要馬上補妝。補妝的時候，要迴避別人，在沒有人的角落或洗手間進行。由於補妝只是局部性的修補，應該以補為主，只需要在妝容殘缺的地方稍作彌補，不用抹掉舊妝重新化妝。

無論什麼人，準備在什麼場合展現自己，其化妝的步驟，大致都是在上述範例的基礎上增減變化而已。故此，可以稱之為商務人員化妝的一般程序。

5. 化妝的禁忌

（1）不要當眾化妝或補妝。商務人員對自己的化妝應當認真對待、一絲不苟，但不允許商務人員當眾進行化妝或補妝。

（2）不要非議他人的化妝。有不少商務人士，尤其是女性，對化妝頗有興趣，但在工作崗位上，不允許隨便切磋化妝術。特別是不允許談論、評價他人的化妝得失。每個人的審美未必一樣，沒有必要為他人的妝容「憂心忡忡」。

（3）不要使自己的妝面出現殘缺。在工作崗位上，假如自己適當地化了彩妝，那麼就要做到有始有終，努力維護妝面的完整性。如果一旦出現妝面的殘缺，則要及時進行補妝或重新化妝。

（4）不要借用他人的化妝品。化妝品是與人體皮膚直接接觸的物品，可能成為疾病傳染的媒介，因此，不能亂用他人的化妝品，也不要把自己的化妝品借給他人使用。

三、髮型選擇

商務人員髮型、髮式統一的標準就是乾淨整潔，並且要經常注意修飾、修理，頭髮不宜過長。在當今社會，髮型不僅表現個人的性別，更能體現一個人的道德修養、審美水平及行為規範。人們可以通過一個人的髮型判斷出其職業、身分、受教育程度、生活狀況及衛生習慣，也可以感受出其對生活、工作的態度。因此商務人士必須注意根據自己的體形、氣質選擇適合自己的髮型。

一般認為，男士前部的頭髮不要遮住自己的眉毛，側部的頭髮不要蓋住自己的耳朵，同時不要留過厚或者過長的鬢角，後部的頭髮，應該不要長過自己西裝襯衫領子的上部，這是對男士髮型的統一要求。

女士在髮型和髮式的選擇上，應以簡約、美觀、大方為原則。需要特別注意的是，

在選擇發卡、發帶時，樣式應該莊重大方。

1. 髮型選擇技巧

任何一個人，在選定適合自己的髮型時，基本上都要考慮自己的髮質、臉形、年齡、性格、氣質、身材、職業、季節、所在的場合等因素，經過一番「綜合平衡」，然後做出抉擇。具體來說，髮型的選擇要掌握以下技巧：

（1）選擇髮型要與臉形相符合。

① 鵝蛋臉：鵝蛋臉屬標準臉型，可以做任何髮型。

② 圓形臉：可將髮型安排在頭頂，用前劉海蓋住雙耳及一部分臉頰，即可減少臉的圓度。

③ 方形臉：類似於圓形臉，其髮式應遮住額頭，並將頭髮梳向兩邊及下方，也可以燙一下，造成臉部窄而柔順的效果。

④ 梨形臉：要保持頭髮豐滿且高聳，分出一些帶波浪的頭髮遮住額頭，搭配卷髮設計，造成寬額頭的效果。

⑤ 長形臉：可適當用劉海掩蓋前額，一定不可將發簾上梳，頭縫不可中分，盡量加重臉形橫向感，使臉形看上去圓一些。

（2）選擇髮型要與性別相符合。商務男士應盡可能避免留長髮或者某些時髦的奇特髮型，最好也不要留光頭，不要把頭髮染成過分鮮豔扎眼的顏色。女士的髮型雖然並不拘泥於短髮和直髮，但也應注意要相對保守一些，不能過分張揚和花哨。

（3）選擇髮型要與年齡相符合。年長者要求簡樸、端莊、成熟、穩重，因此，比較適宜大花型的短髮或盤髮，給人以溫和可親的感覺。而年輕人則要注重整潔健康、美麗大方、新穎別致，比較適宜扎辮子、短髮、長髮等。

（4）選擇髮型要與性格和氣質相符合。

① 性格內向、羞於言談的人，適宜選擇自然翻式的髮型。

② 性格開朗、瀟灑的人，則要選擇長髮波浪式的髮型。

③ 性格活潑、天真的人，適宜選擇長髮童花式的髮型。

④ 性格溫柔、文靜的人，適宜選擇曲直長髮。

⑤ 性格豪爽、具有男子氣概的女性，適宜選擇短髮。

（5）選擇髮型要與身材相符合。

總的原則是簡潔、明快、線條流暢。

① 個子矮小的人髮型應以秀氣、精致為主，避免粗獷、蓬鬆，可利用盤髮增加身體高度。

② 高瘦身材的人髮型要求生動飽滿，避免將頭髮梳得緊貼頭皮，或將頭髮搞得過分蓬鬆，造成頭重腳輕。一般來說，高瘦身材的人比較適宜留長髮、直髮。

③ 身體矮胖的人整體髮式要向上，譬如選擇運動式髮型，此外可選擇有層次的短髮、前額翻翹式等髮型。

④ 高大身材的人髮型一般以留簡單的直短髮為好，或者是大波浪卷髮，對直長髮、長波浪、束髮、盤髮、中短髮式也可酌情運用。切忌髮型花樣繁復、造作，頭髮不要太蓬鬆。

（6）選擇髮型要與職業相符合。

① 戴工作帽的職業者的髮型既要簡潔，又要美觀，一般以中長髮或短髮為宜，戴帽時頭髮不外露，脫帽後又能保持優美的髮型。

② 文藝工作者的髮型要求新穎多樣，突出個性，富有藝術氣息。

③ 教師、機關人員的髮型要求線條簡單，波紋平淡自然，髮型優美大方、樸實端莊。

④ 商務人員的髮型應以整潔美觀為主，富有時代氣息，給人以健康明朗、文明禮貌的良好印象。

對於商務人士來說，髮型選擇總的原則就是：男員工不留長髮，即髮不過頸；女員工不梳披肩髮，前髮不遮眼，後髮不過肩，頭髮過肩者必須扎起。

2. 頭髮護理技巧

髮型選定後，頭髮還要加強日常護理。一是注意經常清洗頭髮；二是經常修剪頭髮；三是經常梳頭以促進頭部的血液循環；四是審慎進行燙髮、染髮，把握好分寸，否則會損害頭髮，影響自己的形象。

總之，要保持自己美好的形象，應先從頭部開始，做到正確護髮，適當染髮，慎重燙髮。

四、手部修飾

手可以說是商務人員的「第二張名片」。不論是握手寒暄、名片交換、文件遞送、獻茶敬酒，還是垂手而立、置於桌上，手部都處於醒目之處。一雙保養良好、干乾淨淨的手，會給人以美感；而一雙「年久失修」、骯髒不堪的手，則會使人反感，甚至會影響到其主人所獲得的總體評價。

商務人士的雙手應當以乾淨、衛生、雅觀為其「要旨」。具體要求是：

（1）雙手要勤洗。與洗臉相比，雙手洗得要更勤快些。

（2）雙手要保潔。手部不只是需要勤洗，而且需要精心照料，別讓手部紅腫、粗糙、長瘡、生癬或「積勞成疾」。

（3）不留長指甲。商務人士應養成平日堅持定期修剪指甲的良好習慣，一般要三天修剪一次。

（4）女士工作時指甲不宜塗抹彩色指甲油。若是十指塗滿有色指甲油，甚至十指十色、一指多色，把手指搞得鮮豔奪目，反而會有失身分。可以適量地使用無色指甲油，這對保護指甲有益。

五、腳部修飾

中國人看人的習慣是「遠看頭，近看腳，不遠不近看中腰」。腳部主要注意的是腳部保養和腳趾甲的修飾。腳部保養的重點是清除腳臭，處理腳部多餘汗毛，治療腳底繭。尤其是男士應養成良好的衛生習慣，每天勤換鞋襪，選擇棉質襪子；清潔腳趾後，擦上爽身粉，注意飲食結構，可以消除腳臭。女士如果腿毛過重，夏季著裙裝時須作處理，以免尷尬。

六、其他修飾

商務人員除了要做好以上修飾外，還要保持口腔衛生，堅持每天刷牙，防止產生異味。在與人交往應酬前，應禁食容易產生異味的食物，如蔥、蒜、韭、腐乳及烈酒等，也不要吸菸。必要時可含茶葉、口香糖以清除口腔異味。

要注意清理身上的毛髮。例如腋毛在正式場合不宜為外人所覺察。一般認為，女士在正式場合穿著衣衫應以不暴露腋窩為宜，至於背帶裙、背心、無袖裝及袖口寬鬆肥大的上衣等都不宜穿著，否則會影響美觀。同時，要保持鼻腔的清潔，經常清理鼻腔，修剪鼻毛。

避免過量地使用芳香型化妝品，避免過量地使用香水。香水的正確使用位置有兩處：一是離脈搏跳動比較近的地方，如手腕、耳根、頸側、膝部、踝部等處；二是既不會污損衣物，又容易擴散出香味的服裝上的某些部位，如內衣、衣領、口袋、裙擺的內側，以及西裝上所用的口袋裝飾帕的下端。

同時，在商務交往過程中，不應在人前修指甲、剔牙齒、挖耳朵、摳眼屎、掏鼻孔、撓癢、脫鞋等。

【實訓設計】

實訓技能　面部修飾

一、實訓內容

職業淡妝。

二、實訓步驟

（1）準備一間多媒體實訓室，教師講解面部修飾，尤其是職業淡妝的理論知識。

（2）學生以 6~10 人為一個單位，進行分組，選出組長，在組長的帶領下，學生按照之前講解的要點，男生完成自己的面部修飾，女生完成自己的職業淡妝。

（3）教師觀察，糾正不當的修飾，示範和講解正確的面部修飾方法。

（4）學生進行修改。

（5）教師考核。

情景模擬與角色扮演

一、實訓內容

假設你是 B 公司的業務經理，要代表公司去參加一次重要的商務談判，請選擇合適的髮型，並進行儀容的修飾。

二、實訓步驟

（1）教師介紹本次實訓的內容及模擬情景。

（2）教師講解儀容禮儀規範，並觀看有關形象設計的視頻。

（3）學生以 6 人為一個單位，進行分組，選出組長，在組長的帶領下，學生進行個人儀容修飾和髮型設計。

（4）儀容展示。
（5）教師考核。
（6）師生點評。

三、任務考核

教師負責考核。考核評分標準如表1.4所示。

表1.4　　　　　　　　　　儀容禮儀考核評分標準

組別_____　　姓名_____　　時間_____

評價項目與內容		應得分	扣分	實得分
整體修飾	整潔、干練、大方	10		
發型	頭髮清潔，長度適宜，顏色正常	10		
	適合自己，符合商務情景	10		
面部修飾	清潔乾淨，膚色健康	10		
	妝面自然，符合情景	10		
手部修飾	指甲長度合適、乾淨、顏色正常	10		
	手部不佩戴過多的飾品	10		
個人衛生	眼、耳、鼻、頸部清潔，口無異味，身無異味	10		
實訓筆記	按規定時間上交	5		
	字跡清楚、填寫規範、內容詳盡完整	5		
	實訓分析總結正確	5		
	能提出合理化建議及創新見解	5		
	合計	100		

考評教師（簽名）：

模塊二　商務會面交往禮儀

會面交往禮儀是人們進入交際狀態實施的第一個禮節，是情感交流的開始，關係到第一印象，是交際活動成功的起點。通常的會面交往禮儀包括稱呼與問候、握手與介紹、鞠躬、招手、擁抱、注目禮、名片使用禮儀、電話禮儀、手機禮儀和傳真禮儀等。本模塊將重點介紹常用的稱呼與問候、見面禮儀、介紹禮儀、名片使用禮儀和電話禮儀。

【禮儀諺語】

　　尊敬別人就是尊敬自己。

——高爾斯華綏

【模塊教學目標】

1. 瞭解會面交往禮儀的基本內容；
2. 掌握稱呼與問候禮儀的規範及要求；
3. 掌握見面禮儀的規範和要求；
4. 掌握介紹禮儀的規範和要求；
5. 掌握名片使用禮儀的規範和要求；
6. 掌握電話禮儀的規範和要求。

【知識目標】

1. 掌握不同場合的稱呼與問候；
2. 掌握握手、擁抱、合十、拱手等會面禮儀要求；
3. 掌握自我介紹和介紹他人的禮儀技巧；
4. 掌握名片製作的方法、遞接及索要名片的技巧；
5. 掌握接聽電話、撥打電話的技巧以及手機使用的注意事項。

【技能目標】

1. 能夠正確地稱呼和問候他人；
2. 能夠正確地介紹自己和他人；
3. 能夠規範地遞接和索要名片；
4. 能夠掌握規範的接聽和撥打電話流程；
5. 能夠在仿真的工作環境中，綜合地運用會面交往禮儀。

【素質目標】

1. 提高學生在待人接物、社會交往和商務工作中的禮儀修養；
2. 掌握基本禮貌用語，具備在不同場合與人交往的基本素質。

任務 1　稱呼與問候禮儀

【案例導入】

小王今年剛參加工作，年輕的她工作干勁十足，待人也很真誠，對每個同事前輩都很友善，在公司裡總是「張姐」「馬哥」等親熱地叫著。某一天，小王陪同客戶經理張經理參加了公司同客戶的見面會。期間，小王也向往常一樣稱呼張經理為「張姐」，忙前跑後，自認為圓滿完成了任務。但會後張經理嚴肅地對小王提出了批評意見，指出她在客戶面前表現欠妥，小王疑惑不解。

思考：
1. 小王被批評的原因是什麼？
2. 在商務活動中，我們應該如何正確稱呼與問候？

【任務目標】

通過實訓，學生應瞭解稱呼的種類、稱呼的注意事項和問候的方式，並能夠靈活、恰當地稱呼及問候他人。

【理論知識】

一、稱呼禮儀

所謂稱呼，指的是人們在日常交往應酬中，所採用的彼此之間的稱謂語。稱呼是交際之始，交際之先。慎用、巧用、善用稱呼，將會贏得他人的好感，為以後的交往打下良好的基礎；否則，會令對方心裡不悅，影響到彼此的關係。

（一）稱呼的種類

稱呼通常是根據場合標準來劃分其類型，一般有生活中的稱呼和工作中的稱呼等。對每種場合的稱呼應認真區別，細心把握。

在工作崗位上，人們彼此之間的稱呼是有其特殊性的。它的總的要求是要莊重、正式、規範。

1. 職務性稱呼

職務性稱呼一般在較為正式的官方活動、政府活動、公司活動和學術性活動中使用。以交往對象的職務相稱，以示身分有別、敬意有加，而且要就高不就低。具體來說分三種情況：

（1）僅稱職務，如「董事長」「總經理」「主任」等。

（2）職務前加上姓氏，如「王委員」「張總理」「劉部長」等。

（3）職務前加上姓名（適用於非常正式的場合），如「王××主席」「張××處長」等。

2. 職稱性稱呼

對於具有職稱者，尤其是具有高級、中級職稱者，在工作中可直接以其職稱相稱，與職務性稱呼一樣，也有下列三種情況較為常見：

（1）僅稱職稱，如「經濟師」「會計師」「教授」等。

（2）職稱前加上姓氏，如「馬工程師」「李研究員」等。

（3）職稱前加上姓名（適用於十分正式的場合），如「王××高級行銷師」「李××主任醫師」等。

3. 行業（職業）性稱呼

在工作中，有時可按行業進行稱呼。可以直接以職業作為稱呼，如老師、醫生、律師、會計等。在一般情況下，此類稱呼前，均可加上姓氏或者姓名，如彭會計、趙老師等。

4. 學銜性稱呼

這種稱呼有助於增加被稱呼者的權威性，同時有助於加強現場的學術氣氛。以學銜相稱時，可以僅稱學銜（如「博士」）、學銜前加姓氏（如「馬博士」）、學銜前加姓名（如「馬××博士」）。為了讓稱呼更正式，可以將學銜具體化，說明其所屬學科，並在後面加上姓名，如「法學博士馬××」。

5. 姓名性稱呼

在工作崗位中，也可以直接稱呼姓名。姓名稱呼一般適用於年齡、職務相仿者，或是同學、好友之間。其具體有三種情況：

（1）直呼其名。

（2）只呼其姓，不稱其名。通常會在姓前加上「老」「大」「小」等前綴，如「老王」「小劉」「大張」等。

（3）只稱其名，不呼其姓。這種稱呼方式比較親切，有助於拉近人與人之間的距離。

6. 泛稱呼

在社交場合，由於不熟悉交往對象的詳細情況，或因其他原因，僅以性別區分，對男性一律稱為「先生」，對女性一律稱為「小姐」或「女士」。一般而言，對未婚女性稱「小姐」，對已婚女性稱「女士」，對年長但不明婚姻狀況的女子或職業女性稱「女士」。這些稱呼均可冠以姓名、職稱、銜稱等，如「彭先生」「李小姐」「馬夫人」等。

（二）稱呼的注意事項

在使用稱呼時，一定要迴避以下幾種錯誤的做法，否則就會失敬於人。

1. 使用錯誤的稱呼

使用錯誤的稱呼，主要由於粗心大意，用心不專。常見的錯誤稱呼有以下兩種：

（1）誤讀。誤讀也就是念錯姓名。如「查（Zha）」不能讀「Cha」，「蓋（Ge）」不能讀「Gai」等。姓氏來自祖先，在中國人的心中有崇高的地位，一定不要搞錯。為了避免這種情況的發生，對於不認識的字，事先要有所準備。如果是臨時遇到，就要謙虛請教。

（2）誤會。這主要指對被稱呼者的年紀、輩分、婚否以及與其他人的關係作出了錯誤的判斷。比如，將未婚婦女稱為「夫人」，就屬於誤會。

2. 使用過時的稱呼

有些稱呼具有一定的時效性，一旦時過境遷，若再採用，難免貽笑大方。在中國古代，對官員稱為「老爺」「大人」。若在現代生活中使用這些稱呼，就會顯得滑稽可笑、不倫不類。

3. 使用不通行的稱呼

有些稱呼具有一定的地域性，比如，天津人愛稱人為「師傅」，山東人愛稱人為「伙計」，中國人把配偶、孩子經常稱為「愛人」。但是，在南方人聽來，「師傅」等於「出家人」，「伙計」等於「打工仔」。而外國人則將「愛人」理解為進行「婚外戀」的「第三者」。可見使用這些稱呼應注意其地域性，以免造成誤會。

4. 使用庸俗低級的稱呼

在人際交往中，有些稱呼在正式場合切勿使用。如「哥們兒」「姐們兒」「死黨」「鐵哥們兒」等一類的稱呼，就顯得庸俗低級。逢人便稱「老板」，也顯得不倫不類。

5. 用綽號作為稱呼

對於關係一般者，切勿自作主張給對方起綽號，更不能隨意以道聽途說來的綽號去稱呼對方。還要注意，不要隨便拿別人的身體特徵或姓名亂開玩笑。尊重他人，必須首先學會去尊重他的姓名。對此，在人際交往中，一定要牢記。

6. 社交稱呼的語音禁忌

應注意上司的姓氏與職務的語音搭配。如姓符的總經理，被稱為「符總」，可能就會不高興。最好的方法是直稱職務「總經理」或者在正式的場合稱呼為「符××總經理」。

（三）國際稱呼習慣

在國際交往中，因為國情、民族、宗教、文化背景的不同，稱呼會千差萬別。一是要掌握一般性規律，二是要注意國別差異。

一般對男外賓稱「先生」，這樣的稱呼前均可冠以職稱、姓名，如「××先生」；對已婚女外賓稱「夫人」；對未婚女外賓可稱「小姐」；如不知道女賓婚否，可稱「女士」或「小姐」，切勿稱「夫人」；對有學位的可稱「博士先生」或「××博士」；對有軍銜的可稱其姓名、軍銜加先生，如「××上校先生」。

（四）稱呼的技巧

在商務交往中，尤其是新員工剛進入企業時，對於難以把握的稱呼，可以多留意

其他人的稱呼方式或者直接詢問對方,比如「請問該如何稱呼您?」不知者不怪,一般對方都會告知合適的稱呼。在很多外國企業或有外國人的企業,一般習慣直稱其名,比如「Tom」,即使是對上級也是如此,在這種情況下,商務人士要懂得「入鄉隨俗」。在職場中,過分親密或者過分生疏的稱呼都是不提倡的,要根據不同的對象、不同的場合,靈活恰當地稱呼對方,以文明禮貌為原則,做一位講究禮儀的員工。

二、問候禮儀

（一）問候的規範及方式

所謂問候,也就是問好、打招呼,就是在和別人相見時,以語言或動作向對方致意的一種方式。在問候的時候,要注意問候的次序、態度、方式三個方面。

1. 問候的次序

在正式場合,問候要講究一定的次序。常見的有如下兩種情形：

（1）一個人問候另一個人。兩個人之間的問候,通常是位低者先問候,即身分較低者或年輕者首先問候身分較高者或年長者；男性先向女性問候；未婚者先向已婚者問候；主人先向客人問候。

（2）一個人問候多人。這時候既可以籠統地加以問候,比如說「大家好」；也可以逐個加以問候。當一個人逐一問候許多人時,既可以由「尊」而「卑」、由「長」而「幼」依次進行,也可以由近而遠依次進行。

2. 問候的態度

問候是敬意的一種表現,態度上需要注意以下幾個方面：

（1）要主動。問候別人,要積極、主動。當別人首先問候自己之後,要立即予以回應,不要不理不睬地擺架子。

（2）要熱情。問候別人的時候,通常要表現得主動、熱情、友好,不能毫無表情或者表情冷漠。

（3）要自然。問候別人的時候,應自然而大方。矯揉造作、神態誇張或者扭扭捏捏,反而會給他人留下虛情假意的不好印象。

（4）要專注。問候的時候,要面含笑意,雙目注視對方的兩眼,以示口到、眼到、意到專心致志,不要在問候對方的時候,眼睛看在別處,讓對方不知所措。

3. 問候的方式

常見的問候方式一般包括：口頭問候、書信問候、電話問候、賀卡問候等。在商務會面中,一般有語言問候和動作問候兩種。

（1）語言問候。一般熟人相見,使用頻率最高的問候語是「你好」或「您好」,另加「好久沒見,近來可好（怎麼樣）?」等。問候語應根據不同場合、不同對象而靈活使用,總的原則是越簡單越好。隨著社會的發展進步,人們越來越喜歡用「你好」或「您好」來表達見面時的喜悅和禮貌。

（2）動作問候。動作問候有點頭、微笑、舉手、握手、擁抱、吻禮、鞠躬等。與外國人見面時,視對象、場合的不同,禮節也有所不同。對日本等多數東方國家來說,

鞠躬是最常見的；歐美人則更喜歡握手或擁抱的禮節；東南亞地區很多使用合十禮。在某些特定的場合，採用點頭或微笑的問候方式是非常適合的，比如和正在接待顧客的同事打招呼時。

（二）問候的形式

問候的形式有兩種，各有不同的適用範圍。

1. 直接式

直接式問候就是直截了當地以問好作為問候的主要內容。它適用於正式的公務交往，尤其是賓主雙方初次相見時，例如「您好！」

2. 間接式

間接式問候就是以某些約定俗成的問候語，或者以當下比較熱門的話題進行開場問候，主要適用於非正式和熟人之間的交往。比如「忙什麼呢？」「您去哪裡呀？」「你聽說了嗎？」等，來替代直接式問好。交談者可根據不同的場合、環境、對象進行不同的問候，常見的問候語有：

（1）表現禮貌的問候語。根據問候對象的不同，如從年齡上考慮，對少年兒童要問，「幾歲了？」或者問，「上幾年級了？」對成年人問，「工作忙嗎？」從職業上考慮，對老師可以問，「今天有課嗎？」對作家問，「又有大作問世了吧！」對朋友、鄰居和同事的問候就更為豐富了，如果用得好能貼近關係，增進友誼。

（2）表現思念之情的問候語，如「好久不見，你近來怎樣？」「多日不見，可把我想壞了！」等。

（3）表現對對方關心的問候語，如「最近身體好嗎？」「來這裡多長時間了，還住得慣嗎？」「最近工作進展如何，還順利嗎？」等。

（4）表現友好態度的問候語，如「生意好嗎？」「在忙什麼呢？」等。這些貌似提問的話語，並不表明真想知道對方的狀況，往往只表達說話人的友好態度。被問候者可以把它當成交談的起始語予以回答，或把它當作招呼語不必詳細作答。這樣的問候語只不過是一種交際的媒介。

【實訓設計】

實訓技能一　稱呼禮儀

一、實訓內容

掌握稱呼禮儀的基本規範，使用正確得體的稱呼。

二、實訓步驟

（1）準備一間多媒體實訓室，教師講解稱呼禮儀的要點和注意事項。

（2）學生以 6~10 人為一個單位，進行分組，選出組長。

（3）小組組長設計不同的社交、工作情景場合（例如推銷商品、服務顧客、簽訂合同、宴請、慶典、展銷會、新聞發布會等），帶領組員，練習稱呼禮儀。要求各場合盡可能包含各種稱呼的交往對象。

（4）在小組練習過程中，教師對有問題的稱呼進行糾正，並示範和講解正確的稱

呼方法。

（5）教師考核。

實訓技能二　問候禮儀

一、實訓內容

掌握問候禮儀的基本規範，正確使用問候禮儀。

二、實訓步驟

（1）準備一間多媒體實訓室，教師講解問候禮儀的理論知識，播放相關視頻，使學生對正確的問候禮儀有一定的基礎性的瞭解。

（2）學生以 6~10 人為一個單位，進行分組，選出組長。

（3）教師設定不同的問候方式（包括語言問候和動作問候）以及問候情形（包括一人問候一人和一人問候多人）。小組組長設定不同的人物，帶領組員，按照之前講解的問候禮儀知識進行練習。

（4）在小組練習過程中，教師對有問題的問候禮儀進行糾正，並示範和講解正確的問候禮儀。

（5）教師考核。

情景模擬與角色扮演

一、實訓內容

劉先生是 A 公司新上任的行銷經理，將去參加某一新產品的研討會。在會面時，劉先生應該如何靈活、恰當地稱呼他人，並與他人打招呼呢？

二、實訓步驟

（1）教師介紹本次實訓的內容和模擬實訓的情景。

（2）教師示範講解稱呼禮儀、問候禮儀以及注意事項，特別要強調問候的次序。

（3）根據模擬活動情景分組，把全班同學分成 6 人一組。

（4）確定模擬活動情景角色。

① A 公司行銷經理——劉先生。

② B 公司銷售總監——年長的王先生。

③ C 公司的總經理——年長的周女士。

④ D 公司的經理助理——年輕的王小姐。

⑤ 會議主持人——中年的馬先生。

⑥ 德國合作企業 F 公司總裁——湯姆。

（5）全組討論本角色對其他角色的恰當稱呼和問候的方法。

（6）模擬稱呼及問候訓練，同組同學互換角色訓練。

① 抽簽排序，一組一組進行。（組數過多時可隨機抽簽確定）

② 一組模擬時，其他組觀摩並指出問題。

（7）教師考核。

（8）師生點評。

三、任務考核

教師負責考核。考核評分標準如表 2.1 所示。

表 2.1　　　　　　　　　　接待禮儀考核評分標準

組別＿＿＿＿＿　　姓名＿＿＿＿　　時間＿＿＿＿＿

評價項目與內容		應得分	扣分	實得分
準備工作	角色定位及時，模擬出場迅速	5		
	實訓過程全組協調良好	5		
神態、舉止	聲音大小適中、語速適中	5		
	面帶微笑、大方得體	5		
	儀容、儀表、儀態得體	5		
稱呼	熟悉稱呼的基本禮儀及要求	15		
問候	問候的次序正確、規範	15		
	問候形式恰當、自然	15		
觀摩討論	觀摩認真	5		
	積極討論	5		
實訓筆記	按規定時間上交	5		
	字跡清楚、填寫規範、內容詳盡完整	5		
	實訓分析總結正確	5		
	能提出合理化建議及創新見解	5		
合計		100		

考評教師（簽名）：

任務 2　見面禮節

【案例導入】

小李是 A 公司的普通職員，在一次接待 B 公司考察團來訪時，由於小李與考察團的團長熟識，被列為主要迎賓人員陪同部門領導前往機場迎接貴賓。當考察團團長率領其他工作人員到達後，小李面帶微笑，熱情地走向前，先於領導與考察團團長握手致意，表示歡迎。小李以為自己的熱情行為可以讓領導滿意，結果他的舉動卻令其領導十分不滿。

思考：

1. 小李的舉動恰當嗎？
2. 見面禮中的注意事項有哪些？

【任務目標】

通過實訓，學生應掌握見面禮儀的基本要求，尤其是掌握握手、擁抱的規範和操作要求，並能靈活運用。

【理論知識】

人們在交往過程中往往需要必要的禮節，以表達自己對他人的敬意、友好和尊重。尤其是見面禮節，他給人第一印象，並獲得「首因效應」。結合國內外的情況，商務交往中最常用的見面禮有握手禮、鞠躬禮、合十禮和擁抱禮等。

一、握手禮

所謂握手禮通常是用來表示歡迎、歡送、見面、相會、告辭，表示祝賀、感謝、慰問，表示和好、合作時使用的禮節。握手禮是交際中最常見的禮節之一，是一個並不複雜卻十分微妙的禮節，應本著「禮貌待人，自然得體」的原則，靈活地掌握和運用行握手禮的時機，以顯示自己的修養和對對方的尊重。

(一) 握手的方法

1. 握手的姿勢

握手的標準方式是行至距握手對象約 1 米至 75 厘米，雙腿呈立正姿勢，上身略向前傾 15°，伸出右手，四指並攏，虎口相交，拇指張開與對方相握，如圖 2.1 所示。上下稍許晃動三四次，隨後鬆開手，恢復原狀。在商務場合中，無論與男士還是女士握手，建議握全掌，如圖 2.2 所示。只有在個別社交場合，與女士握手可以握手指（半掌）。

圖 2.1　握手的姿勢　　　　圖 2.2　與女士握手

2. 握手的手位

在握手時，手的位置至關重要。常見的手位有兩種：單手相握和雙手相握。在單

手相握中，最好採用「平等式握手」，即與人相握時，手掌垂直於地面，這種握手方式，是商務場合中最常用的，表示自己不卑不亢，如圖 2.3 所示。雙手相握，即用右手握住對方右手後，再以左手握住對方右手的手背。這種方式適用於親朋故舊之間，可用以表達自己的深厚情誼。此種方式的握手，也稱為「手套式握手」，一般而言，不適用於初識者和異性，因為它有可能被理解為討好或失態。雙手相握時，左手除握住對方右手手背外，還有些會握住對方右手手腕或對方右手手臂，這種做法一般是面對至交時使用，在正規的商務場合中不要濫用。

圖 2.3　單手相握

3. 握手的時間

握手的時間長短因人、因地、因情而異。通常來說，與他人握手的時間不宜過短或過長，一般控制在 3 秒鐘以內。尤其是在和異性握手時，應一握即可。如果是和老朋友或關係親密者握手可以邊握手邊問候，時間控制在 20 秒以內。在多人聚會時，不宜只與某一人長時間握手，以免引起他人的誤會。

4. 握手的力度

通常情況下，握手時力度要適當，不可用力過大，應當稍許用力，以不握痛對方的手為限，尤其當男士與女士握手時，更需要注意力度。在德國，握手的力度代表了對對方的尊重和重視程度，力度越大代表著越尊重、越重視對方，所以在與德國人握手時，可以適當加大握手力度。

5. 握手的其他禮儀

（1）神態專注。與人握手時，理當神態專注，面含笑意，目視對方雙眼，如圖 2.4 所示，並且口頭問候。在握手時，切勿顯得三心二意，敷衍了事，漫不經心，傲慢冷淡。如果遲遲不握他人早已伸出的手，或是一邊握手一邊東張西望，目中無人，甚至忙於跟其他人打招呼，都是極不禮貌的。

（2）姿勢自然。向他人行握手禮時，正常情況下都應起身站立，坐著與人握手是不合適的。握手時最好的做法是雙方站立，彼此將要相握的手各向側下方伸出，伸直後相握。

圖 2.4　握手時的目光、微笑禮儀

（二）伸手的次序

一般情況下，握手的「優先決定權」在尊者，也就是尊者先伸手。例如：長輩和晚輩握手，長輩先伸手；上級和下級握手，上級先伸手；男士和女士握手，女士先伸手；老師與學生握手，應由老師先伸手；已婚者與未婚者握手，應由已婚者先伸手；社交場合的先至者與後來者握手，應由先至者先伸出手來。

在一些特殊場合，握手時的伸手順序應注意：

（1）在公務場合，握手時伸手的先後次序主要取決於職位、身分。而在社交或休閒場合，主要取決於年齡、性別和婚姻狀況。

（2）如果需要和多人握手，握手時要講究先後次序，由尊到卑。交際時，如果人數較多，可以只跟相近的幾個人握手，向其他人點頭示意或微微鞠躬即可。為了避免尷尬場面發生，在主動和人握手之前，應想一想自己是否受對方歡迎，如果已察覺對方沒有要握手的意思，點頭致意即可。

（3）在接待來訪者時，應由主人首先伸出手來與客人相握。而在客人告辭時，則應由客人首先伸出手來與主人相握。前者是表示「歡迎」，後者則表示「再見」。

（三）握手的時機

1. 握手的場合

（1）迎送客人時。在辦公室、家中以及其他一切以自己作為東道主的社交場合，迎接或送別外賓和來訪者時，要握手以示歡迎或歡送。拜訪他人、慰問同事、進行家訪後，在辭行時，要握手以示「再會」。

（2）在重要的社交活動中表示敬意。如年終獎勵、研討會、宴會、舞會等開始前和結束時，要與來賓握手，以示歡迎與道別。

（3）表示感謝。他人給予自己一定的支持、鼓勵、祝賀、餽贈、幫助或邀請參加

活動時，要握手以表示衷心感激。

（4）向他人表示恭喜、祝賀時。如祝賀生日、晉升、獲得榮譽、嘉獎時，要握手以表示賀喜之意。

（5）高興與問候。遇到久未謀面的熟人時，要握手，以示久別重逢而萬分欣喜。被介紹給不相識者時，要握手，以示自己樂於結識對方，並為此深感榮幸。在社交場合，偶然遇到同事、同學、朋友、鄰居、長輩或上司時，要握手以示高興與問候。

（6）對他人表示理解、支持、肯定時，要握手，以示真心實意；得知他人患病、遭受其他挫折或家人過世時，要握手以示慰問。

2. 不宜握手的情況

（1）對方手部有傷。
（2）對方手裡拿著較重的東西。
（3）對方忙著別的事，如打電話、用餐、主持會議、與他人交談等。
（4）對方與自己距離較遠。
（5）對方所處環境不適合握手。
（6）當自己的手不乾淨時，應亮出手掌向對方示意聲明，並表示歉意。

（四）握手的注意事項

（1）不要拒絕與別人握手。拒絕和別人握手，是有失身分的，是沒有教養的。無論誰先向自己伸手，即便對方忽視了握手禮的先後順序而已經伸出了手，都應看作友好、問候的表示，應馬上伸手相握。當有手疾、汗濕或手比較臟的時候，也要和對方說一下「對不起，我的手現在不方便」，以免造成不必要的誤會。

（2）不要用左手相握。尤其是和阿拉伯人、印度人打交道時要牢記，因為在他們看來左手是不乾淨的。

（3）不要在握手時戴著手套、墨鏡、帽子。只有女士在社交場合戴著薄紗手套握手，是被允許的。與人握手，應把帽子摘掉，表示一種友善；戴太陽鏡，有拒人於千里之外的感覺。

（4）不要在握手時另外一只手插在衣袋裡。

（5）不要在握手時面無表情、點頭哈腰、過分客套。

（6）不要在握手時僅僅握住對方的手指尖，好像有意與對方保持距離。正確的做法是握住整個手掌。

（7）不要在握手時把對方的手拉過來、推過去，或者上下左右不停地抖。

（8）忌諱與異性握手時用雙手。

（9）不要在握手時用力過猛。尤其是當男性與女性握手時，用力一定要適度。

（10）在和基督教信徒交往時，要避免兩人握手時與另外兩人相握的手形成交叉狀，這種形狀類似十字架，在他們眼裡是很不吉利的。握手、干杯、祝酒等也都是如此。

二、擁抱禮

擁抱禮是西方國家傳統的禮儀。當人們見面、告辭、表示祝賀、慰問和欣喜時，

常採用擁抱禮。隨著國際貿易的發展和國際文化的交流,擁抱禮除了在政府的正式外交場合中使用,逐漸地在中國人的生活及商務活動中也開始普及。

正式的擁抱禮,應該是兩個人正面對立站立,左腳在前,右腳在後,左手在下,右手在上,胸貼胸,手抱背,貼右頰。具體如圖2.5所示。

圖2.5 擁抱禮

行擁抱禮時,需要注意以下問題:

(1) 禮節性的擁抱,雙方身體不用貼緊,控制擁抱時間,不能用嘴去親吻對方的面頰,同時也不能離得太遠,不能翹臀。

(2) 在正式外事接待場合,行擁抱禮都為男士,對女士不宜行此禮,而應改為行握手禮。

(3) 在與外賓使用擁抱禮時,應事先瞭解對方是否喜歡此種禮節,不可貿然使用。對東南亞、日本和印度的外賓慎用此禮節。

(4) 擁抱時,不能雙手抱住對方的腰部或者搭在對方的肩上,這是不符合禮儀規範的。

(5) 切記「左手在下,右手在上」和「貼右頰」,否則有碰頭的危險。

三、拱手禮

拱手禮是中國古代常用的一種禮儀,主要用於見面或感謝。而在現代,拱手禮主要用於佳節團拜活動、元旦春節等節日的相互祝賀。

行拱手禮的時候,一般右手握拳在內,左手在外,因為按照中國傳統文化,以左為敬,所以拱手時,左手在外,表示真誠與尊敬。女子行拱手禮時,則正好相反,因為男子以左為尊,女子以右為尊。具體如圖2.6和2.7所示。

模塊二　商務會面交往禮儀

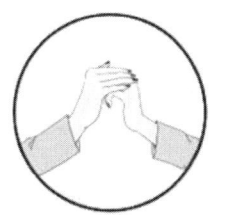

圖2.6　拱手禮（左女右男）　　　　圖2.7　女子行拱手禮

與西方人不同，中國人講究以人和人之間的距離來表現出「尊敬」，因此拱手禮是體現中國人文精神的一種見面禮節。

四、合十禮

合十禮，又稱「合掌禮」，原是古印度的文化禮儀之一，後為各國佛教徒沿用為日常普通禮節，在南亞和東南亞地區較為流行。

一般行禮時，身體直立，面對受禮者，雙目注視對方，面帶微笑，雙掌合於胸前，十指並攏向上，手掌稍向外向下傾斜，上身微微低頭，指尖置於胸部或者口部，以示敬意。具體如圖2.8所示。

圖2.8　合十禮

在行合十禮時，遇到不同身分的人，行此禮的姿勢也有所不同。雙手舉得越高，

表示對對方的尊敬程度就越高。

晚輩向長輩行禮時，兩掌相合後，兩手需舉至臉部，兩拇指靠近鼻尖，指尖舉至前額。男行禮人的頭要微低，女行禮人除了頭微低外，還需向前跨一步，身體略躬，如圖2.9所示。長輩還禮時，只需雙手合十放在胸前即可。

拜見僧人、國王或王室重要成員時，男女還均須跪下，雙手合掌於兩眉之間，頭部俯下，以示恭敬虔誠，如圖2.10所示。無論地位多高的人，遇見僧人時都要向僧人行禮，而僧人則不必還禮。國王等王室重要成員還禮時，只需點頭即可。

合十禮最初僅為佛教徒之間拜禮時使用，後發展成為很多國家全民性的見面禮。

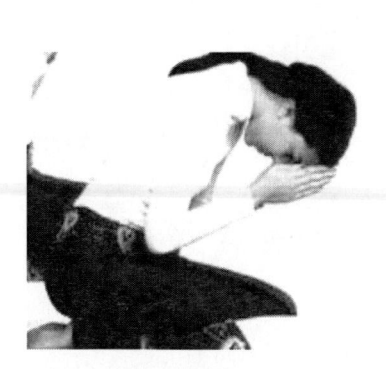

圖2.9 晚輩向長輩行合十禮　　　　圖2.10 向僧人、國王行合十禮

【實訓設計】

實訓技能一　握手禮

一、實訓內容

掌握握手禮儀的基本規範，並能靈活運用。

二、實訓步驟

（1）準備一間多媒體實訓室，教師講解握手禮儀的理論知識，播放相關視頻，使學生對正確的握手禮儀有一定的基礎性的瞭解。

（2）學生以6~10人為一個單位，進行分組，選出組長。

（3）教師設定不同情景，包括初次見面、好久不見、洽談成功、祝賀、表示感謝、再見等。小組組長選擇一個情景，設定不同的人物，包括上級與下級、同級之間、長者與晚輩、男士與女士、主人與客人等，組長帶領組員，按照之前講解的握手禮儀知識進行練習。

（4）在小組練習過程中，教師對有問題的握手行為進行糾正，並示範和講解正確的握手禮儀。

（5）小組更換不同的情景，進行握手練習。

（6）教師考核。

實訓技能二　擁抱禮

一、實訓內容
掌握擁抱禮儀的基本規範，並能靈活運用。

二、實訓步驟
（1）準備一間多媒體實訓室，教師講解擁抱禮儀的理論知識，播放相關視頻，使學生對正確的擁抱禮儀有一定的基礎性的瞭解。

（2）學生以6~10人為一個單位，進行分組，選出組長。

（3）教師設定不同情景，包括初次見面、好久不見、洽談成功、祝賀、表示感謝、再見等。小組組長選擇一個情景，設定不同的人物，包括上級與下級、同級之間、長者與晚輩、男士與女士、主人與客人等，組長帶領組員，按照之前講解的擁抱禮儀知識進行練習。

（4）在小組練習過程中，教師對有問題的擁抱行為進行糾正，示範和講解正確的擁抱禮儀。

（5）小組更換不同的情景，進行擁抱練習。

（6）教師考核。

情景模擬與角色扮演

一、實訓內容
劉先生是A公司新上任的行銷經理，將去參加某一新產品的研討會，在會面時劉先生應該如何靈活、恰當地與他人握手或擁抱？

二、實訓步驟
（1）教師介紹本次實訓的內容和模擬實訓的情景。

（2）教師示範講解握手和擁抱的種類、方式、原則，特別要強調握手和擁抱時的次序和禁忌。

（3）根據模擬活動情景分組，把全班同學分成6人一組。

（4）確定模擬活動情景角色。

① A公司行銷經理——劉先生。

② B公司銷售總監——年長的王先生。

③ C公司的總經理——年長的周女士。

④ D公司的經理助理——年輕的王小姐。

⑤ 會議主持人——中年的馬先生。

⑥ 德國合作企業F公司總裁——湯姆。

（5）全組討論不同的角色，應選用的見面禮。

（6）分組訓練，同組同學互換角色訓練。

① 抽籤排序，一組一組進行。（組數過多時可隨機抽籤確定）

② 一組模擬時，其他組觀摩並指出問題。

（7）教師考核。

(8) 師生點評。

三、任務考核

教師負責考核。考核評分標準如表 2.2 所示。

表 2.2　　　　　　　　　　見面禮儀考核評分標準

組別_____　　姓名_____　　時間_____

評價項目與內容		應得分	扣分	實得分
準備工作	角色定位及時，模擬出場迅速	5		
	實訓過程全組協調良好	5		
基本知識掌握	熟練掌握握手和擁抱的種類、順序、原則和禁忌	10		
神態、舉止	雙目注視對方，神情專注	5		
	面帶微笑、大方得體	5		
	儀容、儀表、儀態得體	5		
	先打招呼，說敬語或問候語	5		
握手	姿態自然，上身前傾，兩足立正	5		
	伸出右手、四指並齊、拇指張開，握住對方的右手，上下微動	5		
	握手時間長短合適，3 秒左右	5		
	力度合適、自然	5		
擁抱	姿態自然，上身前傾，左腳在前，右腳在後	5		
	左手低右手高，自然擁抱擁抱時間合適，距離合適	5		
觀摩討論	觀摩認真	5		
	積極討論	5		
實訓筆記	按規定時間上交	5		
	字跡清楚、填寫規範、內容詳盡完整	5		
	實訓分析總結正確	5		
	能提出合理化建議及創新見解	5		
合計		100		

考評教師（簽名）：

任務3　介紹禮儀

【案例導入】

小馬是 B 公司的總經理秘書，在一次與 A 公司的商務洽談中，小馬負責 A 公司領導的接待工作。當 A 公司領導到達時，小馬面帶微笑向自己的領導介紹 A 公司的領導，接著又熱情地向 A 公司領導介紹自己的部門領導。小馬自以為此次接待任務完成得相當順利，但領導卻說小馬的一些行為不符合禮儀規範，小馬很迷惑。

思考：
1. 小馬的哪些行為不符合禮儀規範？
2. 介紹禮儀中的注意事項有哪些？

【任務目標】

通過實訓，學生應瞭解介紹的形式，掌握介紹禮儀的要求，並能夠靈活運用介紹禮儀。

【理論知識】

介紹是日常交往和商務場合中相互瞭解的基礎方式，是人際交往的橋樑。通過介紹，可以加深彼此的好感和印象，創造良好的溝通機會。介紹一般分為自我介紹和為他人作介紹。

一、自我介紹

從某種意義上說，自我介紹是進入社會交往的一把鑰匙。運用得好，可為社會活動的順利進行助一臂之力，反之則可能帶來種種不利。在作自我介紹時，需要選用恰當的方法，把握好相應的時機和場合，注意順序，掌握分寸。

（一）自我介紹的方法

（1）應酬式自我介紹。它適用於某些公共場合和一般性的社交場合，如旅行途中、宴會廳裡、舞場之上、通電話時。它的對象主要是進行一般性接觸的交往者。這種自我介紹最為簡潔，往往只包括姓名一項即可，例如，「你好，我叫×××。」

（2）公務式（商務式）自我介紹。它主要適用於工作之中，是以工作為自我介紹的中心，因工作而交際，因工作而交友。內容應當包括本人姓名、工作單位及其部門、職務或從事的具體工作等事項。例如：「您好，我叫張××，是××電腦公司的業務經理。」

（3）社交式自我介紹。它主要適用於社交活動中，是一種刻意尋求與交往對象進一步交流和溝通，希望對方認識自己、瞭解自己、與自己建立聯繫的自我介紹方式，有時也叫溝通式自我介紹。內容大體應當包括介紹者的姓名、工作、籍貫、學歷、興

趣以及與交往對象的某些熟人的關係等。例如：「我的名字叫××，現在在×× 公司當財務總監，我和您先生是高中同學。」「您好，我叫××，我在×× 公司上班。我是××的老鄉，都是北京人。」「我叫××，是××的同事，也在北京大學中文系，我教中國古代漢語。」

（4）禮儀式自我介紹。它適用於講座、報告、演出、慶典、儀式等一些正式而隆重的場合，意在表示對交往對象的友好和敬意。禮儀式自我介紹的內容包含姓名、單位、職務等項，但是還應多加入一些適宜的謙辭、敬語，以示自己禮待交往對象。如「各位來賓，大家好！我叫張強，是××電腦公司的銷售經理。我代表本公司熱烈歡迎大家光臨我們的展覽會，希望大家……」

（5）問答式自我介紹。它適用於應試、應聘和公務交往。問答式的自我介紹，應該是有問必答，問什麼就答什麼。例如：「先生，您好！請問您怎麼稱呼？（請問您貴姓？）」「先生您好！我叫××。」再如，主考官問：「請介紹一下你的基本情況。」應聘者：「各位好！我叫××，現年26歲，河北石家莊市人，漢族……」

（二）自我介紹的次序

自我介紹的次序，以「尊者有先知權」為原則。主要有以下五種：
（1）職位高者與職位低者相識，職位低者應該先作自我介紹。
（2）資深人士與資歷淺者相識，資歷淺者應該先作自我介紹。
（3）長輩與晚輩相識，晚輩應該先作自我介紹。
（4）男士與女士相識，男士應該先作自我介紹。
（5）已婚者與未婚者相識，未婚者應該先作自我介紹。

（三）自我介紹的時機

自我介紹的場合一般選擇在正式場合，在沒有干擾的情況下。具體如下：
（1）應聘求職、會議場合可以作自我介紹。
（2）初次前往他人居所、辦公室拜訪時要作自我介紹。
（3）本人希望結識他人時或希望他人瞭解自己時，可以作自我介紹。
（4）因為業務關係需要與相關人士接洽時需要作自我介紹。
（5）出差、辦事、與別人不期而遇時，為了增加瞭解和信賴，可以作自我介紹。
（6）參加聚會時，主人不可能一一作細緻的介紹，與會者可以與同席或身邊的人相互作自我介紹。

（四）自我介紹的注意事項

（1）自我介紹時應把握好介紹的時間點，尤其在拜訪陌生人時，應注意時間適當，先向主人問好，及時、簡明、明確地作自我介紹。

（2）自我介紹時應把握好態度，要實事求是，真實可信；不可自吹自擂、誇大其詞；也不要過分謙虛。

（3）自我介紹時要面帶微笑，充滿自信，大方、親切、友善，要善於用眼神表達自己的誠意。介紹時要注意自己的語音、語速和語調，要吐字清楚，做到自然、適中、

和諧，讓對方產生好感。

（4）自我介紹時，應將自己的姓名和身分說清楚，不要只報姓不說名或只說名不報姓。

（5）自我介紹的時間長短也應根據具體場合、情況來調整。應酬式自我介紹一般比較簡短；而禮儀式自我介紹可以相對較長，但一般也不會超過 3 分鐘，注意適可而止。

二、為他人作介紹

所謂為他人作介紹，又叫第三方介紹，即第三方為彼此不相識的雙方作互相介紹的方法。為他人作介紹需要注意誰充當介紹人、介紹人的姿勢、介紹的次序、被介紹人的禮節和介紹的方法等幾個問題。

（一）介紹人的禮節

在他人介紹中，誰為介紹人呢？一般而言，在社交場合，東道主、長者、家庭聚會中的女主人、專職人員（公關、禮賓、文秘、辦公室接待者等）；在正式活動中，地位、身分較高者或主要負責人，熟悉雙方情況者，都可以作為介紹人。

1. 介紹人的姿勢

作為介紹人，無論介紹哪一方，都應手勢動作文雅，手心朝上，四指並攏，拇指張開，胳膊略向外伸，指向被介紹的一方，並向另一方點頭微笑，上體前傾 15°，手臂與身體成 50°～60°角。在介紹一方時，應微笑著用自己的視線把另一方的注意力引導過來。態度熱情友好，語言清晰明快。

2. 介紹的次序

按照國際慣例，介紹的次序按照「尊者有先知權」的原則。

（1）將晚輩先介紹給長輩。例如：「李教授，讓我來介紹一下，這是我的同學張芳。」

（2）將地位低者先介紹給地位高者。例如：「彭總，這位是××公司的總經理助理馬女士。」

（3）如果雙方年齡、職務相當，則把男士先介紹給女士。

（4）將未婚者先介紹給已婚者（當雙方地位、年齡相當或性別相同時）。例如：「劉太太，讓我來介紹一下，這位是郭小姐。」如果未婚者年齡比已婚者年齡大很多，可以這樣介紹：「李女士，讓我來介紹一下，這位是我的朋友郭小姐。」

（5）將家人先介紹給同事、朋友。例如：「馬太太，我想請您認識一下我的兒子丁丁。」

（6）將後到場者介紹給先到場者。如大家的年齡、地位等差不多時，則採用這樣的順序。

在為他人作介紹時，如果被介紹者之間符合其中的兩個以上的順序，一般應按長者、職位高者、女士、已婚者、主人、先到場者的順序。例如，一位年輕女士前來拜訪一位比她年長許多的男士，此時應將女士介紹給年長的男性主人。

（性別）「趙先生，這位是我的朋友劉小姐。」
（年齡）「劉老師，這是我的表妹。」
（地位）「李經理，這是我們公司的彭女士。」

順序絕不是可有可無的形式問題，而是涉及個人修養與組織形象，以及社交活動的目的能否如願達成的問題。

（二）被介紹人的禮節

作為被介紹者，當介紹者詢問自己是否有意認識某人時，一般不要扭扭捏捏，或加以拒絕，而應欣然表示接受，表現出非常願意結識對方。被介紹時，應主動熱情，正面面對對方，面帶微笑，熱情大方。等介紹完畢後，可以點頭或握手並說「您好，很高興認識您」或「久仰大名，幸會，幸會」等客氣話，必要時還可以進一步作自我介紹。一般情況下被介紹時應起立，注意優美的站姿，女士、長者有時可不用站起。在宴會、談判會上，只略欠身致意即可。在介紹的過程中，按禮儀規範微笑致意、握手或遞送名片。

（三）介紹的方法

介紹的方法大體上可以分為以下幾種：

（1）簡單式。只介紹雙方姓名一項，甚至只提到雙方姓氏而已，適用於一般的社交場合。例如：「我來介紹一下，這位是王總，這位是張總。希望大家合作愉快。」

（2）公務式。公務式也稱標準式，以介紹雙方的姓名、單位、部門、職務等為主，適用於正式場合。例如：「請允許我為兩位介紹一下。這位是××公司財務部主任××女士，這位是××化妝品公司副總××女士。」

（3）推薦式。介紹者經過精心準備再將某人舉薦給另一個人，介紹時通常會對前者的優點加以重點介紹，通常適合比較正式的場合。例如：「這位是彭先生，這位是××公司馬總經理。彭先生是工程學博士。馬總，我想您一定有興趣和他聊聊吧。」

（4）禮儀式。這是一種最為正規的介紹，適用於正式場合，其語氣、表達、稱呼都更為規範和謙恭。例如：「李小姐，您好！請允許我把××公司的公關部經理張強先生介紹給您。張先生，這位是××公司人力資源部經理李敏小姐。」

（四）介紹集體

介紹集體是指介紹的一方或者雙方不止一個人。介紹集體時，可以分為兩種基本形式：

（1）單項式。當被介紹的雙方一方為一個人，另一方為多人的時候，往往可以只把個人介紹給集體，而不必再向個人介紹集體。

（2）雙向式。當被介紹的雙方都是多人組成的集體時，雙方的全體成員都要被正式介紹。在商務交往中，這種情況比較多見。常規做法是：先由主方負責人首先出面，依照主方在場者具體職位的高低，自高而低地依次對其進行介紹；再由客方負責人出面，依次介紹。

【實訓設計】

實訓技能一　自我介紹

一、實訓內容

掌握自我介紹的禮儀技巧，並能靈活運用。

二、實訓步驟

（1）準備一間多媒體實訓室，教師講解自我介紹的技巧。

（2）學生以6~10人為一個單位，進行分組，選出組長。

（3）教師設定不同情景，包括初次會見客戶時、商務談判時、推銷產品時、初次會見同事時、機場接機時、面試時等。小組組長選擇一個情景，設定不同的人物，包括上級與下級、同級之間、長者與晚輩、男士與女士、主人與客人等，組長帶領組員，按照之前講解的自我介紹知識進行練習。在練習中，可以設定為一對一或者一對多練習。

（4）在小組練習過程中，教師對有問題的自我介紹進行糾正，示範和講解正確的自我介紹禮儀。

（5）小組更換不同的情景，進行自我介紹練習。

（6）教師考核。

實訓技能二　介紹他人

一、實訓內容

掌握介紹他人的禮儀技巧，並能靈活運用。

二、實訓步驟

（1）準備一間多媒體實訓室，教師講解介紹他人的技巧。

（2）學生以6~10人為一個單位，進行分組，選出組長。

（3）教師設定不同情景，包括初次見面、商務會談、慶功宴、機場接機等。小組組長選擇一個情景，設定不同的人物，包括上級與下級、同級之間、長者與晚輩、男士與女士、主人與客人等，組長帶領組員，按照之前講解的介紹他人的禮儀知識進行練習。在練習中，可以設定為一對一或者一對多練習。

（4）在小組練習過程中，教師對有問題的介紹他人進行糾正，並示範和講解正確的介紹他人禮儀。

（5）小組更換不同的情景，進行介紹他人練習。

（6）教師考核。

情景模擬與角色扮演

一、實訓內容

劉先生是A公司新上任的行銷經理，將去參加某一新產品的研討會，在會面時劉先生應該如何靈活、恰當地向他人介紹自己？

二、實訓步驟

（1）教師介紹本次實訓的內容和模擬實訓的情景。

（2）教師示範講解自我介紹的要領，介紹他人的禮儀、次序和禁忌。

（3）根據模擬活動情景分組，把全班同學分成6人一組。

（4）確定模擬活動情景角色。

① A公司行銷經理——劉先生。

② B公司銷售總監——年長的王先生。

③ C公司的總經理——年長的周女士。

④ D公司的經理助理——年輕的王小姐。

⑤ 會議主持人——中年的馬先生。

⑥ 德國合作企業F公司總裁——湯姆。

（5）分組訓練，同組中必須包含自我介紹和介紹他人兩部分內容，同組同學互換角色訓練。

① 抽籤排序，一組一組進行。（組數過多時可隨機抽籤確定）

② 一組模擬時，其他組觀摩並指出問題。

（6）教師考核。

（7）師生點評。

三、任務考核

教師負責考核。考核評分標準如表2.3所示。

表2.3　　　　　　　　　介紹禮儀考核評分標準

組別＿＿＿＿＿　　姓名＿＿＿＿＿　　時間＿＿＿＿＿

評價項目與內容		應得分	扣分	實得分
準備工作	角色定位及時，模擬出場迅速	5		
	實訓過程全組協調良好	5		
基本知識掌握	基本瞭解介紹的方式及注意事項	10		
神態、舉止	雙目注視對方，神情專注	5		
	面帶微笑、大方得體	5		
	儀容、儀表、儀態得體	5		
	先打招呼，說問候語，行見面禮	5		
介紹	自我介紹得體	10		
	介紹他人次序正確、得體	10		
	介紹時，符合當時的環境	5		
	語言表達流暢	5		
觀摩討論	觀摩認真	5		
	積極討論	5		
實訓筆記	按規定時間上交	5		
	字跡清楚、填寫規範、內容詳盡完整	5		
	實訓分析總結正確	5		
	能提出合理化建議及創新見解	5		
合計		100		

考評教師（簽名）：

任務 4　名片使用禮儀

【案例導入】

A 公司和 B 公司的老總就一筆雙贏的生意進行洽談。在初次見面時，A 公司的老總首先拿出名片，恭敬地遞上。B 公司的老總接過名片後，一眼沒看就放在桌子上，急著與 A 公司的老總談生意。在洽談中，B 公司的老總多次喝茶後，把茶杯壓在 A 公司老總的名片上，名片上面留下了茶葉的痕跡。A 公司老總看在眼裡，最後決定不與 B 公司合作。

思考：

1. A 公司老總不與 B 公司合作的原因是什麼？
2. 使用名片時應該注意哪些禮儀？

【任務目標】

通過實訓，學生應瞭解名片的用途和交換名片的時機，掌握交換名片的禮儀規範，並能夠在不同場合靈活運用。

【理論知識】

名片是人與人初次見面的介紹卡，是人們用作交際、聯繫業務、結交朋友或送給他人作為紀念的一種介紹性媒介物。在現代社會，人們越來越重視名片的使用。然而在人際交往中，這些小小的卡片卻往往會使人們不知所措。名片上面究竟印什麼比較得體，什麼時候出示名片，如何遞送名片、接受名片，面對重要人物時該如何索要名片等一系列禮儀規範需要我們掌握。

一、商務名片的設計

名片的設計可以體現出一個人的審美情趣、品位和個性。雅秀、脫俗、活潑、平和、張揚等個性特徵，都能通過方寸之間的字體、佈局、顏色、材料和內容等展現出來。你的名片不僅旨在向未來的客戶介紹你本人和你的公司，名片還代表著你的職位和職稱，更代表著你的形象和企業形象。因此，一定要精心設計名片。

（一）名片的內容設計

名片直接承載著個人及企業的信息，擔負著保持聯繫的重任，名片上一般包括以下信息：

（1）姓名。這是名片中最重要的部分，一般而言都使用本名。為了給人留下深刻印象，名字的設計上可以做一些特殊的處理。例如，利用手寫簽名後拍成照片再印上去就很有特色。對於生僻字或者多音字，最好能在下面印上拼音或英文名字，以免

讀錯。

（2）職務。應標明最重要的和最主要的一至兩項職務，對於很多的名譽或其他次要的職務，無須一一列出，不然會給人一種華而不實的感覺。如果持片人有多種頭銜，如××理事、××委員、××顧問等，必要時可以為每一種職務分別製作名片，以便於不同場合使用。

（3）學位和職稱。學位和職稱一般都是學歷與資歷的象徵和證明。高學位和高職稱一般都可以在名片上標明。

（4）公司名稱。公司名稱也是名片的重要內容，名片上應註明公司或企業的全名，而不能只寫簡稱或縮寫代碼。如果一個人從事兩種以上的職業，可以都印在名片上。

（5）地址。一般而言，公司的地址是名片的必備內容，應該標註公司或企業的辦公地址，有時還加印分公司的地址，以顯示公司的龐大。另外，公司的網址也屬於地址的一種，可印在名片上。

（6）聯繫方式。在名片中，應標註最主要的辦公聯繫電話、傳真號碼和手機號碼，電子郵件地址或者QQ也可以作為聯繫方式印到名片上。

（7）商標或服務標志。在名片中印上企業的商標或服務標志，有利於加深對方對所屬企業的印象。有的企業還有自己的標志色，擁有標志色的名片，對宣傳企業的意義較大。

（8）企業口號。將企業的口號印於名片上，並且與企業形象、企業名稱或廣告詞相呼應，加深客戶印象，提高企業的知名度。

（9）照片、祝福語或格言。在名片上印上個人的照片，通常在服務業或保險業中比較常見，以便讓客戶有深刻的印象。另外，製作一些比較前衛的個性名片時，也可將個人的寫真照片印到名片上，以體現自我。祝福語或格言多用於個人名片，具有加深對方印象的作用，和企業口號有著異曲同工的妙用。

（二）名片的形式設計

名片的內容設計固然重要，但名片紙張的質地、尺寸、色彩、字體等的選用也需要充分講究，精心設計，才能給人留下深刻的印象。

（1）名片的規格設計。目前國內最通用的名片規格為長9厘米，寬5.5厘米，這是製作名片時應當首選的規格。此外，名片還有兩種常見的規格：10厘米×6厘米和8厘米×4.5厘米。 前者多為境外人士使用，後者則為女士所專用。

（2）名片的材質設計。印製名片，最好選用耐折、耐磨、美觀、大方的白卡紙、再生紙、合成紙、布紋紙、麻點紙、香片紙。至於高貴典雅、紙質挺括的皮紋紙，則可量力而行，酌情選用。必要時，名片還可覆膜。

（3）名片的色彩設計。印製名片的紙張顏色，宜選莊重樸素的白色、米色、淡藍色、淡黃色、淡灰色，並且以一張名片一色為好。

（4）名片的圖案設計。在名片上，允許出現的圖案除了紙張自身的紋路，還可以有企業標示、企業藍圖和企業主導產品等，但以少為佳。

（5）名片的文字設計。目前，在國內使用的名片，宜用簡體漢字，不要故弄玄虛使用繁體漢字。

二、名片使用的時機

在商務交往中，若想通過發放名片達到最好的效果，一定要把握好出示名片的時機。通常情況下，名片發送的時機有下列幾種情形：希望認識對方、被介紹給對方、對方向自己索要名片、對方提議交換名片、打算獲得對方的名片、初次登門拜訪對方。

在實際操作過程中，還必須注意下列事項：

（1）對於陌生人或巧遇的人，不要在談話中過早發送名片。因為這種熱情一方面會打擾別人，另一方面有推銷自己之嫌。

（2）不要在一群陌生人中到處傳發自己的名片，這會讓人誤以為你想推銷什麼物品，反而不受重視。在商業社交活動中，要有選擇地發放名片，才不會使別人以為你在替公司搞宣傳、拉業務。

（3）處在一群彼此不認識的人當中，最好讓別人先發送名片。名片的發送可選在剛見面或告別時。但如果自己即將發言，可在發言之前發送名片，幫助他人更好地認識你。

（4）出席重大的社交活動，一定要記住帶名片。

（5）無論參加私人或商業餐宴，名片皆不可在用餐時發送，因為此時只宜從事社交而非商業性的活動。

三、名片使用的禮儀

名片使用的禮儀涉及遞送、接受和索要三個環節，是遞接雙方都應注意的禮儀規範。

1. 遞送名片的禮儀

（1）遞送名片前的準備。遞送名片前，應事先準備好名片，名片一般放在上衣口袋或提包的專用名片夾裡。切勿把名片放在錢包中，以免漏財，給對方留下不好的印象；也不能亂放名片，以免左翻右找，既顯得不禮貌，也給對方一種忙亂、不專業的感覺。

（2）遞送名片時。遞送名片時，應起身站立，上身呈15°角鞠躬狀，面帶微笑，走近對方，名片正面朝向客人，用雙手的拇指和食指分別握住名片上端的兩角（如圖2.11所示）恭敬地送到對方胸前。遞送時可以口頭表示「我叫××，這是我的名片，請多多關照」等。

（3）遞送名片的次序。遞送名片應遵循「尊卑有序」的原則，即地位低的人首先把名片遞給地位高的人。比如，男士先遞給女士，晚輩先遞給長輩，下級先遞給上級，主人先遞給客人。當對方不止一人時，應先將名片遞給職位較高或年齡較大者。如果分不清職位高低或年齡大小時，可以依照由近而遠、不跳躍的方式遞送，也可採用沿順時針方向依次遞送的方法。

圖 2.11　遞送名片

2. 接收名片的禮儀

（1）接收名片時。接收他人名片時應起身或欠身迎接，面帶微笑，恭敬地用雙手的拇指和食指接住名片的下方兩角（如圖 2.12 所示）並輕聲說「謝謝」等話語。接過名片後，用 30 秒以上的時間認真地把名片上的內容看一遍，根據需要可以將名片上重要的信息讀出來，一般需要重讀的是對方的職務、頭銜、職稱，以示仰慕，不認識的字應主動向對方請教。

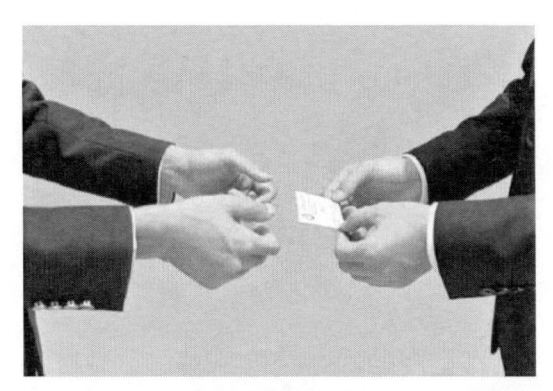

圖 2.12　接收名片

（2）存放名片時。看完名片後，應鄭重地將名片放入名片夾中或上衣口袋之內，並表示謝意。如果是暫時放在會談的桌子上以便之後使用，則忌在名片上放其他物品，以示尊重。接收的名片千萬不能隨便亂放，不要弄臟或弄皺，也不應反覆把玩。如果名片放在桌子上，記得離開時帶好名片，否則會讓對方感覺不被重視，引起反感。

（3）回贈名片時。接受名片的一方如有名片也應回贈，回贈的禮儀和遞送名片的禮儀相同。如沒有或沒帶名片，應恭敬地說「我沒帶名片，下次帶給您」或說「很抱歉，我的名片剛剛用完」，而不能說「我沒名片」或「我沒有職務」等貶低自己或有損企業形象的話。

3. 國際遞接名片禮儀

在國內，交換名片一般是雙手遞、雙手接。但在與外國人打交道時，不同國家遞

接名片的方式是有差別的。最好的方法就是多觀察，先觀察對方如何遞接名片，然後再模仿。西方人一般習慣用一只手（右手）遞接名片；日本人喜歡用一只手接過名片的同時，再用另外一只手遞上自己的名片。無論屬於哪種情況，都應將名片正面朝向對方。

4. 索要名片的禮儀

（1）向陌生人或初次見面的人索要名片。當你想要索取對方名片時，可以先遞上自己的名片。正常情況下，對方都會回以名片。如果擔心對方沒有回，也可在遞名片時，加上「能否有幸與您交換一下名片？」之類的話語。

（2）向長者或地位高的人索要名片。向這類人索要名片時，語氣要謙遜、含蓄些。可以說：「認識您很高興，以後怎麼和您保持聯繫？」或者「以後能不能向您請教？」言下之意是向對方索要名片，這是一種委婉的說法。

5. 名片使用的注意事項

（1）名片不要任意塗改。名片就是一個人的臉面，不能在上面亂塗改。尤其和外商打交道時，寧肯不給名片，也不要給他一張塗改過的名片，否則會破壞自己的形象。有些人更換電話號碼後，為了省事或「節省」，喜歡在舊的名片上劃舊填新，其實這樣會破壞自己在對方心裡的形象，讓對方覺得你非常不專業。

（2）商務交往不提供私宅電話。商務交往中，提供的名片一般是辦公室電話，不提供私宅電話。

（3）不印兩個以上的頭銜。如果頭銜比較多，應該印一兩個最重要的。如果印得多的話，會給人一種炫耀、不真實之感，從而影響自己在對方心目中的形象。

【實訓設計】

實訓技能一　遞接名片

一、實訓內容

掌握遞接名片的禮儀技巧，並能靈活運用。

二、實訓步驟

（1）準備一間多媒體實訓室，教師講解遞接名片的技巧。

（2）學生以 6~10 人為一個單位，進行分組，選出組長。

（3）教師設定不同情景，包括拜見新客戶、商務會談、商務談判、推銷企業及產品、拜見國際客戶等。小組組長選擇一個情景，設定不同的人物，包括上級與下級、同級之間、長者與晚輩、男士與女士、主人與客人等，組長帶領組員，按照之前講解的遞接名片的禮儀知識進行練習。在練習中，可以設定為一對一或一對多練習。

（4）在小組練習過程中，教師對有問題的遞接名片禮儀進行糾正，並示範和講解正確的遞接名片禮儀。

（5）小組更換不同的情景，進行遞接名片練習。

（6）教師考核。

實訓技能二　索要名片

一、實訓內容

掌握索要名片的禮儀技巧，並能靈活運用。

二、實訓步驟

（1）準備一間多媒體實訓室，教師講解索要名片的技巧。

（2）學生以 6~10 人為一個單位，進行分組，選出組長。

（3）教師設定不同情景，包括商務會議、商務洽談、尋找客戶、大型博覽會等。模擬兩種可能性：對方願意給予名片和對方不願意給予名片。小組組長選擇一個情景，設定不同的人物，包括上級與下級、同級之間、長者與晚輩、男士與女士、主人與客人等，模擬向陌生人或初次見面的人索要名片和向長者或地位高的人索要名片的場景。組長帶領組員，按照之前講解的索要名片的禮儀知識進行練習。在練習中，可以設定為一對一或者一對多練習。

（4）在小組練習過程中，教師對有問題的索要名片禮儀進行糾正，並示範和講解正確的索要名片禮儀。

（5）小組更換不同的情景，進行索要名片練習。

（6）教師考核。

情景模擬與角色扮演

一、實訓內容

劉先生是 A 公司新上任的行銷經理，將去參加某一新產品的研討會，在會面時劉先生應該如何靈活恰當地與他人交換名片？

二、實訓步驟

1. 教師介紹本次實訓的內容和模擬實訓的情景。
2. 教師示範講解遞接名片的相關知識。
3. 根據模擬活動情景分組，把全班同學分成 6 人一組。
4. 確定模擬活動情景角色。

（1）A 公司行銷經理——劉先生。

（2）B 公司銷售總監——年長的王先生。

（3）C 公司的總經理——年長的周女士。

（4）D 公司的經理助理——年輕的王小姐。

（5）會議主持人——中年的馬先生。

（6）德國合作企業 F 公司總裁——湯姆。

5. 分組訓練，同組同學互換角色訓練。

（1）抽籤排序，一組一組進行。（組數過多時可隨機抽籤確定）

（2）一組模擬時，其他組觀摩並指出問題。

6. 教師考核。
7. 師生點評。

三、任務考核

教師負責考核。考核評分標準如表 2.4 所示。

表 2.4　　　　　　　　　　　名片禮儀考核評分標準

組別_____　　姓名_____　　時間_____

評價項目與內容		應得分	扣分	實得分
準備工作	角色定位及時，模擬出場迅速	5		
	實訓過程全組協調良好	5		
基本知識掌握	熟練掌握名片的用途，遞接名片的規範禮儀	10		
神態、舉止	雙目注視對方，神情專注	5		
	面帶微笑、大方得體	5		
	儀容、儀表、儀態得體	5		
	說問候語，行見面禮	5		
名片禮儀	拿、放名片的位置正確	10		
	遞接名片的姿勢正確	10		
	手拿名片的位置和方向正確	10		
	遞接名片時的語言表達流利	5		
觀摩討論	觀摩認真	5		
實訓筆記	按規定時間上交	5		
	字跡清楚、填寫規範、內容詳盡完整	5		
	實訓分析總結正確	5		
	能提出合理化建議及創新見解	5		
合計		100		

考評教師（簽名）：

任務 5　電話禮儀

【案例導入】

小張是 B 公司人力資源部經理秘書，在電話通知面試人員時，語速極快，沒等對方問問題，就掛了電話，而且沒有使用禮貌用語，這讓人力資源部經理非常不滿意。

思考：

商務人員需要掌握和注意哪些電話禮儀？

【任務目標】

通過實訓，學生應掌握基本的電話禮儀及應注意的問題。

【理論知識】

隨著科學技術的發展和人們生活水平的提高，電話已成為商務活動中最重要、使用最頻繁的溝通渠道。電話禮儀是人們在商務交往運用電話溝通中應當遵守的禮貌禮節規範。運用電話不但可以及時準確地向外界傳遞信息，而且還能夠與交往對象溝通感情，保持聯絡。

一、接聽電話禮儀

（1）及時接聽。接電話時，首先應做到及時，一般要求在鈴響三聲內接聽，最好不要讓鈴聲響過三遍。如果因特殊原因在電話鈴聲響起三聲後才接起電話，應首先說：「對不起，讓您久等了！」如果電話在第一聲響就接聽，也會略顯倉促，精神上準備不足，會影響話音質量。因此，在接聽電話時，最好在第二聲後提起話筒。

（2）自報家門。接聽電話時，首先要問好和自報家門。如「您好，這裡是 A 公司，我是××部門的××，請問有什麼可以幫助您嗎？」嚴禁以「喂」字開頭。如果對方首先問好，應該立即熱情和親切地問候對方。

（3）確認對方，聽取對方來電用意，並做好記錄。確認對方時，可使用「××先生，您好！」在傾聽時，可以使用「是」「好的」「清楚」「明白」「我一定會轉達」等詞語。在記錄後，最好向對方復述一遍，以免遺漏或錯記。電話記錄還應包括對方的姓名、單位、聯繫方式、致電時間、是否需要回電等內容。之後還應注意向相關人員及時傳達電話內容，不可延誤。

（4）禮貌結束。要結束電話交談時，一般應當由打電話的一方提出，然後彼此客氣地道別，說一聲「再見」，再掛電話，不可以只管自己講完就掛斷電話。通話結束後，應等對方放下話筒後再輕輕放下電話，以示尊重。

二、撥打電話禮儀

（1）準備工作周全。打電話應該是有目的的。在撥打電話前，應該先整理好思路，確定好對方的姓名、電話號碼，準備好要講的內容、說話的順序、所需要的資料和文件等。同時，準備好備忘紙和筆，以便做好電話記錄。

（2）選好撥打時間，控制通話時間。打電話給他人，首先要選擇好恰當的時間。通常情況下，商務電話應該避開臨近下班或者用餐的時間。如果知道對方上下班時間，應避免對方剛上班半小時或者下班前半小時通話，除非發生萬不得已的特殊情況。打公務電話時，應控制通話時間，盡量長話短說。忌節假日、用餐時間、休息時間給對方打工作電話。

（3）禮節運用得體。接通電話後，應主動問好，自報公司名及姓名。找人時，可以使用「請問××先生在嗎？」「麻煩您，我找××先生」等話語。與所找的人接通電話後，應重新問候。電話掉線時，撥打者要主動再打過去說明情況。打錯電話時，要向對方道歉「對不起，打錯了」，不可一言不發，掛斷了事。通話中，態度要熱忱，吐字要清晰，語氣要親切。通話結束時，要說「再見」「打擾您了」等禮貌性用語。

三、手機使用禮儀

手機作為一種移動通信工具，有一些特殊的禮儀規範。

（1）在開會時，手機應該調為靜音或震動。在重要或者特殊場合時，手機需要關機。

（2）及時接聽和回電。手機應該放在容易拿到的地方，以便及時接聽。如果不能及時接聽，也應及時回電並說明原因，致以歉意。

（3）選擇合適的手機鈴聲，並控制音量。過於個性的手機鈴聲並不適合商務人士，鈴聲的選擇，同樣可以看出一個人的職業修養。手機鈴聲不宜調得過大，否則對身邊的人是一種干擾。

（4）在公共場合盡量少打商務電話，因為環境嘈雜，會影響到溝通的效果。如果是他人打進來，也可告知對方環境不便或者之後打回去。如果在公共場合接打電話，還要注意壓低音量，尤其是在圖書館、音樂廳等場合，不要影響到其他人。

【實訓設計】

實訓技能一　接聽電話禮儀

一、實訓內容

掌握接聽電話的禮儀技巧，並能靈活運用。

二、實訓步驟

（1）準備一間多媒體實訓室，教師講解接聽電話的技巧和注意事項。

（2）學生以6~10人為一個單位，進行分組，選出組長。

（3）教師設定不同情景，包括及時接聽電話、未及時接聽電話、代接電話、對方打錯電話、對方預約會面、領導來電等。小組組長選擇一個情景，設定不同的人物，帶領組員，按照之前講解的接聽電話禮儀知識進行練習。

（4）在小組練習過程中，教師對有問題的禮儀進行糾正，並示範和講解正確的接聽電話禮儀。

（5）小組更換不同的情景，進行接聽電話禮儀練習。

（6）教師考核。

實訓技能二　撥打電話禮儀

一、實訓內容

掌握撥打電話的禮儀技巧，並能靈活運用。

二、實訓步驟

（1）準備一間多媒體實訓室，教師講解撥打電話的技巧和注意事項。

（2）學生以6~10人為一個單位，進行分組，選出組長。

（3）教師設定不同情景，包括電話詢問、電話預約、電話轉接、打錯電話、上級向下級打電話、下級向上級打電話、同級間撥打電話等。小組組長選擇一個情景，設定不同的人物，帶領組員，按照之前講解的撥打電話的禮儀知識進行練習。

（4）在小組練習過程中，教師對有問題的撥打電話禮儀進行糾正，並示範和講解正確的撥打電話禮儀。

（5）小組更換不同的情景，進行撥打電話禮儀練習。

（6）教師考核。

情景模擬與角色扮演

一、實訓內容

小王是A公司的業務員，要跟B公司客戶劉先生通話商量某一業務事宜。小王該如何正確地撥打電話？劉先生又該如何正確地接聽電話？他們在各自接打電話時，應該注意哪些禮儀？

二、實訓步驟

（1）教師介紹本次實訓的內容及可以模擬的情景。

（2）教師講解電話禮儀的規範及注意事項，並觀看相關視頻。

（3）根據模擬活動情景分組，把全班同學分成2人一組。

（4）確定模擬活動情景角色。

① A公司的業務員——小王。

② B公司客戶——劉先生。

（5）全組討論接打電話時的正確禮儀及應該注意的問題。

（6）模擬接打電話訓練，同組同學互換角色訓練。

（7）教師考核。

（8）師生點評。

三、任務考核

教師負責考核。考核評分標準如表2.5所示。

表 2.5　　　　　　　　　　電話禮儀考核評分標準

組別_____　　　姓名_____　　　時間_____

評價項目與內容		應得分	扣分	實得分
準備工作	角色定位及時，模擬出場迅速	5		
	實訓過程全組協調良好	5		
基本知識掌握	熟悉接打電話的技巧和禮儀及應注意的問題	10		
電話禮儀	聲音大小適中、語速適中	5		
	語言表達流利	5		
	禮貌用語使用恰當	10		
撥打電話禮儀	撥打電話時間選擇恰當	5		
	時間控制恰當	5		
	主題突出明確	5		
接聽電話禮儀	接聽電話及時	5		
	接聽電話熱情友好	5		
	接聽電話認真，並做好記錄	5		
觀摩討論	觀摩認真	5		
	積極討論	5		
實訓筆記	按規定時間上交	5		
	字跡清楚、填寫規範、內容詳盡完整	5		
	實訓分析總結正確	5		
	能提出合理化建議及創新見解	5		
	合計	100		

考評教師（簽名）：

模塊三　商務接待拜訪禮儀

中國有句老話叫「禮尚往來」，來是接待，往是拜訪。迎來送往，拜訪會晤，是商務活動中最常見的情景。隨著經濟的發展和業務的需要，企業接待和拜訪活動越來越頻繁，正確地運用禮儀，對企業間建立聯繫、洽談業務起著重要的作用。

【禮儀諺語】

　　真誠才是人生最高的美德。

——喬叟

【模塊教學目標】

1. 瞭解商務接待拜訪禮儀的基本內容；
2. 掌握商務接待禮儀的規範、要求及注意事項；
3. 掌握商務拜訪禮儀的規範、要求及注意事項；
4. 掌握饋贈禮儀的規範、要求及注意事項。

【知識目標】

1. 掌握迎客、待客、送客和乘車禮儀；
2. 掌握商務拜訪的準備內容、正式拜訪禮儀和告辭過程中的禮儀；
3. 掌握禮品選擇的技巧、贈送、接受、謝絕和回贈的禮儀。

【技能目標】

1. 掌握引領賓客的技能；
2. 掌握日常接待中奉茶的技能；
3. 掌握接待中陪車服務的技能；
4. 掌握饋贈禮品的技能；
5. 能夠按要求獨立完成商務接待工作；
6. 能夠按要求獨立完成商務拜訪工作。

【素質目標】

1. 提高學生在商務接待和商務拜訪中的禮儀修養；
2. 培養學生的專業能力與職業核心能力，提高學生的職業素養。

任務 1　接待禮儀

【案例導入】

小王是 A 公司新進的員工，在與 B 公司的商務洽談中，小王負責接待工作。在客人到達會客廳後，小王由於臨時有其他的工作，就讓 B 公司的領導在會客廳等了 15 分鐘。當 A 公司的領導發現後，急忙讓小王給客人倒茶。小王先給自己的領導倒了茶，然後再給 B 公司的領導倒茶，而且在端茶時，小王沒有使用托盤，由於水太燙，又倒得很滿，小王差點把茶水灑到 B 公司領導的身上。最終這次洽談以失敗告終，小王的領導非常不高興，對小王的接待工作非常不滿意。

思考：
1. 這件事對小王有什麼深刻的教訓？
2. 在接待過程中需要掌握和注意哪些接待禮儀？

【任務目標】

通過實訓，學生應掌握迎送接待的禮儀規範及注意事項，並能靈活運用。

【理論知識】

商務接待是指商務活動中迎來送往的一系列招待活動。熱情有禮的接待工作，能夠給客人留下良好的第一印象，並為進一步的信息溝通、感情聯絡和行為互動奠定良好的基礎。

一、迎客禮儀

迎客首先是迎接客人的到來。當看到客人到來的時候，應以笑臉、起身相迎，問候客人，主動伸手握手，同時說，「您好，我是×××」，然後請對方到會談的地點落座後，再交換名片。

對於重要的客人，如果事先知道對方到達的具體時間，也可以提前到門口迎接。如果接待外國或外地客人，應首先瞭解對方到達的車次、航班，安排與客人身分、職務相當的人員前去迎接。如因某些原因，相應身分的主人不能前往，前去迎接的主人應向客人做出禮貌的解釋。

接待過程中，見到客人後要迅速告知對方所去之地，然後再引領客人前往。在引領客人時需要注意以下禮儀：

（1）經過走廊時，要讓客人走在道路或走廊的中間，自己位於客人左斜前方，距離客人 2~3 步。

（2）通過樓梯時，讓客人走在扶手一側。上樓梯時，應讓客人走在前面，引導人員走在後面，距離相隔 1~2 個臺階；下樓時，引導人員走在前面，客人走在後面，相

隔1~2個臺階。具體如圖3.1所示。

圖3.1 樓梯引領

（3）進入無人控制的電梯時，引導人員需要先行一步進入電梯，站在操作鍵旁邊，按住電梯內「開門」按鈕，等客人全部進入後再關閉電梯門；到達相應樓層後，引導人員按「開門」按鈕，讓客人先走出電梯。如果進入有人控制的電梯時，需讓客人先進入，引導人員按電梯門側面或電梯外的「開門」按鈕；到達相應樓層後，應先出電梯。在電梯裡一般讓客人站在裡面，引導人員站在外面。

（4）進入會客廳時，無論是開門還是關門，動作都應優雅得體，一般應採用傾側身姿態，以45°斜側角度面對客人，不可以背對客人。打開門後，應說「請進」，然後輕輕把門關上。讓客人進入後，引導客人至上座，說「請坐」。客人坐下後，告訴客人「領導馬上就到，請您稍等片刻」，隨後離開。

引導人員離開後，應在第一時間內通知相關領導，以免客人久等。

二、待客禮儀

一般的來訪，特別是有言在先的來訪，敬茶是最起碼的禮節，如果有選擇餘地，應告訴客人都有哪些茶，徵詢對方的意見。

端茶和遞茶時，要用雙手。對有杯耳的杯子，通常是右手抓住杯耳，另一只手托住杯底，從客人的右後方送上茶水。站在客人後方時，應面帶微笑並說：「對不起，打擾一下」，放下茶後說「請用茶」。如果待客地點是在受限制的辦公室，需要正面遞茶，遞茶時，需要把有杯耳的一面放在客人的右手邊，方便客人端茶，如圖3.2所示。

倒茶時，要掌握好水的位置，一般茶水倒入杯中七八分滿就可以了。水溫不宜太燙，防止燙傷客人。倒茶的順序堅持客人優先、尊者優先的原則。

續水時，如果是帶蓋的杯子，則要用左手拿著杯蓋，右手倒茶。如果要將蓋子放在桌面上，蓋口必須朝上。

當然，在現代社交場合中，用咖啡和其他飲品招待客人也很常見。如果以咖啡待客，注意要將杯耳和茶匙的握柄朝著客人的右邊。附帶招待點心時，應先將點心放在托盤中端出，然後再敬茶或上其他飲品。

圖 3.2　正面遞茶禮儀

三、送客禮儀

送客是接待工作的最後一個環節，也是非常重要的一個環節。俗話說：「迎人迎三步，送人送七步。」作為商務人士，必須認識到送客比接待更重要。送客做不好，可能會使整個接待工作功虧一簣。在送客時，需要注意以下禮儀：

（1）除非有緊急事務需要馬上處理，主人一般不宜主動暗示結束接待工作，如果要結束接待，需婉言提出。例如：「對不起，我要參加一個會議，今天只能到這裡了。」

（2）當客人提出告辭時，一般應婉言相留。客人要走，務必要等客人起身後再站起來相送，切忌沒等客人起身，自己先於客人起立相送。客人起身後，要和客人握手致敬。

（3）根據與客人的關係，可以將客人送到門口、電梯口或車上。

當送客人至門外時，要向對方表示感謝，說：「我就不遠送了，謝謝您的來訪。」要等客人離開後再關門，切忌客人還沒有離開就「砰」的一聲關上門。

當送客人至電梯口時，要等電梯門完全關上後再離開。在電梯門關閉時，應微微鞠躬，表示道別。

當送客人至車上時，客人上車前，應再次寒暄鞠躬。客人離去時，可以禮貌地揮手告別，並要目送對方直至遠去，才能離開。

四、乘車禮儀

乘車是在商務接待過程中經常會安排的，尤其是接待重要客人。乘車的時候，接待人員先打開車門，用手示意，請客人先上車。客人上車時，應用手護住車頂，等客人坐穩後自己再上。客人入座後，切忌從同一車門隨後而入，而應該替客人關好門後從車尾繞到另一側車門入座。下車的時候，接待人員先下，再為客人和領導打開車門，請他們下車。

商務禮儀實訓

在乘車時，座次的安排很重要，以五人座轎車為例，有以下兩種情況：

（1）有專門的司機開車，座次以後排為上座，前排為下座。後排座位又以「右側為上，左側為次，中間最次」為標準。具體如圖 3.3 左圖所示。

（2）如果主人親自開車，前排的副駕駛座為上座，後排為下座。後排同樣以「右側為上，左側為次，中間最次」為標準。具體如圖 3.3 右圖所示。在這種情況下，客人也需要特別注意：當前排副駕駛座上的尊者下車後，就座於後排身分地位較高者，或剩下的唯一的客人，應換到副駕駛座就座，否則是對主人極大的不友好和不尊重。

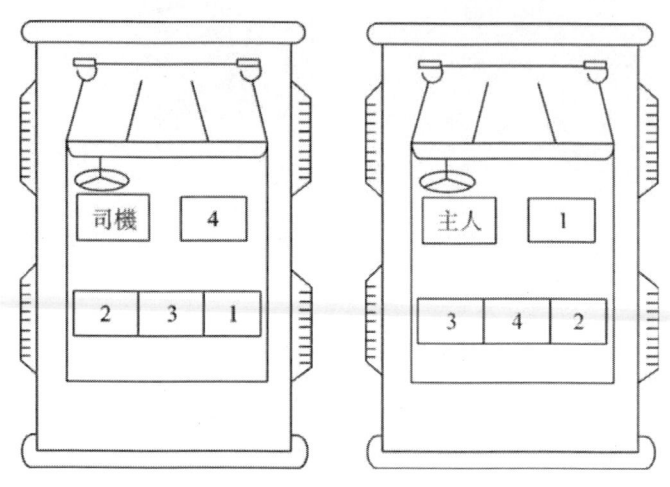

圖 3.3　三排五座轎車座次圖

如果乘坐的是商務七座轎車，在有專門司機的情況下，座次以最後排為上座，中間一排為次座，前排為下座。座位同樣以「右側為上，左側為次，中間最次」為標準。具體如圖 3.4 左圖所示。如果主人親自開車，前排的副駕駛座為上座，後排為次座，中間一排為下座。具體如圖 3.4 右圖所示。

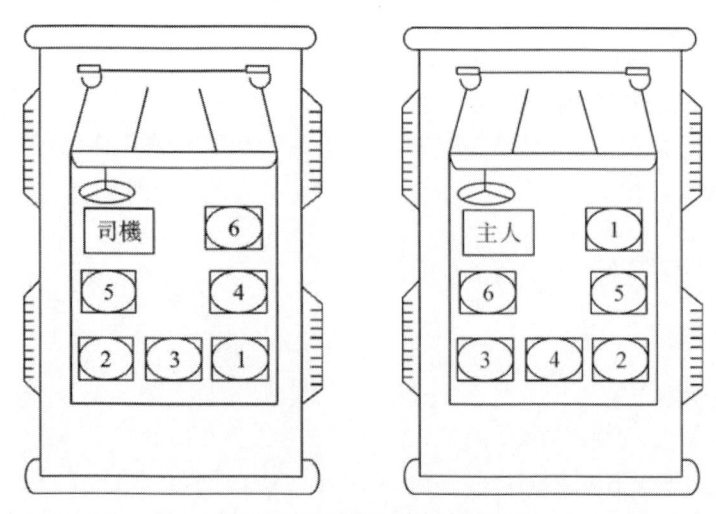

圖 3.4　三排七座轎車座次圖

如果乘坐的是大中型客車，無論司機是誰，座次都是由前向後、由右向左，按距離車門遠近來排定。具體如圖 3.5 所示。

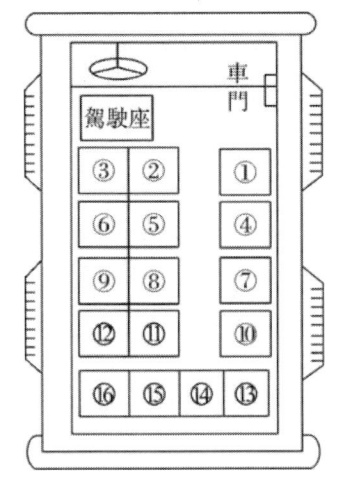

圖 3.5　大中型客車座次圖

五、接待禮儀的注意事項

（1）一般的客人在辦公室接待。談話時應少說多聽，切忌隔著辦公桌與來訪者交談。

（2）重要客人或大型接待，需要做好接待前的準備工作，瞭解來訪者的情況，布置好接待環境，準備好接待物品，並安排好各部門的接待人員。

（3）切忌讓客人坐冷板凳。如果有事不能接待，要安排有關人員接待來客。

（4）敬茶時，切忌捧著滾燙的茶具，匆匆放在客人面前。

（5）切忌茶具不乾淨。

（6）客人提出告辭後，主人切忌先於客人起身；同時，忌硬拉客人，不讓客人離開。

（7）無論是將客人送到門口、電梯口還是車裡，切忌在客人離開前離開。

（8）在整個接待過程中，切忌頻頻看表，以免使客人理解為「催他離開」。

【實訓設計】

實訓技能一　引領禮儀

一、實訓內容

掌握接待服務中的引領禮儀。

二、實訓步驟

（1）準備一間多媒體實訓室，教師講解引領禮儀的理論知識，播放相關視頻，使學生對正確的引領禮儀有一定的基礎性的瞭解。

（2）學生以 6~10 人為一個單位，進行分組，選出組長。

（3）教師設定不同的引領場地，包括辦公樓門口、走廊、樓梯口、電梯口、辦公室等。小組組長選擇一個場地，設定不同的人物，帶領組員，按照之前講解的引領禮儀知識進行練習。

（4）在小組練習過程中，教師對有問題的引領進行糾正，並示範和講解正確的引領禮儀。

（5）小組更換不同的場地，進行引領練習。

（6）教師考核。

<h3 style="text-align:center">實訓技能二　敬茶禮儀</h3>

一、實訓內容

掌握接待服務中敬茶的基本方法和禮儀。

二、實訓步驟

（1）準備一間多媒體實訓室，教師講解敬茶禮儀的理論知識，播放相關視頻，使學生對正確的敬茶方法和禮儀有一定的基礎性的瞭解。

（2）準備敬茶所需的托盤、有杯耳的杯子和茶壺等。

（3）學生以6~10人為一個單位，進行分組，選出組長。

（4）教師設定不同的敬茶場地，包括辦公室、會議室、會客廳等。小組組長選擇一個場地，設定不同的人物，帶領組員，按照之前講解的敬茶禮儀知識進行練習。

（4）在小組練習過程中，教師對不規範的動作進行糾正，並示範和講解正確的敬茶禮儀。

（5）小組更換不同的場地，進行敬茶練習。

（6）教師考核。

<h3 style="text-align:center">實訓技能三　送客禮儀</h3>

一、實訓內容

掌握接待服務中的送客禮儀。

二、實訓步驟

（1）準備一間多媒體實訓室，教師講解送客禮儀的理論知識，播放相關視頻，使學生對正確的送客禮儀有一定的基礎性的瞭解。

（2）學生以6~10人為一個單位，進行分組，選出組長。

（3）教師設定不同的送客場地，包括辦公室門口、電梯門口、車門口等。小組組長選擇一個場地，設定不同的人物，帶領組員，按照之前講解的送客禮儀知識進行練習。

（4）在小組練習過程中，教師對不規範的禮儀進行糾正，並示範和講解正確的送客禮儀。

（5）小組更換不同的場地，進行送客禮儀練習。

（6）教師考核。

實訓技能四　陪車禮儀

一、實訓內容

掌握接待服務中的陪車禮儀。

二、實訓步驟

（1）準備一間多媒體實訓室，教師講解陪車禮儀的理論知識，播放相關視頻，使學生對正確的陪車禮儀有一定的基礎性的瞭解。

（2）學生以 6~10 人為一個單位，進行分組，選出組長。

（3）教師用椅子設定不同的車型，包括五人座、七人座、九人座、大客車等。小組組長選擇一種車型，設定不同的人物，帶領組員，按照之前講解的禮儀知識，按照有司機開車和主人自行開車兩種情況進行練習。

（4）在小組練習過程中，教師對不規範的禮儀進行糾正，並示範和講解正確的陪車禮儀。

（5）小組更換不同的車型，進行陪車禮儀練習。

（6）教師考核。

情景模擬與角色扮演

一、實訓內容

小馬是 A 公司的秘書，其經理李先生告知其一週後 B 公司的周先生和其助理王小姐將來公司洽談業務，讓小馬負責接待工作。小馬該如何做好此次接待工作？在接待過程中需要遵循哪些禮儀規範？應該注意哪些問題？

二、實訓步驟

（1）教師介紹本次實訓的內容和模擬實訓的情景。

（2）教師示範講解接待禮儀及注意事項。

（3）根據模擬活動情景分組，把全班同學分成 4 人一組。

（4）確定模擬活動情景角色。

① A 公司的秘書——小馬。

② A 公司的經理——李先生。

③ B 公司的經理——周先生。

④ B 公司的經理助理——王小姐。

（5）全組討論接待客戶時的正確禮儀及應該注意的問題。

（6）模擬客戶接待訓練，同組同學互換角色訓練。

① 抽籤排序，一組一組進行。（組數過多時可隨機抽籤確定）

② 一組模擬時，其他組觀摩並指出問題。

（7）教師考核。

（8）師生點評。

三、任務考核

教師負責考核。考核評分標準如表 3.1 所示。

表 3.1　　　　　　　　　　接待禮儀考核評分標準

組別_____　　姓名_____　　時間_____

評價項目與內容		應得分	扣分	實得分
準備工作	角色定位及時，模擬出場迅速	5		
	實訓過程全組協調良好	5		
基本知識掌握	熟悉接待的基本禮儀及應注意的問題	10		
神態、舉止	聲音大小適中、語速適中	5		
	熱情、大方、得體	5		
	面帶微笑	5		
	儀容、儀表得體	5		
	儀態得體	5		
客戶接待	語言表達恰當	5		
	迎客禮儀準確、恰當	5		
	待客禮儀準確、恰當	10		
	送客禮儀準確、恰當	5		
觀摩討論	觀摩認真	5		
	積極討論	5		
實訓筆記	按規定時間上交	5		
	字跡清楚、填寫規範、內容詳盡完整	5		
	實訓分析總結正確	5		
	能提出合理化建議及創新見解	5		
合計		100		

考評教師（簽名）：

任務 2　拜訪禮儀

【案例導入】

　　A 公司新建的辦公大樓需要添置一系列的辦公家具，價值數百萬元。公司總經理已決定向 B 公司購買。在會面當天，B 公司銷售人員比預定的時間提前了 2 個小時到達。原來 B 公司聽說 A 公司的員工宿舍也要在近期內落成，希望 A 公司員工宿舍需要的家具也能在 B 公司購買。為了談這件事，B 公司的銷售人員還帶來了一大堆的資料，擺滿了 A 公司臺面。A 公司的總經理沒料到對方會提前到訪，剛好手邊又有其他事情，便請秘書讓對方等一會。B 公司的銷售人員等不到半個小時，就開始不耐煩了。B 公司銷售人員一邊收拾資料一邊說：「我還是改天再來拜訪吧。」這時，A 公司總經理發

現對方在收拾資料準備離開時，將自己剛才遞上的名片不小心掉在了地上，卻並沒發覺，走時還無意從名片上踩了過去。但這個不小心的失誤，卻令A公司的總經理改變了初衷，B公司不僅沒有機會與A公司商談員工宿舍家具的採購問題，連幾乎到手的數百萬元辦公家具的生意也告吹了。

思考：

1. B公司這次業務失敗的原因是什麼？
2. 在整個案例中，哪些不當禮儀需要修正，才能使B公司成功獲得這次業務？

【任務目標】

通過實訓，學生應掌握拜訪的禮儀規範及注意事項，並能靈活運用。

【理論知識】

商務拜訪是指親自或派人到有商務往來的客戶單位或相應的場所去拜見、訪問某人或某單位的活動。在現代社交活動中，拜訪和接待一樣，都要遵循一定的禮儀規範，禮貌地對他人進行訪問，拜訪才能取得良好的效果。一般來說，商務拜訪的流程如圖3.6所示。

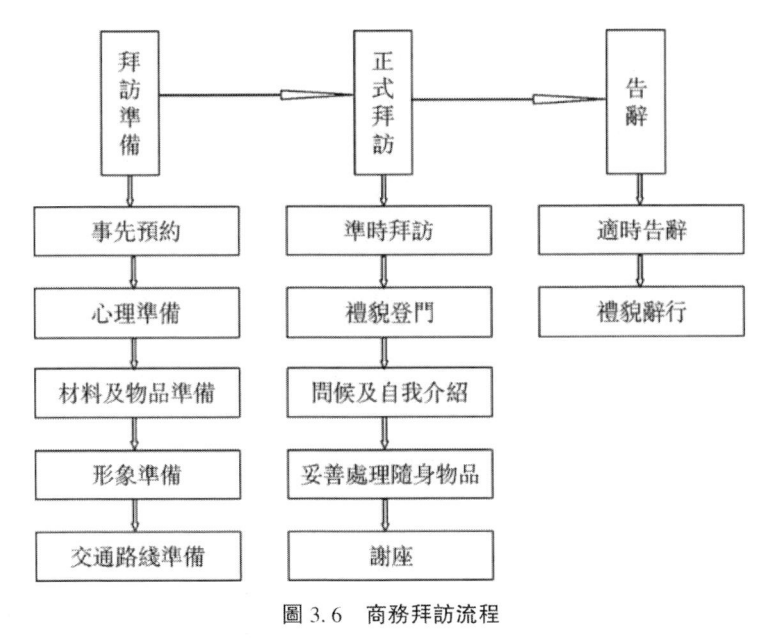

圖3.6　商務拜訪流程

一、拜訪準備

（一）預約

拜訪客人，不管是熟悉的還是不熟悉的，提前預約是最起碼的禮節，以便對方安排日程。突然拜訪客人，可能會打亂受訪者正常的工作和生活秩序，給對方帶來諸多不便。

1. 預約的方式

預約時，可選擇電話預約、當面預約或者書面預約。無論是哪種預約，口氣和語言一定要友好，不能以強求或者命令的口氣要求對方。

2. 預約時間和地點的選擇

要約定在雙方都認為合適和方便的時間，如果由自己提議，也必須考慮對方的時間安排，並提出幾種時間段供對方選擇。通常在上班時間拜訪，地點會選擇在辦公室；私人拜訪可選擇家中或者某些公共場所，如咖啡館、餐廳等。具體拜訪時間和地點的選擇如表 3.2 所示。

表 3.2　　　　　　　　　　　　拜訪時間和地點的選擇

拜訪地點	可拜訪時間	忌拜訪時間
辦公室拜訪	可以在上班時間拜訪	周一一大早或周五下班前，重要會議時間，休息及用餐時間
私宅拜訪	以不影響對方休息為原則，可以在上午 9~10 點、下午 3~4 點、晚上 7~8 點或節假日前夕進行拜訪	用餐時間，午休時間，晚上 10 點以後

3. 約定拜訪人數

在預約時，賓主雙方都要事先向對方通報屆時到場的具體人數及其各自的身分。拜訪時，切忌沒有通知主人，而隨意增加拜訪的人數，以避免給主人造成不必要的干擾，影響拜訪效果。

(二) 心理準備

在預約得到肯定答覆後，拜訪者需要做好赴約的心理準備，明確自己的拜訪目的，制定好拜訪目標，為自己的目標理清思路，確定談話主題。切忌倉促而去、主次不分，既浪費了受訪者的時間，也會給對方留下不好的印象。

(三) 材料及物品準備

為了充分實現拜訪的目的，材料及物品的準備同樣很重要。

1. 相關資料準備

在拜訪前，需要瞭解受訪者的基本情況和背景資料。為了更好地表達拜訪內容，拜訪者需要事先給自己列一個提綱；同時，還需要準備拜訪時需要使用的書面材料，例如協議書、建議書、備忘錄、產品介紹、價目表等。充足的材料準備，可以證明拜訪者的誠意，也可以讓拜訪者在拜訪中有條有理、思路清晰、主次分明。

2. 物品準備

在商務拜訪場合中，第一次見面時，所有的交流都是從交換名片開始，因此，在商務拜訪中，必須準備足夠的名片。除此之外，筆和記錄本也是商務拜訪中不可缺少的物品。是否準備禮品要看具體的商務目的，一般來說，如果是私人家庭拜訪，可以結合主人的興趣愛好，準備一些小禮物，例如鮮花、水果、書籍等，以表達對主人的敬意。

（四）形象準備

拜訪前，拜訪者要對自己的儀表服飾做好準備。辦公室拜訪，男士最規範的穿著是西裝，女士是套裝。穿著要乾淨、整齊、端莊、大方，要和自己的職業形象相符。如果是私宅拜訪，要結合具體的情況，例如拜訪後要進行體育運動，那麼西裝或者套裝就不太合適了。

（五）交通路線準備

大城市交通堵塞是經常發生的事情，因此，要事先瞭解所去地點的具體交通路線，盡可能地多準備幾套交通應急方案。盡量提早出門，提前到達以熟悉拜訪環境。

二、正式拜訪

（一）準時拜訪

拜訪時一定要準時，提前 5～10 分鐘到達是個不錯的選擇。萬一不能準時到達，一定要提前通知受訪者並在到達後鄭重向對方道歉。

（二）禮貌登門

在到達拜訪地點後，要跟接待人員說明：你代表哪家公司、你的姓名以及要拜訪的對象，並請其傳達和通報。如果沒有接待員引領，在到達受訪者辦公室外，無論辦公室門是開著還是關著，都必須先輕聲敲門或按門鈴，私宅拜訪也是如此。敲門時要輕重適宜、速度適中，一般輕輕敲三下，不可急促猛敲，在得到受訪者允許後方可進門。

（三）問候及自我介紹

與受訪者相見後，要主動問好，同受訪者握手，行見面禮。如果和對方是初次見面，還應做自我介紹並向受訪者遞上名片。倘若受訪者一方不止一人，則按照商務會面交往禮儀中的「先尊後卑」的原則依次向對方打招呼。如果受訪者辦公室內還有其他客人，在其沒有介紹時，不要隨便打聽其他客人信息或主動與其他客人攀談。

（四）妥善處理隨身物品及謝座

進入受訪者房間後，要脫下外套，摘下帽子、手套，同隨身攜帶的物品一起放在主人指定的地方，不要隨意擱放。如果是下雨天，進入房間後應用雨套裝好淋濕的雨傘再放到指定位置。

入座時，主人沒有讓座，不要隨便坐下。主人讓座後，要說「謝謝」，然後採用正確的坐姿坐下。如果主人是年長或身分較高者，應等主人坐下後，再坐下。當主人或委派他人送茶時，應立即欠身雙手相接並致謝，喝茶時要慢慢品嘗，不要一飲而盡。主人遞菸時，應雙手相接，如不會吸菸或者不想吸菸，應致謝。如果主人不吸菸，應盡量克制，抽菸時，需要先徵求主人和在場女士們的同意，不要把菸灰、紙屑等污物隨意扔到地上或桌面上。

三、告辭

（一）適時告辭

在拜訪他人時，一定要注意拜訪時間的長度，並控制好時間，最好在約定的時間內完成拜訪。如果受訪者表現出還有其他的事情或者不耐煩時，即使拜訪工作還未完成，也要適時停止，可再約定下次會面時間。一般普通拜訪，時間控制在 15~30 分鐘比較合適，即使是再長的拜訪，也不宜超過兩個小時。

（二）禮貌辭行

提出告辭後，拜訪者就應該起身離開座位。即使受訪者有意挽留，也應盡快離開，不要拖延時間。辭行時，應和主人握手道別或點頭致意，向主人表達「打擾」之歉意並說一些「打擾了」「謝謝」「請留步」之類的話。出門幾步後，應回首再向送行的主人致謝，不可匆匆離去。不要讓主人遠送，也不要站在門口與主人攀談過久。

四、拜訪禮儀的注意事項

（1）忌貿然上門拜訪。
（2）拜訪前，需明確拜訪目的。
（3）約見拜訪時間時，要考慮對方的時間是否合適。
（4）忌拜訪時不控制時間或拜訪時間過長。
（5）私人拜訪時，忌不問候對方家人，忌按照自己的喜好評判主人的房間布置，忌動主人的私人物品，忌沒有主人的帶領隨便參觀主人的房間。
（6）到賓館拜訪時，忌沒有通報直接到拜訪者客房。如果受訪者是異性，拜訪地點應選擇在大堂、餐廳或者會客廳，而不宜選擇在受訪者的房間內。

【實訓設計】

情景模擬與角色扮演

一、實訓內容

小張是 A 公司的業務員，他明天要去拜訪一位重要的新客戶劉先生。小張在拜訪客戶劉先生前要做哪些準備工作？在拜訪過程中需要遵循哪些禮儀規範？應該注意哪些問題？

二、實訓步驟

（1）教師介紹本次實訓的內容和模擬實訓的情景。
（2）教師示範講解拜訪禮儀及注意事項。
（3）根據模擬活動情景分組，把全班同學分成 2 人一組。
（4）確定模擬活動情景角色。
① A 公司的業務員——小張。
② 新客戶——劉先生。

（5）全組討論拜訪客戶時的正確禮儀及應該注意的問題。
（6）模擬客戶拜訪訓練，同組同學互換角色訓練。
① 抽籤排序，一組一組進行。（組數過多時可隨機抽籤確定）
② 一組模擬時，其他組觀摩並指出問題。
（7）教師考核。
（8）師生點評。

三、任務考核

教師負責考核。考核評分標準如表3.3所示。

表3.3　　　　　　　　　　　　拜訪禮儀考核評分標準

組別_____　　姓名_____　　時間_____

評價項目與內容		應得分	扣分	實得分
準備工作	角色定位及時，模擬出場迅速	5		
	實訓過程全組協調良好	5		
基本知識掌握	熟悉拜訪的基本禮儀及應注意的問題	10		
神態、舉止	聲音大小適中、語速適中	5		
	熱情、大方、得體	5		
	面帶微笑	5		
	儀容、儀表得體	5		
	儀態得體	5		
客戶拜訪	拜訪前準備充分、得當	5		
	語言表達恰當	5		
	拜訪過程中禮儀準確、恰當	10		
	拜訪後告辭、答謝得當	5		
觀摩討論	觀摩認真	5		
	積極討論	5		
實訓筆記	按規定時間上交	5		
	字跡清楚、填寫規範、內容詳盡完整	5		
	實訓分析總結正確	5		
	能提出合理化建議及創新見解	5		
合計		100		

考評教師（簽名）：

任務 3　饋贈禮儀

【案例導入】

在日本，有一個流傳很廣且很受用的商務禮儀故事。有一個部門主管在餐廳裡與客戶談項目的時候，在鄰桌專門安排了公司的一名職員。這名職員不是來吃飯的，而是來記錄上司與客戶的談話，但這裡是用心記錄而不是用筆記錄。當上司旁敲側擊地瞭解客戶及其家人的喜好後，這位職員立馬行動，出去張羅禮品。當雙方的會談愉快地結束時，這位職員又不失時機地出現，拎著送給客戶一家大小的禮品。客戶當然是喜笑顏開，因為不但有自己的禮物，還有家人的，而且都是大家喜歡的東西。結果不言而喻，他們的合作很成功。

思考：
1. 這個商務禮儀故事，對你有何啟發？
2. 饋贈禮品時要遵循和注意哪些禮儀？

【任務目標】

通過實訓，學生應掌握饋贈禮儀及其注意事項，並能靈活運用。

【理論知識】

饋贈也稱為贈送，是人們為了向受贈者表達自己的情意，而將某些物品不求報償地送給對方。禮尚往來是中國民族的優良傳統，也是日常交往中表達情意的重要形式。在商務活動中，為了聯絡感情、加深印象，根據情況接受或向有關人員贈送禮物，是一種常見的禮節。無論是接受還是贈送禮品，都應遵循一定的禮儀規範。

一、禮品的選擇

選擇禮品時，要注意禮品是否合適。一般來說，送禮是為了表達對他人的祝賀、感謝、關懷、慰問、鼓勵和思念等心情，無論送禮給誰，投其所好是非常重要的，要從對方的立場出發，去挑選禮品。

選擇禮品時，需要注意以下幾個方面：

（1）禮品要具有企業宣傳性。在商務活動中，選擇的禮品往往是為了推廣宣傳企業形象，既注重實用價值，也注重宣傳價值。在考慮受禮者的喜好的前提下，所饋贈的禮品應能達到對方記住自己，記住自己企業、產品及服務的目的。

（2）禮品的價格不要過高。俗話說「禮輕情誼重」，禮品只是用來表達送禮者的心意。大量的現金、金銀珠寶或者過於貴重的禮品，有收買對方之嫌，會加重受禮者的心理負擔，往往會被拒絕。

（3）選擇禮品時要適時、適地、適俗。選擇禮品應與時俱進，不能選過時的禮品。

結合送禮的場合和具體情況選擇不同的禮品，比如在商務拜訪和私宅拜訪時，選擇的禮品往往不同。選擇禮品時，還要考慮到受禮者的文化背景，針對不同的受禮者，需要提前瞭解其民族習俗、宗教信仰和生活習慣，否則會有不尊重對方之嫌，嚴重時會影響到雙方的合作。

一般來說，在商務交往中，應該送高雅、大方、體面的禮品，不宜送與衣食住行有關的生活用品，除非是私人交往。

二、饋贈的相關禮儀

（一）贈送禮儀

要使商務交往對象愉快地接受饋贈，並不是件容易的事情。即使選擇了適合的禮物，如果不講究贈禮的藝術和禮儀，也很難達到社交的效果，甚至會適得其反。

1. 贈送的時機

就送禮的時機而言，及時、適宜是最重要的。一般來講，節假日、對方重要的紀念日、喜慶日是送禮的好時機。在商務活動中，如向商務交往對象道喜、道賀，通常是在雙方見面之初贈送禮品。而主人應該在客人離去前或者臨行前送上禮品。如果是企業之間進行商務會談，雙方往往會在商務會談結束時贈送或交換禮品，以表達與對方建立長期合作之情。

2. 贈送的地點

選擇贈送禮品的地點要注意公私有別。一般來說商務交往中應該選擇商務場合贈送禮品，比如辦公室、會客廳等。如果是私人交往，則應該送到私人居所。忌在不適合的公眾場合下送禮，送禮場合選擇不當會影響到受禮者的形象，也有可能會被受禮者拒絕。

3. 贈送的方式

（1）包裝。包裝意味著重視，否則給人敷衍了事的感覺。尤其是送禮給外國客人，散裝禮品或者是沒有包裝的禮品是不能送人的。精美的包裝可以讓禮品更上一個檔次，更好地表達自己的情感和誠意。

（2）誰送及送誰。在商務交往中，應該由在場地位最高的人向客人贈送禮品。如果是向多人贈送禮品，應該從職位最高的人開始贈起。

（3）說什麼和怎麼說。當把所選禮物在正式商務活動中贈送給受禮者時，要進行具體的說明。比如說明禮品的含義、具體用途、與眾不同之處，使受禮者加深對禮品的印象，同時接受贈送者的善意和情意。

贈禮時，要神態自然，面帶微笑，雙手捧上。

當碰到對方拒收禮品時，如果贈送的禮品確實沒有賄賂之意，則應大膽堅持片刻。如果對方堅持拒收，可能確實有不能接受的理由，送禮者就不要一再強求，也不應表現出不高興的情緒。

（二）接受和謝絕禮儀

1. 接受禮儀

在特定的場合，當他人宣布有禮品相送時，不管正在做什麼事情，都應該放下手中的工作，起身向對方做好接受的準備。如果決定接受對方的禮品，就沒有必要再三推辭，心口不一，否則反而會讓對方覺得你不夠誠懇。

當對方遞上禮品時，要用雙手去接，面帶微笑，兩眼注視對方。接過禮品後，應恭敬地致以謝意，也可以與對方握手，表示感謝。

在中國的傳統觀念中，收到禮品後當面打開，是不禮貌的行為。但如果送禮者是外國友人或年輕人，當面打開禮品是對送禮者的尊重，也是表達對禮品的看重和喜愛。禮品是否當面打開可以視送禮者的習慣、目的和具體的環境而定。

收到的禮品應放在合適、醒目的位置，不能亂丟、亂放，讓送禮者感覺不被重視。

在接受禮品後，最好在一週之內寫信或打電話向對方表示致謝。

2. 謝絕禮儀

商務人員之間送的禮品，只要是表達心意，一般都不能拒絕。假如對方贈送的禮品確實不宜接受，可以拒絕。在拒絕時，要講究方法，不要讓對方難堪，造成矛盾；同時，要表達禮品雖然拒絕了，但情意已經收下了。一般而言，違法違禁的禮品、價值過高的禮品和包含某種無法接受的暗示性的禮品是不能接受的。在謝絕禮品時可以選擇以下方法：

（1）直白法。坦率告訴送禮者不能接受的理由，比如身分不允許或者單位有規定等。

（2）婉言法。採用委婉的方式，找個合理理由拒絕對方，但要注意語言和口氣。(3) 先收後退法。有時當面拒收禮品會使送禮者很尷尬，比如在人較多的情況下，也可以先收下禮品，過後退還。退還時也要表達對對方的謝意，並說明退還理由。退還禮物的時限，通常不超過一天。

（三）回贈禮儀

收到他人的禮品後，在適當的時機要回禮，這才合乎禮儀規範。

回禮時，要把握好時機，要根據不同的情況靈活對待。比如客人上門拜訪時贈送了禮品，作為主人可以在客人離開前回贈，也可在接受禮品後的一段時間內，登門拜訪，回贈禮品。同時，也可以選擇在特定的節日、喜慶之日回禮，表示感謝。

在選擇回贈的禮品時，不要以對方贈送的同類禮品回禮，價格可以與對方贈送的禮品價格相當。同時，可以以口頭或者書面形式向對方表示感謝。

三、饋贈禮儀的注意事項

（1）送禮時要有適合的理由，否則對方可能不會接受禮品。

（2）送禮是為了傳達心意，忌送過於貴重的禮品，也不能隨便送沒有價值的禮品。禮品的價值不在於價格，而在於心意及對方的喜好。

（3）忌送廣告禮品、過時禮品，這是對受禮者的不尊重。

（4）忌當著多人面給一人送禮。送禮要講究場合，場合不當反而會惹來麻煩。

（5）忌收到禮品後很快轉送他人。

（6）忌只受禮不回禮。

【實訓設計】

實訓技能 禮品選擇

一、實訓內容

在不同的情景下，選擇不同的適合的禮品。

二、實訓步驟

（1）準備一間多媒體實訓室，教師講解禮品選擇的理論知識，使學生對其有一定的基礎性的瞭解。

（2）學生以6~10人為一個單位，進行分組，選出組長。

（3）教師設定不同的情景，包括企業開張、大廈落成、探望病人、私宅拜訪、節假日、婚禮、生日等。小組組長選擇不同的情景，帶領組員集思廣益，尋找適合的禮品並說明理由。

（4）教師考核。

情景模擬與角色扮演

一、實訓內容

A公司的業務員小張要向B公司的客戶劉先生贈送禮品。小張會選擇在什麼時間、什麼地點、選擇送什麼樣的禮品？小張在送禮時需要遵循哪些禮儀？劉先生受禮時需要遵循哪些禮儀？

二、實訓步驟

（1）教師介紹本次實訓的內容和模擬實訓的情景。

（2）教師示範講解饋贈禮儀及注意事項。

（3）根據模擬活動情景分組，把全班同學分成2人一組。

（4）確定模擬活動情景角色。

①送禮方——A公司的業務員小張。

②受禮方——B公司的客戶劉先生。

（5）全組討論饋贈時的正確禮儀及應該注意的問題。

（6）每個小組自定義饋贈的時間、地點和禮品，模擬饋贈訓練，同組同學互換角色訓練。

①抽簽排序，一組一組進行。（組數過多時可隨機抽簽確定）

②一組模擬時，其他組觀摩並指出問題。

（7）教師考核。

（8）師生點評。

三、任務考核

教師負責考核。考核評分標準如表 3.4 所示。

表 3.4　　　　　　　　　　饋贈禮儀考核評分標準

組別＿＿＿＿＿　　姓名＿＿＿＿＿　　時間＿＿＿＿＿

評價項目與內容		應得分	扣分	實得分
準備工作	角色定位及時，模擬出場迅速	5		
	實訓過程全組協調良好	5		
基本知識掌握	熟悉饋贈的基本禮儀及應注意的問題	10		
神態、舉止	聲音大小適中、語速適中	5		
	熱情、大方、得體	5		
	面帶微笑	5		
饋贈	饋贈時間、地點和禮品選擇恰當	5		
	禮品贈送禮儀準確、恰當	15		
	禮品接受禮儀準確、恰當	15		
觀摩討論	觀摩認真	5		
	積極討論	5		
實訓筆記	按規定時間上交	5		
	字跡清楚、填寫規範、內容詳盡完整	5		
	實訓分析總結正確	5		
	能提出合理化建議及創新見解	5		
合計		100		

考評教師（簽名）：

模塊四　商務宴請禮儀

　　宴請是商務交往的重要活動之一，在私人交往與公務交往中都非常普遍。安排得當的宴請活動是商務交往各方關係的潤滑劑，不僅能為商務活動的各方交往增添色彩，也有益於商業活動的促成。

　　中西方在文化上存在一定差異已成為共識，瞭解中西方宴請的禮儀既是成為一個成功商業人士的基礎，也是提高社交禮儀能力的重要途徑。

【禮儀諺語】

　　對用餐禮儀最大的考驗就是要能不觸犯別人的感覺。

　　　　　　　　　　　——艾米利·彼斯特（世界著名禮儀專家）

【模塊教學目標】

　　1. 瞭解商務宴請禮儀的基本內容；
　　2. 掌握中式宴請禮儀的規範及要求；
　　3. 掌握西式宴請禮儀的規範和要求。

【知識目標】

　　1. 掌握宴請活動程序、桌次與席位排序禮儀；
　　2. 掌握中式宴請餐具分類使用、點菜要領及上菜順序等餐桌禮儀；
　　3. 掌握西式宴請餐具類別使用、點菜要領、上菜順序及餐酒搭配等。

【技能目標】

　　1. 掌握中式宴請的尊位確定、主客位次排序；掌握中餐餐具的使用；理解中餐點菜要領及上菜順序等餐桌禮儀。
　　2. 掌握西式宴請的主客位次排序；掌握西餐餐具的類別與使用；掌握西餐的點菜、上菜及餐酒搭配等餐桌禮儀。

【素質目標】

　　1. 培養學生的個人素養和職業素質，在提高自身綜合素質的同時，幫助人們順利開展各種商務交往；
　　2. 培養學生的溝通能力與交際意識。

任務1　中餐宴請禮儀

【案例導入】

　　雲南昆明的A公司與廣州的B公司要進行一個項目合作，廣州B公司的員工要來雲南昆明進行實地考察。小張是A公司負責接待B公司考察團隊的工作人員，小張想讓廣州B公司的考察團隊嘗一嘗雲南的特產。他心想雲南傣味是比較有特色的菜系，所以安排了一家雲南有名的傣味菜館接待廣州B公司的考察團隊。他很熱情地將B公司考察團隊迎進傣味菜館，客人在就餐期間似乎不太滿意，後來的商談合作也沒有開展下去，事後A公司領導對小張勃然大怒，小張滿臉委屈，不知自己錯在哪裡。

　　思考：
1. 這件事對小張有什麼深刻的教訓？
2. 在工作要求下如何正確選擇宴請形式？

【任務目標】

　　通過實訓，學生應瞭解中式宴請商務禮儀的基本內容；掌握中餐宴請的尊位確定、主客位次排序；掌握中餐餐具的使用；理解中餐點菜要領及上菜順序；瞭解就餐席間規則和禮儀。

【理論知識】

　　一、中餐宴請禮儀概述

　　中餐宴請是對宴請時食用的中餐成套菜點及其臺面的統稱，展示了中華民族特有的文化民俗和社交禮儀，是中國傳統的宴請形式。中華民族的餐飲文化博大精深，是中華文化的重要組成部分。中餐宴請禮儀是指桌次安排、席位安排、餐具擺放、上菜順序、菜肴的配置、就餐席間的規則和禮儀等的要求。下面就中餐宴請禮儀進行介紹。

　　二、中餐宴請邀請與準備

　　要順利、出色地請客吃飯，達到請客預期的效果和目的，就需要我們瞭解宴請前應該做好什麼準備，宴請準備時的程序和技巧。

　　(一) 明確宴請的目的、名義

　　所謂目的，通常是指行為主體根據自身的需要，借助意識、觀念的仲介作用，預先設想的行為或結果。所以宴請是一個過程行為，這一行為總由某一特定的目的支配著。單純為了請客而請客的行為是合理卻不存在的。即便是家人、朋友在一起聚會吃飯，也有滿足情感交流、增進情誼的目的在其中。

　　現實中，宴請的目的是多種多樣的，可以是為某一個人，也可以是為某一件事。例

如：為代表團來訪（作為駐外機構，可以為本國代表團前來訪問，也可以為駐在國的代表團前往自己的國家訪問）、為慶祝某一節日、紀念日、為外交使節或外交官員的到離任、為展覽會的開幕、閉幕、某項工程動工、竣工等。在國際交往中，還可根據需要舉辦一些日常的宴請活動。

確定邀請名義和對象的主要依據是主、客雙方的身分，也就是說主客身分應該對等。例如，作為東道國宴請來訪的外國代表團，出面主人的職務一般應同代表團團長對等，專業對口，身分低了使人感到冷淡，規格過高亦無必要。又如外國使館宴請駐在國部長級以上官員，一般由大使（臨時代辦）出面邀請，低級官員請對方高級人士，就不禮貌。通常如請主賓攜夫人出席，主人若已婚，一般以夫婦名義發出邀請。

中國大型正式活動以一人名義發出邀請。日常交往小型宴請則根據具體情況以個人名義或以夫婦名義出面邀請。

(二) 確定宴請的人員、宴請時間和地點

確定宴請目的後，我們基本就能確定宴請的人員範圍。再根據主、客雙方都合適的時間來確定宴請的時間和地點，一般以客人的安排為主要依據。

邀請範圍是指請哪些方面人士，請到哪一級別，請多少人，主人方請什麼人出來作陪。這都要充分考慮到宴請的性質、主、客雙方的身分，國際或日常的慣例，政治氣候，民族差異等。各方面都要想到，不能只顧一面。

在確定時間和地點時，主要原則是：對主、客雙方都合適，注意避開各種禁忌，注意不要選擇對方的重大節假日、有重要活動或有禁忌的日子和時間。例如，對信奉基督教的人士不要選十三號，更不要選十三號星期五。伊斯蘭教在齋月內白天禁食，宴請宜在日落後舉行。宴請回族同胞則需要注意避開在非清真的酒店進餐。

小型宴會可以首先徵詢主賓意見，最好以口頭當面或電話約請共同確定宴請時間和地點。主賓同意後，時間即被認為最後確定，可以按此約請其他賓客。

(三) 發出邀請和請柬格式

各種宴請活動，一般均需向被宴請者發請柬，這既是禮貌，亦對客人起提醒、備忘之用，以便於被宴請者安排事務，做好準備。

宴請的方式分為口頭邀請和書面邀請。口頭宴請有電話邀請、當面邀請、托人邀請等形式，相對於書面邀請顯得較為隨意。朋友聚會、家人團聚、工作進餐等多採用此方式。書面邀請，即正式邀請，包括請柬邀請、書信邀請、傳真邀請和便條邀請等，一般用於正式的、規模較大的宴請中。有些國家，邀請最高領導人作為主賓參加活動，需單獨發邀請信，而向其他賓客發請柬。

請柬邀請需要注意以下問題：

(1) 請柬一般提前一週至兩週發出，視宴會規格和大小及被邀請者的實際情況有時需要提前一個月發出，以便被邀請人及早安排。已經口頭約妥的活動，仍應補送請柬，在請柬右上方或下方註上「to remind」（備忘）字樣。

(2) 請柬用紙要考究，封面一般為紅色並印有「請柬」字樣。請柬內容可打印或者手寫。手寫字跡需清楚、美觀。可採用黑色或者藍色鋼筆或毛筆書寫，不可採用黃

色、綠色、紅色等鮮豔顏色進行書寫。

（3）請柬的格式一般有橫式和豎式兩種。橫式請柬行文自左向右，從上而下，一般用於商務宴請。豎式請柬行文自右而左，從上向下，一般用於民間傳統性宴請，是中國傳統文化的體現。

（4）請柬的正文內容應包括宴請時間、地點、宴請名義、宴請形式，宴請要求及邀請人等。需安排座位的宴請活動，為確切掌握出席情況，往往要求被邀者答覆能否出席。遇此，請柬上一般用法文縮寫註上 R. S. V. P.（請答覆）字樣，如只需不出席者答覆，則可註上 regrets only（因故不能出席請答覆），並註明電話號碼。也可以在請柬發出後，用電話詢問能否出席。

若宴請席位已安排妥當，可在信封下角或請柬正文標明桌次或座次。即使是不安排席位的活動，也應對出席率有所估計。

（5）請柬信封上必須標明被邀請人姓名、職務，書寫要準確。國際慣例給夫婦兩人發一張請柬。若需要憑請柬入場的場合要注意每人發一張。

三、確定菜單

組織好宴會，菜單的確定至關重要。宴會菜單的擬定要根據宴請的規格，在規定的標準內安排。擬定菜單時要考慮四個方面的因素。

（一）尊重主賓，考慮禁忌和喜好

菜肴的選定與酒水的搭配，主要以主賓的口味習慣為依據，而不是以主人的好惡為標準，要注意尊重對方的民族飲食習慣和宗教信仰。由於每個人的口味不同或者出於健康的考慮，某些人會在用餐過程中對某些食物忌口。如：有些人不吃辣椒、大蒜；開車者不能喝酒；糖尿病患者避免食物中含糖等。

（二）合理搭配

注意菜肴的營養構成，葷素搭配要合理。時令菜、特色菜、傳統菜應合理選擇，另外要注意菜點與酒水、飲料的搭配，應力求照顧到多數客人的需要。

（三）價格合理

菜肴不一定要選名貴菜，要以預算為標準，有自己的立場，一般應在訂菜時留下一部分預算，以備實際用餐過程中補菜之用。菜肴選定應以精致、乾淨衛生、可口取勝。宴請注重的是氣氛，而不一定是吃喝的內容。

（四）考慮差別

飲食差別還可能體現在性別差異和地域差別上。不同性別的飲食者在記憶、思維、情緒、個性等心理因素上存在著差別，會形成不同的飲食消費心理和行為。訂餐時需要考慮男女有別。男性會偏好口味重，分量足和富含脂肪、蛋白質和碳水化合物的菜式；而女性更傾向於素食、水果一類較清淡不油膩的菜式，女性往往關注用餐環境、菜品質量和服務細節甚於用餐分量。

俗話說：「十里不同俗，百里不同味。」地域環境會對飲食者的心理產生持續的習慣性依賴，所以訂菜時需要考慮被宴請者的地域口味偏好。

四、中餐席位排列

中餐的席位排列，關係到來賓的身分和主人給予對方的禮遇，所以是一項重要的內容。中餐的席位排列，在不同情況下有一定的差異，可分為桌次的排列和位次的排列兩方面。

（一）中餐桌次的排列

1. 決定餐桌高低次序的原則

在宴會上，若餐桌不止一桌，則需要採用正式的方法排列餐桌，主桌排定之後，其餘桌次的高低以離主桌遠近而定，近高遠低，平行時右高左低。主桌應總是處在突出的位置。

2. 排列的總體方法

餐桌排列的方法有橫排、豎排、花排、正排等，具體採取哪種排列需根據場地和美觀的原則來確定。常見的位次排列方法如圖 4.1～圖 4.17 所示，圖中圓圈裡的序號代表桌次高低位次。數字越少，代表位置越好。

兩桌橫排時，以右為上；兩桌豎排時，當餐桌距離正門有遠近之分時，以距門遠者為上，如圖 4.1 和圖 4.2 所示。

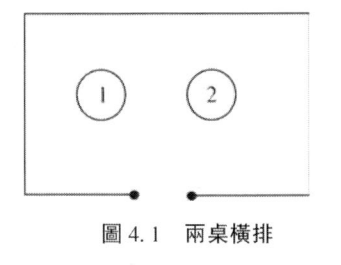

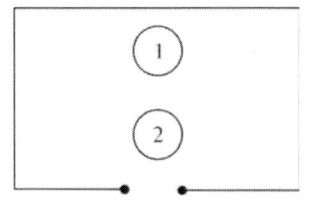

圖 4.1　兩桌橫排　　　　　圖 4.2　兩桌豎排

三桌橫排或三桌豎排，以居中者為上，居右者為次上，如圖 4.3 和圖 4.4 所示。

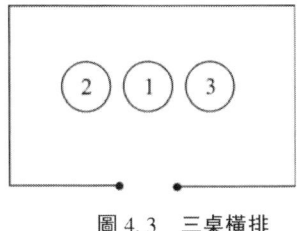

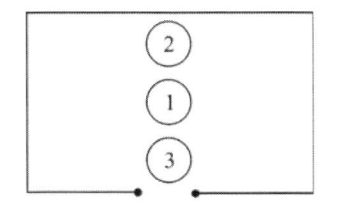

圖 4.3　三桌橫排　　　　　圖 4.4　三桌豎排

四桌及四桌以上的橫排、花排、豎排的桌次排位規則均使用距門遠者為上，居右者為上，居中者為上的原則，如圖 4.5～圖 4.17 所示。

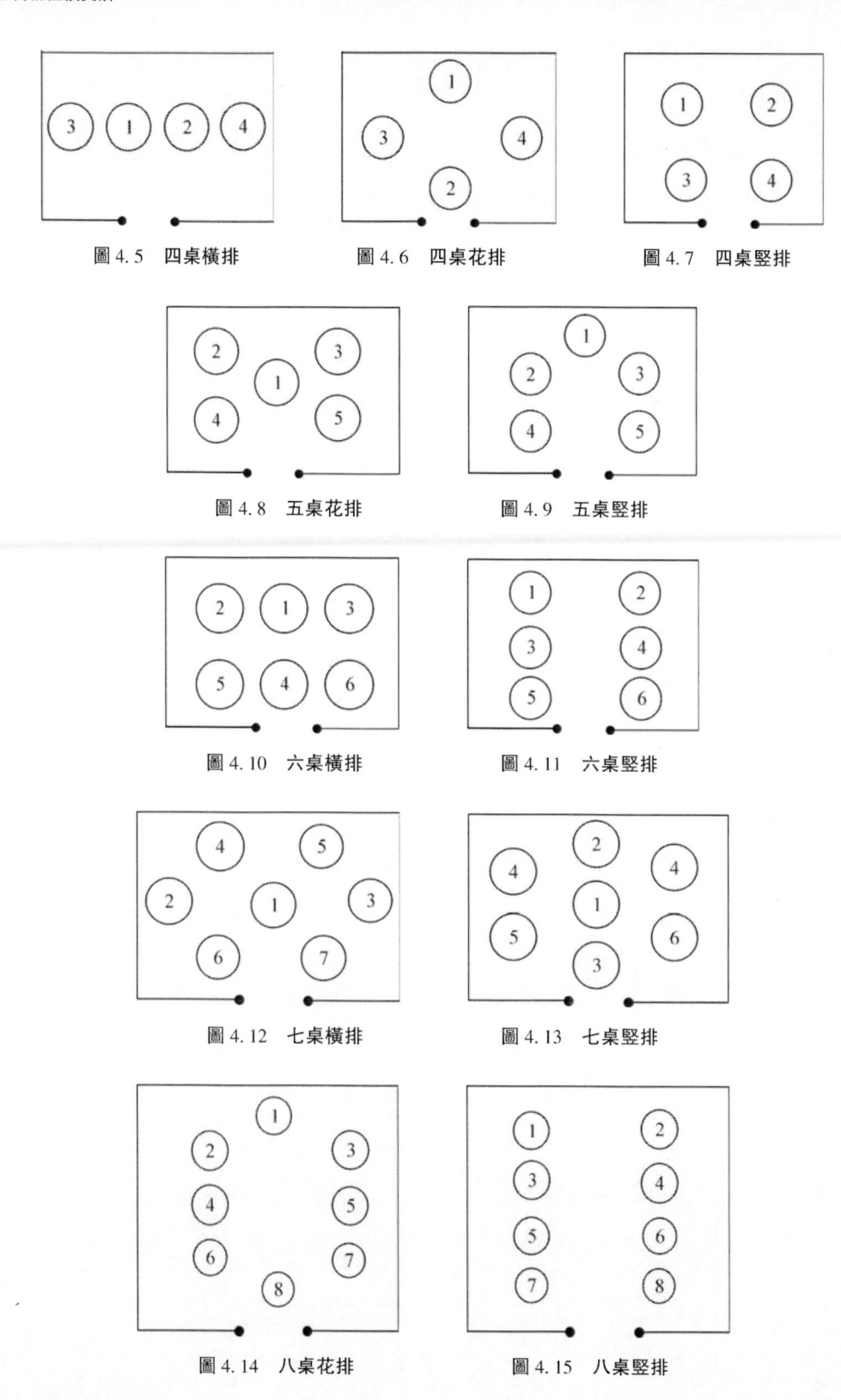

圖 4.5　四桌橫排　　　　　圖 4.6　四桌花排　　　　　圖 4.7　四桌豎排

圖 4.8　五桌花排　　　　　圖 4.9　五桌豎排

圖 4.10　六桌橫排　　　　圖 4.11　六桌豎排

圖 4.12　七桌橫排　　　　圖 4.13　七桌豎排

圖 4.14　八桌花排　　　　圖 4.15　八桌豎排

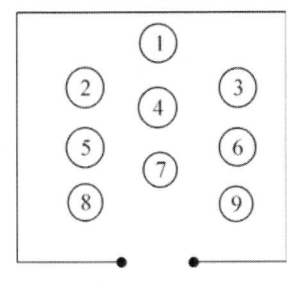

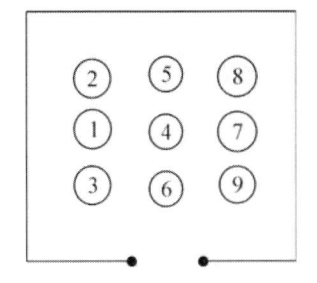

圖 4.16　九桌橫排　　　圖 4.17　九桌豎排

(二) 中餐位次的排列

根據上述排列方法，圓桌上位次的具體排列又可分為每桌一個主位的排列方法和每桌兩個主位的排列方法兩種具體情況，下面將分別進行介紹。

1. 每桌一個主位的排列方法

即每桌只有一名主人，主賓在其右邊離主人最近的座位就座，每桌的主位是談話中心，位次排列如圖 4.18 的順序所示。

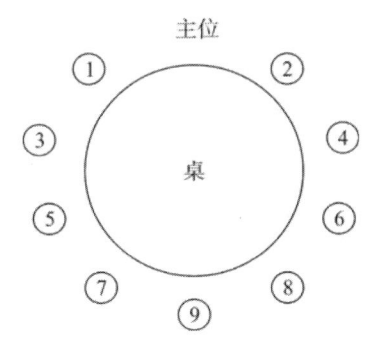

圖 4.18　每桌一個主位的排列方法

2. 每桌兩個主位的排列方法

這種情況通常是主人夫婦就座於同一桌，男主人就座於第一主位，女主人就座於第二主位，主賓和主賓夫人分別在男女主人的右側就座。如果主賓的身分高於主人，為表示尊重，可安排其在第一主位上就座，而男主人坐在主賓的位次上，具體如圖 4.19 所示。

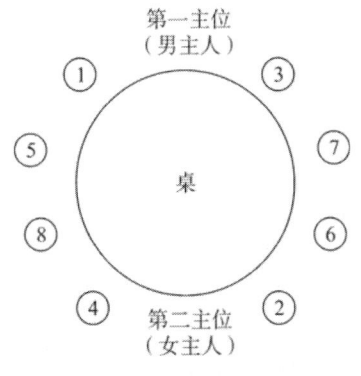

圖 4.19　每桌兩個主位的排列方法

3. 位次排列的基本原則

（1）單桌宴請。舉辦宴請的主人通常應面對正門而坐，位次排列的基本方法如圖4.20所示。

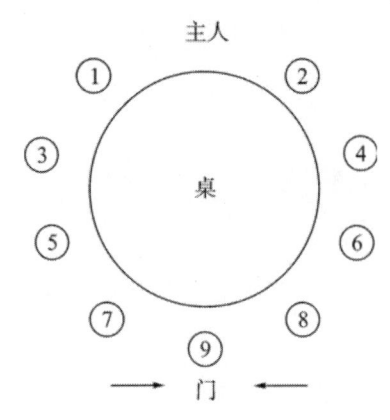

```
         主人
      ①      ②
   ③            ④
            桌
   ⑤            ⑥
      ⑦      ⑧
         ⑨
      ——→ 門 ←——
```

圖4.20 位次排列的基本方法

（2）多桌宴請。各桌之上均有一人代表主桌主人在座，也稱為各桌主人，其位置一般應與主桌主人同向而坐，有時也可以面向主桌主人而坐。

（3）距離定位。各桌上客人位次排列應根據其距離該桌主人的遠近而定，以近為上，以遠為下。

（4）以右為尊。各桌上，與該桌主人距離相同的位次講究以右為尊。

（5）最佳人數。每張餐桌上所安排的用餐人數以限制於10人之內為佳，並宜為雙數。

五、中餐的上菜順序

標準的中餐宴會，不論是何種風味，其上菜的順序基本相同。首先上冷盤，然後上熱菜，接著上主菜，隨後上點心和湯，最後上水果，如圖4.21所示。因此，宴會主辦方在點菜時要注意對菜品巧作搭配。

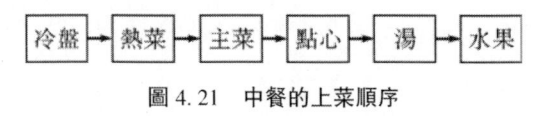

```
冷盤 → 熱菜 → 主菜 → 點心 → 湯 → 水果
```

圖4.21 中餐的上菜順序

其中：冷盤有單盤、雙拼、三拼、什錦、花色拼盤帶圍碟等；熱菜以速成菜居多，烹飪方法多採用煎、炒、烹、炸、爆等；主菜包括頭菜和熱葷菜，頭菜一般是名氣最大的菜肴，熱葷菜一般是山珍海味肉畜等；點心一般是糕、粉、團、面、餃子、包子、面條等；湯以清湯為佳，突出清淡鮮美、香醇爽口的特點。此外，湯應和點心搭配，講究甜湯配甜點、咸湯配咸點；水果宜用具有解膩、清腸、利口、潤喉等作用的果品，通常可選用西瓜、蘋果、梨等。

上菜時，如果由服務員給每個人上菜，首先按主賓、次賓、主人的順序，其次要按順時針方向依次進行。如果由個人取菜，每道熱菜應放在主賓前面，由主賓開始按

順時針方向一次取食，切不可迫不及待地越位取菜。

六、餐具的使用

餐具的使用是中餐與西餐最大的區別之一，下面主要介紹常用的中餐餐具的使用。

（一）筷子的使用

筷子是中餐的主要餐具。用筷子取菜，必須成雙使用。在中國幾千年的飲食文化中，用筷子形成了基本的餐桌禮儀，筷子對中餐的職能只是用來夾取食物的，使用筷子要謹記以下原則：忌敲筷、忌擲筷、忌插筷、忌揮筷、忌舞筷、忌舔筷等。

（二）勺子的使用

勺子分為取菜勺子和湯匙。

取菜勺子的主要作用是舀取菜肴、食物。盡量不要單用勺子取菜，應配合筷子使用，用筷子取食時，可以用勺子來輔助。

湯匙的主要作用是盛湯，盡量不要單用湯匙去取菜。暫且不用湯匙時，應置之於自己的食碟上。使用湯匙取用食物後應立即食用，不要把它再次倒回原處。食用湯匙裡盛放的食物時，盡量不要把湯匙塞入口中或反覆吮吸它。如果食物太燙，切忌用湯匙舀來舀去，也不要用嘴對著吹，可以先盛放到自己碗裡等涼了再吃。

（三）牙簽的使用

盡量不要當眾剔牙。非剔牙不可時，應用另一只手掩住口部。剔牙後，不要長時間叼著牙簽，剔牙後的牙簽更不可用來扎取食物。

（四）洗手巾和餐巾的使用

中式宴請中，一般會提供兩種毛巾，即濕巾和餐巾。

用餐前，服務人員一般要為客人送上一方熱的濕毛巾，這是供進餐者擦拭雙手用的。有時，在宴會結束前，會再提供一方濕毛巾，這是供進餐者擦拭嘴角用的。濕毛巾不可以用於洗臉、擦脖子、揩手背等；否則，也是失態的。

如果桌上設有餐巾，當主人示意用餐開始時，方可將餐巾全部打開或打開到對折為止，平攤到自己腿上。值得注意的是，將餐巾塞在領口或插在褲帶上的古典式做法早已不合時宜。

在正式宴會中，切忌用濕巾或餐巾擦拭餐具、酒具等物品，那是對主人的不信任、不尊重的行為。

（五）餐盤

餐盤分食碟和骨碟。食碟的主要作用是用來暫放從公共用的菜盤裡取來享用的菜肴的，一次不要取放過多的菜肴於食碟中，也不要把多種菜肴在食碟中堆放在一起。骨碟的作用是盛放不吃的殘渣，如果骨碟放滿了，可示意服務員進行更換。

125

七、中餐用餐禮儀

（一）座位的選擇

就餐前，要事先瞭解男女主人、其他男女陪客的位置，明白自己當天所扮演的角色。應讓年長者、位高者和女士優先入座。如鄰座是年長者或女士，應協助他們先坐下，同時應與同桌點頭致意。

（二）入座的方式

得體的方式是從左側入座，即以右手拉開椅子，從椅子左邊入座。

（三）良好的坐姿

坐在餐桌邊時，身體應保持挺直，兩腳並齊放在地板上。用餐時，上臂和背部不要靠到椅背，腹部和桌子保持約兩個拳頭的距離。吃東西時，手肘最好還是離開桌面。如果兩只胳膊「左右開弓」往外張開，會令兩邊的同席者感到不便。暫停用餐時，可把雙手放在桌面上，以手腕底部抵住桌子邊緣，也可以把手放在膝上，雙手保持靜止不動。

（四）菜肴的食用

(1) 客人入席後，應待主人舉杯示意開始時，客人才開始動手取用菜肴。

(2) 菜肴一上桌，應由主賓先取用。一般來說，無論上任何一道菜，如果主賓尚未動筷，其他人不宜率先取食。

(3) 取菜要文明，應等菜肴轉到自己的對面時再動筷子，一次取菜不宜取得過多。

(4) 取菜時應從盤子靠近或面對自己的盤邊夾起。距離自己較遠的菜可以請人幫助，不要起身甚至遠離座席去取。

(5) 為表示友好、熱情，彼此之間可以祝酒，但不要勸酒，可以讓菜、勸對方品嘗，但不要為他人夾菜。不要擅自做主，不論對方是否喜歡，都不要主動為其夾菜、添飯，讓人家為難。

(6) 對不合胃口的菜，勿顯露出難堪的表情。如果主人提醒你，取用你不喜歡的那道菜時，可婉轉地回答「我吃不下了」，不要生硬地拒絕。

（五）進餐的禮儀

(1) 用餐的時候，不要吃得搖頭擺腦、寬衣解帶、滿臉油汗、湯汁橫流、響聲大作。

(2) 賓客進餐的速度宜與男女主人同步，不宜太快，亦不宜太慢。

(3) 如果需要為別人倒茶倒酒，要記住「倒茶要淺，倒酒要滿」的禮儀規則。

(4) 如不慎將酒、水、湯汁濺到他人衣服上，表示歉意即可。

(5) 席間不宜抽菸，如需抽菸，必須先徵得鄰座的同意。

(6) 在用餐的過程中，要盡量自己添加食物。如有長輩，盡可能主動給長輩添飯。遇到長輩給自己添飯時要道謝。

（7）進餐時要閉嘴咀嚼、細嚼慢咽，嘴裡不要發出聲音，口含食物時最好不與別人交談。

（8）吐出的骨頭、魚刺、菜渣要用筷子或手取出來，不能直接吐到桌面或地面上。如果要咳嗽、打噴嚏，要用手或手帕捂住嘴，並把頭向後方轉。吃飯嚼到沙粒或嗓子裡有痰時，要離開餐桌去吐掉。

（9）如果宴會沒有結束，但自己用餐完畢，不要隨意離席。要等主人和主賓餐畢先起身離席，其他的客人才能依次離席。

（10）在餐廳進餐，如果是做客，不能搶著付帳；未徵得朋友的同意，亦不宜代其付帳。

【實訓設計】

實訓技能一　中餐鋪臺

一、實訓內容

中餐鋪臺的技能訓練。

二、實訓前的準備

（1）實訓場地的準備：多媒體實訓室一間。

（2）設備及材料的準備：10人餐桌、餐椅、臺布、轉盤等。

三、實訓步驟

（1）準備一間多媒體實訓室，教師講解中餐鋪臺的理論知識，播放不同鋪臺方法的相關視頻，使學生對鋪臺技能和方法有基礎性的瞭解。

（2）學生以6~10人為一個單位，進行分組，選出組長，在組長的帶領下，學生按照之前講解的知識，練習不同方式的鋪臺技能。

（3）教師糾正錯誤，並示範和講解正確的方法。

（4）教師考核並指出存在問題，小組成員討論總結。

四、實訓（練習）方法

1. 撒網法

（1）拉臺布：正身站於主人位，雙手將臺布向餐位兩側拉開。

（2）攏臺布：雙手拇指和食指捏住臺布，另三指收攏臺布在身前，右臂微抬。

（3）撒臺布：腰向左轉或右轉，手臂隨腰部轉動並向側方向揮動，雙手除捏握臺布邊角的拇指和食指，其他手指鬆開。

（4）臺布定位：臺布下落時，拇指和食指捏住臺布邊角，調整臺布落定的位置。

（5）放轉盤：把轉盤放在轉軸上，轉軸處在桌子正中心，用手測試一下轉盤是否正常。

2. 波浪法

（1）拉臺布：正身站於主人位，雙手將臺布向餐位兩側拉開。

（2）攏臺布：雙手拇指和食指捏住臺布，雙手收攏於身前，身體朝前微彎。（3）推臺布：雙手把臺布沿桌面迅速用力推出，食指捏住臺布邊角不要鬆開。

（4）臺布定位：臺布展開時，緩緩把臺布拉至桌子邊沿，靠近身體處，調整臺布落定的位置。

（5）放轉盤：把轉盤放在轉軸上，轉軸處在桌子正中心，用手測試一下轉盤是否正常。

五、注意事項

（1）鋪臺布時，臺布不能接觸地面。

（2）臺布中間折紋的交叉點應正好在餐臺的中心處，臺布的正面朝上。

（3）中心線直對正、副主人席位，四角呈直線下垂狀，下垂部分距地面距離相等。

（4）鋪好的臺布應為平整無皺紋。

（5）鋪好臺布後，應將拉出的餐椅送回原位。

（6）所有操作必須從主賓位起按順時針方向進行（鋪設臺裙、臺布在副主人位）。

實訓技能二　中餐擺臺

一、實訓內容

中餐擺臺方法和規則訓練。

二、實訓前的準備

（1）實訓場地的準備：多媒體實訓室一間。

（2）設備及材料的準備：①餐臺、圓桌面、餐椅（10把）、工作臺。②規格臺布。③桌裙或裝飾布。④餐巾（10塊）。⑤花瓶、花籃或其他裝飾物（1個）。⑥餐碟、味碟、湯勺、口湯碗、長柄勺、瓷勺、筷子、筷架（各10套）。⑦水杯、葡萄酒杯、白酒杯（各10個）。⑧牙籤（10套）。⑨菜單（2個或10個）。⑩公用餐具（筷子、筷架、湯勺各2套）。⑪防滑托盤（2個）。⑫桌牌號。

三、實訓步驟

（1）準備一間多媒體實訓室，教師講解中餐擺臺的理論知識，播放相關視頻，使學生對擺臺技能和注意事項有基本的瞭解。

（2）學生以6~10人為一個單位，進行分組，選出組長，在組長的帶領下，學生按照之前講解的知識，練習中餐擺臺技能。

（3）教師糾正錯誤，並示範和講解正確的方法。

（4）教師考核並指出存在的問題，小組成員討論總結。

四、實訓（練習）方法

1. 擺臺的順序（重點）

將餐具放在墊有巾布的托盤內，用左手將托盤托起（胸前托法）。在擺放以上物品時，可以用托盤分6次托擺。第一托：餐碟10個。第二托：勺墊10個、湯勺10把、瓷勺10把、長柄勺10把、味碟10個、筷子架10個、筷子10雙。第三托：葡萄酒杯、白酒杯各10個。第四托：水杯10個（已插放好折疊成形的餐巾花）。第五托：菸灰缸（要單獨一托）。第六托：花瓶、桌牌號。

2. 餐、酒用具擺放的規則

（1）擺定位（骨）碟。將餐具碼好放在墊好餐巾的托盤內（托盤應防滑，也可以

墊餐巾），左手端托盤，右手擺放。從正主人位開始按照順時針方向依次擺放。碟與碟之間距離相等，碟距桌邊1~2厘米（視餐臺尺寸）。正、副主人位的骨碟應擺放於臺布凸線的中心位置。餐盤中心穿過轉盤中心線兩兩對稱。定位碟的擺放決定了所擺臺面是否整齊、美觀、雅致。

（2）擺勺墊、瓷勺和湯勺、味碟。勺墊擺在骨碟的正前方。勺墊邊沿距骨碟邊沿1厘米，勺墊的中心置於骨碟的中心線上。瓷勺擺在勺墊的中央，勺柄朝右。有時也將味碟位於餐碟正上方，相距1厘米。湯勺置於湯碗中，湯勺勺柄朝左，湯碗擺放在味碟左側1厘米處，與味碟在一條直線上，湯勺放置於湯碗中，勺把朝左，與餐碟平行。

（3）擺筷架和筷子、長柄勺、牙簽。筷架應放在骨碟的右側，與勺墊或味碟的橫向中心為一條線，注意造型、圖案。如果是動物造型，頭應朝左擺放。筷子放在筷架上，筷子圖案或字要朝上對正（筷子套同樣），筷子末端距離桌邊1厘米，筷身距勺柄末端1厘米，或距離骨碟1厘米，或距長柄勺1厘米。如果有使用雙體筷架和長柄勺，長柄勺擱擺在筷架上，長柄勺距餐碟3厘米。如果有分裝的牙簽，則牙簽位於長柄勺和筷子之間，牙簽套正面朝上，底部與長柄勺齊平。

（4）擺酒具。葡萄酒杯杯柱應對正骨碟中心，葡萄酒杯底托邊距勺墊邊1厘米，或距湯碗的邊沿1厘米；白酒杯擺在葡萄酒杯的右側，杯口與杯口相距1厘米。酒具的花紋要對正客人。擺放時，酒杯應扣放或直放於托盤內。操作時，手取拿酒杯的杯座處，不能觸碰杯口部位。

（5）擺公用碟、公用勺、公用筷。公用碟應放置在正、副主人席位的正前方，碟邊距葡萄酒杯底托2厘米。碟內分別橫放公用勺和公用筷，筷子放在靠桌心一側，勺放在靠近客人一側。勺柄朝左，筷柄向右，成為對稱形，勺與筷中間間距1厘米，筷子離公用碟部分兩端相等。10人以下擺放2套公用餐具，12人以上應擺放4套，其中另外兩套擺在臺布的十字線兩端，應呈十字形。如果客人人數少，餐桌較小時，可在正、副主人位置餐具前擺放公用筷架及筷子即可。

（6）擺牙簽盅。牙簽盅應擺在公用碟的右側，右不超出筷柄末端，前不超出碟邊外切線。

（7）擺放水杯及餐巾。將疊好的餐巾折花插入水杯中，擺放於葡萄酒杯的左側，3套杯的中心應橫向成為一條直線，水杯的上口距葡萄酒杯的上口1厘米。將餐巾折花的觀賞面朝向客人。

（8）擺放菸灰缸從正主人席位右側開始，每隔2個座位擺放一個，菸灰缸前端應在水杯的外切線上，架菸孔要朝向兩側的客人。

（9）拉椅。從第一主人位開始按順時針方向依次擺放，餐椅椅座邊沿剛好靠近下垂臺布為準，椅邊與桌間距1厘米。餐椅之間距離均等。拉椅聲音要小，從主賓位開始，按照順時針方向依次拉椅。（有的操作是在鋪好臺布後，先把餐椅拉好，從餐椅的右側進行擺放）

（10）擺菜單。一般10人以下擺放兩張菜單，擺放於正、副主人位的左側。平放時菜單底部距桌邊1厘米，立放時菜單開口處分別朝向正、副主人，菜單邊緣距桌邊1厘米。12人以上應擺放四張菜單，並呈「十」字形擺放。（同公用筷勺的擺放）

129

（11）擺花瓶。花瓶放於餐臺中心，正面朝向餐廳門。

（12）宴會應擺放臺號。臺號一般擺放在每張餐臺的下首，臺號朝向宴會廳的入口處，使客人一進餐廳便能看到。（大型宴會，還要擺放容易辨認的、引導性的臺牌）

（13）擺座位牌。正式宴會的主桌、大型宴會的餐桌，要擺放座位牌。一般選用雙面座位牌，放置於酒具外1厘米處。如果是單面座位牌，座位牌要正面對著餐桌中心。

五、注意事項

（1）擺臺效果要求：臺面各種餐具、用具擺放整齊一致，佈局合理、美觀，間距均等，擺放位置準確，花紋圖案對正，臺面用具潔淨、無破損。

（2）擺放餐具從主人位開始，按順時針順序擺放。

（3）裝盤及用具擺放時注意手法、清潔、衛生。

（4）輕拿輕放，注意安全。

情景模擬與角色扮演

一、實訓內容

遠翔公司要接待一批來公司接洽業務的客戶，公司總經理楊先生用中餐招待。假如你是楊先生，應注意哪些用餐禮儀？

二、實訓步驟

（1）教師介紹本次實訓內容和實訓情景。

（2）教師示範講解中餐位次的排列、桌次的排列、上菜順序、餐具的使用、用餐舉止等方面的規則和技巧及應注意的事項。

（3）根據模擬活動情景分組，把全班同學分成每組7人，扮演7個角色。

（4）確定模擬活動情景角色。

① 遠翔公司總經理——楊先生。

② 甲公司總經理——年長的汪先生。

③ 乙公司副總經理——年長的王女士。

④ 丙公司行銷部經理——年輕的黃小姐。

⑤ 丁公司市場部經理——中年的楊先生。

⑥ 遠翔公司行銷部經理——何先生。

⑦ 遠翔公司業務員——小柯。

（5）全組討論本組角色位次排列。

（6）中餐宴請訓練。

① 抽籤排序，一組一組進行。

② 一組模擬時，其他組觀摩並指出問題。

（7）教師考核。

（8）師生點評。

三、任務考核

教師負責考核。考核評分標準如表4.1所示。

表 4.1　　　　　　　　　中式宴請禮儀考核評分標準

組別_____　　姓名_____　　時間_____

評價項目與內容		應得分	扣分	實得分
準備工作	角色定位及時，模擬出場迅速	5		
	實訓過程協調良好	5		
基本知識掌握	熟悉中餐宴請基本知識及要求	10		
神態舉止	座位的選擇	10		
	入座的方式	5		
	良好的坐姿	5		
	菜肴食用	10		
	進餐的風度	10		
	餐具的使用	10		
觀摩討論	觀摩認真	5		
	積極討論	5		
實訓筆記	按規定時間上交	5		
	字跡清楚、填寫規範、內容詳盡完整	5		
	實訓分析總結正確	5		
	能提出合理化建議及創新見解	5		
合計		100		

考評教師（簽名）：

任務 2　西餐宴請禮儀

【案例導入】

　　小李的公司與英國的公司簽訂了某項合作協議。小李代表公司邀請英國公司來的團隊到一個環境優雅的西餐廳用餐。食物非常美味，也十分合英國團隊心意，在用餐過程中，雙方聊得非常投緣。聊到興奮處，小李拿著刀叉眉飛色舞地給英國團隊講述自己的見聞，但他突然發現同桌的英國團隊和旁桌用餐的其他客人都用奇怪的眼神看著他，小李這才意識到自己的舉止十分不雅，連忙將刀口向內、叉齒向上地將刀叉放在餐盤中，尷尬地坐著。沒過多久，服務員就將他的餐具收走了，他一臉茫然地看向服務員。

　　思考：

　　1. 小李在西式宴請中犯了哪些錯誤？
　　2. 西式宴請中有哪些用餐禮儀？

【任務目標】

通過實訓，學生應掌握西餐宴請的主客位次排序；掌握西餐餐具的類別與使用；掌握西餐的點菜、上菜及餐酒搭配等餐桌禮儀。

【理論知識】

一、西餐宴請禮儀概述

近幾年來，西式餐廳在中國發展迅速，西式宴請也成為商務宴請的熱門用餐方式。西餐是對西式飯菜的一種約定俗成的統稱。西餐源於西方國家，是我們對歐美地區菜肴的統稱，大致可分為以英、法、德、意為代表的「西歐式」，也稱「歐式」和以蘇聯為代表的「東歐式」，又稱「俄式」。

西餐菜肴的主要特點是主料突出，形色兼具，口味鮮美，營養豐富。在西餐廳用餐很大程度上講究的是吃出情調：大理石的壁爐、熠熠閃光的水晶燈、銀色的燭臺、繽紛的美酒，再加上優雅迷人的舉止，這本身就是一幅動人的油畫，也體現了一種西方文化。為了能在初嘗西餐時舉止更加嫻熟，熟悉西餐進餐禮儀是非常有必要的。

西餐宴請作為一種禮儀性的社交活動，為了能取得預期效果，組織者在宴請前必須要做好充分的準備工作，制訂詳細周密的宴請計劃。它包括確定宴請的目的、名義、對象、範圍、形式和規格；宴請時間和地點的擬定，宴請時間應方便主客雙方，地點要求交通便利、乾淨衛生、環境優雅，其餘可按活動性質、規模大小及實際可能選定；還要安排好宴會中的具體事項，包括發邀請函或請柬、確定宴會菜單、席位安排等。宴請活動一般均需先發邀請函或請柬。這既是禮貌，亦對客人起提醒、備忘的作用。除了宴請臨時來訪人員，時間緊促的情況以外，宴會請柬一般應在二三周前發出，至少亦應提前一週，太晚了不禮貌。有的人甚至因此拒不應邀。已經口頭約妥的活動，仍應補送請柬，在請柬右上方或下方註上「to remind」（備忘）字樣。國際上通常做法，如邀請夫婦二人，可只合發一張請柬。確定菜單時要既考慮宴會上的菜肴精致可口，適合於來賓的口味，還要尊重客人的宗教習慣。賞心悅目、色香味俱全的菜肴，往往能讓客人體會到主人熱誠待客的心意，留下久而難忘的印象。

二、西餐宴請席位與排列

正式宴會一般均排席位，也可只排部分客人的席位，其他人只排桌次或自由入座。

無論採用哪種做法，都要在入席前通知到每一個出席者，使大家心中有數，現場還要有人引導。大型的宴會，最好是排席位，以免混亂。

（一）席位排列的基本原則

在西餐宴請中，席位排列的主要問題是位次的排列，需要考慮以下幾條原則：

（1）女士優先：女主人——主位，男主人——第二主位。

（2）恭敬主賓：男女主賓分別緊靠女主人和男主人。

（3）以右為尊：男主賓坐於女主人右側，女主賓坐於男主人右側。

（4）面門為上：面對門口者高於背對門口者。
（5）距離定位：距離主位越近，地位越高。
（6）交叉排列：男女交叉安排座位，生人、熟人交叉安排座位。

（二）位次排列的具體方法

西餐用餐時採用的餐桌有長桌、方桌和圓桌。但西餐中最常見、最正規的當屬長桌。

1. 長桌

以長桌排位中，一般有長桌兩端坐人或者不坐人兩種方法。

第一，男女主人在長桌中央對面而坐，餐桌兩端坐人不坐人皆可，如圖 4.22 所示。

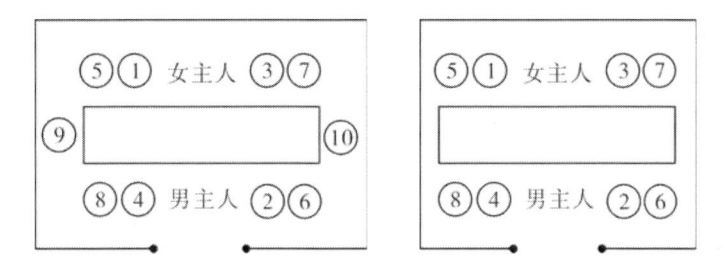

圖 4.22　男女主人居中而坐的位次排列

第二，男女主人分別就座於長桌兩端，如圖 4.23 所示。

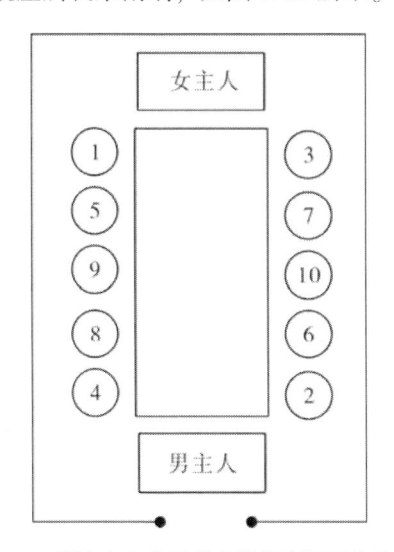

圖 4.23　男女主人分別就座於長桌兩端為此排列

某些時候，如用餐者人數較多時，還可以參照以上辦法，以長桌拼成其他圖案，以便安排大家一道用餐。

2. 方桌

以方桌排列位次時，就座於方桌四面的人數應當相等。在一般情況下，一桌八人，

每側各坐兩人，並應使男、女主賓對面而坐，所有人均各自與自己的戀人或配偶坐成斜對角，如圖 4.24 所示。

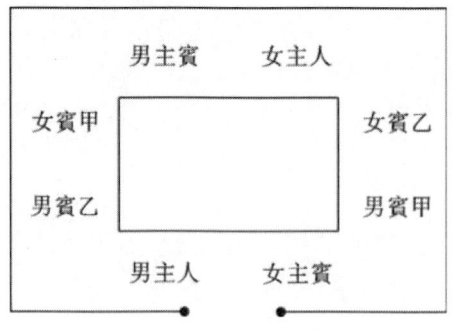

```
           男主賓      女主人
    ┌─────────────────────┐
女賓甲│                     │女賓乙
    │                     │
男賓乙│                     │男賓甲
    └─────────────────────┘
           男主人      女主賓
```

圖 4.24　方桌的位次排列

3. 圓桌

在西餐中採用圓桌比較少見，僅列出位次排列以供參考，如圖 4.25 所示。

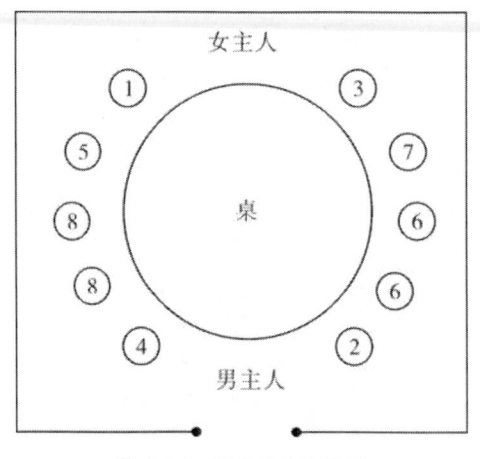

```
              女主人
         ①          ③
      ⑤                ⑦
     ⑧        桌       ⑥
      ⑧                ⑥
         ④          ②
              男主人
```

圖 4.25　圓桌的位次排列

（三）西餐桌次的排列

主桌排定之後，其余桌次近者為高，遠者為低，右桌為高，左桌為低，如圖 4.26 和圖 4.27 所示。

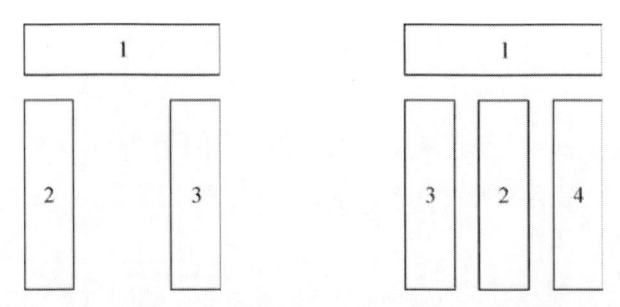

```
    ┌─────┐              ┌─────┐
    │  1  │              │  1  │
    └─────┘              └─────┘
  ┌──┐ ┌──┐           ┌──┐┌──┐┌──┐
  │2 │ │3 │           │3 ││2 ││4 │
  └──┘ └──┘           └──┘└──┘└──┘
```

圖 4.26　三張餐桌的桌次排列　　圖 4.27　四張餐桌的桌次排列

三、西餐的上菜順序

頭盤 → 面包 → 湯 → 主菜 → 點心 → 甜品 → 果品 → 熱飲或餐後酒

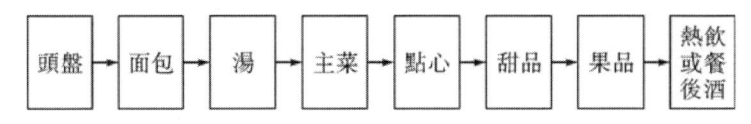

圖 4.28　西餐上菜順序

如圖 4.28 所示，西餐的上菜順序包括頭盤、麵包、湯、主菜、點心、甜點、果品及熱飲或餐後酒。中國人則是先吃熱菜後喝湯。

（1）頭盤也稱開胃菜，在西餐中充當「前奏曲」的角色一般有冷盤和熱盤兩種。常見的品種有魚子醬、熏鮭魚、雞尾酒、沙拉、什錦冷盤等。

（2）麵包主要是切片麵包或現烤的小麵包，可根據個人喜好，塗抹適量果醬、黃油、奶酪等。

（3）西餐的湯菜一般有清湯、濃湯和其他特製湯。常見的湯品有：美式蛤蜊湯、意式蔬菜湯、俄式羅宋湯、法式蔥頭湯、牛尾清湯、奶油湯和海鮮湯等。

（4）西餐中的主菜一般要上兩個熱菜和一個冷菜。熱菜通常為肉類、禽類或海鮮。熱菜中較有代表性的是牛肉或牛排，常配的調味汁有蘑菇汁、西班牙汁、濃燒汁、白尼絲汁等。禽類最常見的是雞，可炸、烤、煮，常配的調味汁有咖喱汁、奶油汁等。冷菜通常是沙拉，常見的是蔬菜沙拉或水果沙拉。

（5）點心主要有蛋糕、餅干、吐司、鮮餅、三明治等。

（6）甜品較常見的有冰淇淋、奶酪等。

（7）常見的果品分為干果和鮮果兩類。常見的干果有核桃、腰果、杏仁、開心果等；常見的鮮果有草莓、菠蘿、蘋果、西瓜等。

（8）熱飲或餐後酒是西餐的最後一道菜，一般在西餐結束前提供，最正規的熱飲是咖啡、紅茶，也可選餐後酒。

四、西餐中幾種食物的進食方法

西餐中，不同的菜式進食方法不同，下面介紹幾種常見的西餐食物的進食方法。

（一）麵包

西餐就餐前要洗淨手。一般來說，如果是軟麵包，可以直接用手將麵包用手撕碎放入口中，也可用刀切下再吃；如果是硬麵包，宜用刀切下再吃。用手邊撕邊吃時，若還需塗抹調料，正確的方法是，左手拿麵包，右手撕一小塊，然後把大麵包放在左手的麵包盤內，用左手拿著小麵包，右手持牛油刀或餐刀塗抹黃油到麵包上再吃。食用過程中，不能用嘴直接咬，或者用刀叉剝食，並且防止麵包碎片跌落在餐桌上。

（二）主菜

西餐的主菜通常是肉類，肉類一般較為大塊，需用刀切割，切的大小以剛好一口吃完為宜，可以一邊切一邊吃，也可以全部切好再吃。吃有骨頭的肉，不要直接動手，

135

要用叉子把整片肉固定住，再用刀沿骨頭插入，把肉切開，邊切邊吃。吃魚時，不要把魚翻身，吃完上層後用刀叉剃掉魚骨再吃下層。如果骨頭很小，可以用叉子把它放在嘴裡，在嘴裡把肉和骨頭分開後再用餐巾蓋住嘴，把骨頭吐到叉子上，然後放到碟子裡。如果使用需要直接動手的肉，洗手水通常會與肉一同端上來。一定要時常用餐巾擦拭手和嘴。

（三）湯

用湯匙從內往外舀，不可將熱湯端起來喝，也不能吸著喝。喝湯時不能舔嘴唇，或咂嘴發出聲音。即使湯菜再熱，也不要用嘴吹，應用湯匙由後向前將湯舀起，湯匙的底部放在下唇的位置，然後將湯送入口中。碗裡的湯剩下不多時，可用手將碗略抬高。吃完後，將湯匙留在湯盤裡，湯匙指向自己。

（四）面條

西餐就餐中，由於使用的餐具不同，面條的食用方法也與中餐面條的食用方法截然不同，正確的做法是用叉子將面條卷妥再食用。

（五）咖啡與茶

1. 咖啡

喝咖啡是西餐最具情調的用餐禮儀之一，應用食指和大拇指端起杯子輕輕喝。可根據需要在咖啡中添加牛奶和糖，然後用勺子攪勻，隨後將勺子放在咖啡杯的杯墊上。

2. 茶

西餐中飲茶文化已被多元茶文化滲透，不同的茶也有不同的禮儀。例如，中國的綠茶、薄荷茶不加任何東西；印度茶、黑茶或英國紅茶可加少量的奶和糖；喝紅茶或奶茶時，不要用茶匙舀茶，更不要將茶匙插放在茶杯中。

五、西餐用餐禮儀

（一）西餐進餐守則

1. 按時赴約

一般來說，宜略早到達；客人若身分較高，可以稍晚些到達；若因特殊情況無法出席時，應盡早向主人解釋道歉。

2. 禮貌入席

西餐入席是比較講究的。西餐開始前，首先入席的是主人夫婦與主賓夫婦，依次為其他賓客和陪同人員。注意從椅子左側入席，若鄰座客人中有長者或者女士，年輕人或男士要提前幫鄰座的長者或女士拉開座椅，再落座。

3. 舉止文雅

西式宴請中，用餐時要注意舉止文雅，體現出自身風度。

坐相、吃相文雅：應從椅子左側站起或坐下，並使身體與餐桌保持兩拳左右的距離。坐下時，應往後將背伸直坐下，使腰的一部分與椅背輕輕接觸。上身要呈挺拔之

態，雙手應扶住桌沿。用餐時一定要保持環境衛生，並注意個人衛生，不要把餐盤、餐桌和地面弄得亂七八糟。

進食勿出聲響：用餐時盡量不要發出聲來，飲湯時尤其需要注意。進餐時不可大聲喧嘩，也不要大聲招呼服務生，可面向其稍微將手抬高示意一下，不影響他人進餐。就座、用餐時，不要把座椅、餐桌、餐具弄出怪異聲音。

4. 尊重女士

中餐講究尊重長者，而西餐講究尊重女士，特別是女主人。賓客到達宴會地點後，男女主人會在那裡恭迎。賓客應先和女主人握手後再與男主人握手。男性戴手套時，必須事先脫下，女性則不用如此。

排座位時，女主人坐在主位，男主人坐第二主位。入座後，所有賓客都以女主人為中心，當女主人將餐巾鋪開後，方可宣布就餐開始。

如偶有遲到的客人入座，當女主人從座位上站起來迎接、招呼時，席上的男賓也應陪同站起來。

每上一道菜，需經女主人招呼，才能開始進食。如果女主人問客人是否願意再添一點菜，客人應表示欣賞女主人做的菜。當女主人請客人再吃一些時，無論是否願意再吃，客人都要向其表示謝意。

女主人要一直陪著吃得最慢的客人。一個關心別人的客人不會吃得太快，也不會吃得太慢。

客人在女主人表示宴會結束之前離席是不禮貌的，必須離席的話，應請女主人原諒。當女主人表示宴會已經結束時，應立即從座位上起立。

男賓還有照顧女賓的義務，如入席時，男賓應替身邊的女賓移開座位，讓她入座，自己再坐下；進餐時，也應隨時照顧。在女賓起立後，男賓應幫助她們把椅子歸回原處。當然，女賓接受服務後，應向男賓表示感謝。

5. 衣著得體

如參加較為正式的西式宴請，赴宴前，應注意儀表整潔，穿戴大方，忌穿工作服。如果指定穿正式的服裝的話，男士必須打領帶；女士要穿晚禮服或套裝和有跟的鞋子，因為餐廳內的光線較暗，女士化妝可稍濃。

6. 積極交際

賓客參加西餐宴會時，用餐前，要與主人、主賓問候，要與鄰座的客人交際，但應避免大聲談笑，用餐中需要交談時，切勿喧嘩，若鄰座有與自己不相識的人，可以主動自我介紹。此外，要想與自己希望結識的人交際，可以請人引薦，這是結識新朋友的一種有效手段。

(二) 西餐餐具使用

西餐較為注重餐具的使用。西餐餐具主要由刀叉等組成。刀叉均有不同的用途，甚至尺寸都是不同的。西餐中常見的餐具如圖4.29所示。

137

圖 4.29　西餐中常見的餐具

備註：1. 奶油碟和奶油刀　2. 甜點匙　3. 飲料杯　4. 沙拉盤　5. 餐巾　6. 沙拉叉
　　　7. 主菜叉　8. 主菜盤　9. 主菜刀　10. 湯匙　11. 茶（咖啡）杯、碟和茶匙

1. 刀叉的使用

主要原則：右手持刀，左手拿叉。

餐刀的正確持法：右手持刀，拇指抵刀柄一側，食指按於刀柄上，其餘三指彎曲握住刀柄。不用餐刀時，應將其橫放在盤子的右上方。用刀的時候，刀刃不可以朝外。

叉子的正確用法：若叉子不與刀並用時，右手持叉取食，叉齒向下。

刀叉的配套用法：刀叉並用時，左手持叉，右手持刀，叉齒向下叉取肉。切東西時，左手拿叉按住食物，右手拿刀將食物切成小塊，用叉子往嘴裡送。刀叉的正確用法如圖 4.30 所示。

圖 4.30　刀叉的用法

在使用刀叉時要注意以下幾點：

（1）切食物時，應用左手拿叉按住食物，右手拿刀將食物切成小塊。

（2）美式吃法通常先將食物全部切成小塊，再換右手拿叉子慢慢吃；英式吃法是邊切邊吃。如果吃的是多汁的菜肴，肉汁容易濺起，最好是邊切邊吃。

（3）正規的西餐宴會，講究吃一道菜換一副刀叉。一般有吃黃油用的黃油餐刀、

吃魚用的刀叉、吃肉用的刀叉、吃甜品用的甜點叉等。

（4）黃油餐刀一般橫放在左側餐叉前方的麵包盤上，其他刀叉則是在餐盤左右，並且右刀左叉。使用的時候，依次由兩邊的外側向內側取用。

（5）甜點叉最後使用，一般在餐盤的正上方橫放點心刀和甜點叉，且刀把朝右，叉把朝左，如圖4.31所示。

圖4.31　刀叉的區別

刀叉的暗示主要有兩點，一是暫停用餐，二是用餐完畢。

暫停用餐：刀右叉左，刀口向內、叉齒向下，呈「人」字形擺放在餐盤之上。它的含義是此菜尚未用必，如圖4.32所示。

用餐完畢：刀上叉下地並排橫向放在餐盤裡，並且握把皆向右，刀叉放在餐具中央到4點鐘的方向。它的含義是服務人員可以連刀叉帶餐盤一塊收掉，如圖4.33所示。

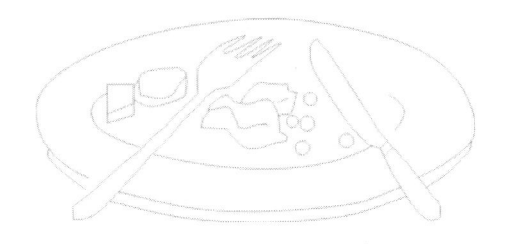

圖4.32　暫停用餐圖　　　　圖4.33　用餐完畢

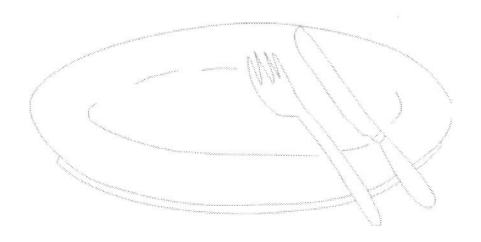

2. 餐匙的使用

餐匙也叫調羹，是西餐中不可或缺的餐具。西餐餐匙的使用方法與中餐大致相同，按照形狀和用途的不同，主要分為湯匙、甜品匙和茶匙三種。在用途上，三者不可相互替代，也不可用來舀取其他主食、菜肴。湯匙個頭兒較大，通常縱放於用餐者右側最外端，有的也會放在蔬菜刀與魚刀之間，用於喝湯；甜品匙個頭兒較小，一般橫放於吃甜品用的刀叉的正上方，用於吃甜品。若不上甜品，則此位置被同樣較小的茶匙代替。茶匙只起攪拌作用，不能以之舀取紅茶飲用。在使用餐匙時有三點要注意：一是不能用甜品匙和湯匙取用主食或其他菜肴；二是使用餐匙時，一次不要取太滿，以免湯汁溢出；三是已使用過的餐匙不要放回原處，也不要讓其直立於湯盤或紅茶杯中，更不可把其插入主食和菜肴中，應放在餐盤上，表示已使用過。具體如圖4.34所示。

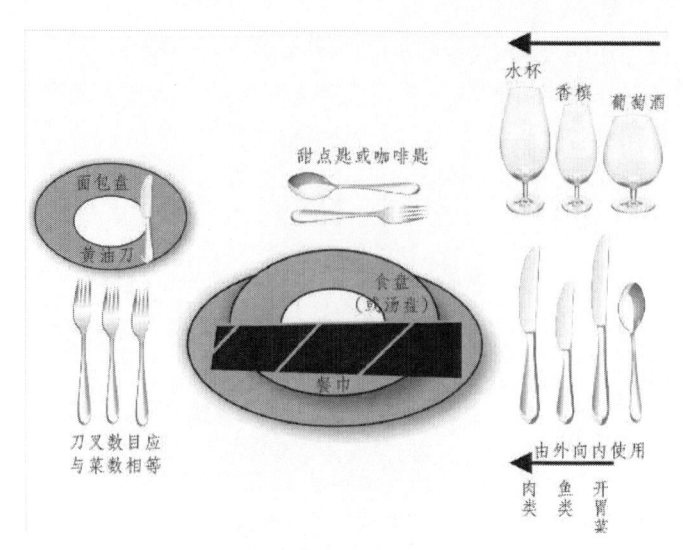

圖 4.34　餐匙的使用

3. 餐巾的使用

餐巾的用途，主要是擦拭口部、服裝保潔、掩口遮羞和進行暗示。

餐巾的鋪放：在用餐開始前，餐巾會整齊地擺放在餐盤內，落座後才將餐巾對折後平鋪在自己並攏的大腿上。最好用雙手打開餐巾，並將其折放的過程悄然地在桌下完成，切勿將餐巾抖開，吸引他人注意，也不能將餐巾圍在脖子上或塞在口袋裡。用餐完畢，將餐巾折疊好放在桌子上方可離席。

餐巾的暗示：女主人鋪開餐巾，暗示用餐開始。女主人把餐巾放在桌子上，暗示用餐結束。暗示暫時離開，最標準的做法是將餐巾折疊好放在椅面上。此舉表示一個含義，占地兒。它就等於告訴在場的其他人，尤其是服務生，座位上的人到外面有點事，回來還要繼續吃。切勿將餐巾揉成一團放在桌子上。

六、西餐飲酒禮儀

（一）致祝酒辭

正式宴會中，一般均有祝詞，但安排的時間不盡一致。有時才入席，雙方即講話祝詞；也可在熱菜之後甜食之前，由主人祝詞，接著由客人致答詞。祝辭時，服務人員要停止一切活動，參加宴會的人員均暫停飲食，專心聆聽，以示尊重。冷餐會和祝酒會的講話時間則更顯靈活。

致辭畢，則祝酒。故在致辭行將結束時，服務人員要迅速把酒添足，供主人和主賓等祝酒用。

（二）飲酒的基本原則

1. 主人禮儀

（1）倒酒。在較為正式的西式宴會上，服務員打開酒後，首先由主人試酒，感覺酒符合要求時，向服務員致意，再根據客人的重要程度依次倒酒。為表敬意，順序是

先給主賓倒酒，再給其他客人倒酒。如果酒比較名貴，可以先給客人看酒的標籤、年份，並做簡要介紹，給席上瞭解酒的客人添個話題。

（2）斟酒。斟酒前，準備好酒杯，並放在餐桌上。斟酒時，酒瓶不要碰到酒杯口，倒酒時一般以五分到八分滿為宜，切勿倒滿酒杯。

（3）敬酒。無論在中式宴請或者西式宴請中，敬酒都是一門學問，敬酒者要注意觀察客人年齡大小、職位高低、賓主身分，給尊者、長者優先敬酒，並使用一些恰當的祝酒辭。正式宴會開始時，主人需舉起酒杯敬酒，正確的姿勢是，上身要筆挺，雙腿站穩，雙手舉起酒杯，待客人先飲，自己再飲。如有客人敬酒時，要表現得恭敬，並與客人碰杯。

（4）喝酒。淺酌即可，切勿先干為敬。

（5）勸酒。勸酒有度，但切勿強人所難，特別注意不要強迫不會喝酒或不宜喝酒的客人喝酒，如年長者、女士、孩童等。

（6）酒杯準備。飲用不同的酒需準備不同的杯子。西式宴請中常見的酒杯配酒如圖4.35所示。

2. 賓客禮儀

（1）敬酒。主人敬酒後，賓客方可開始敬酒，主人尚未敬酒時，客人切勿喧賓奪主先敬酒。第一次敬酒要從主人開始，其次向女士、長輩或領導敬酒，其他客人以由近而遠的順序敬酒。有人敬酒時，若不能離席，距離較近者，可舉杯輕碰；距離較遠者，可以點頭、舉杯致意。

（2）喝酒。淺酌即可，切勿先干為敬、邊吃邊喝。正確的姿勢是先搖動酒杯，再傾斜斟酒，將酒慢慢送入口中。

（3）勸酒。勸酒有度，但切勿強人所難。

（4）交談。應主動與在座賓客交談，尤其是鄰座賓客。還可以使用祝酒詞來增加氣氛。

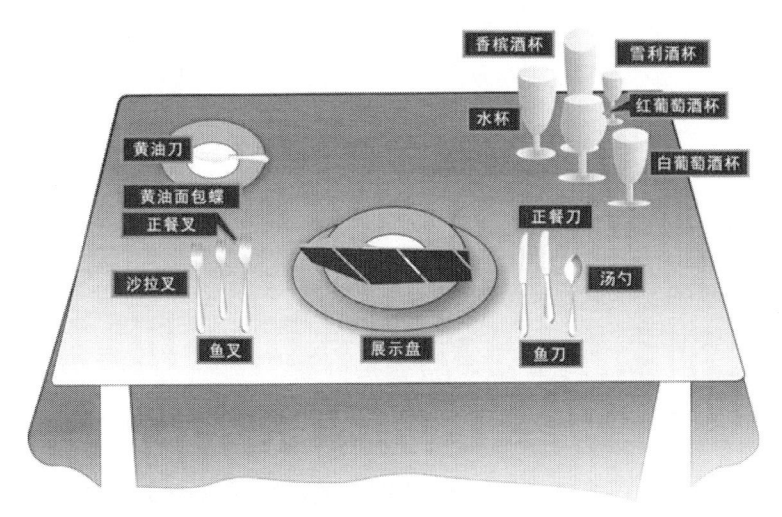

圖4.35　西式宴請中常見的酒杯

（三）上酒流程

西餐的特點是令人在用餐的同時，享受一種優雅、浪漫和溫馨。酒是一種能夠營造浪漫氛圍的特殊飲品，所以酒在西餐中有著特殊的地位，不僅種類多，而且各有各的配菜，各有各的喝法。

西餐中酒的種類有：餐前酒、佐餐酒、甜點酒、餐後酒。西餐對酒的功能和種類的研究源遠流長，也十分講究。一個完整的西餐流程，其酒水分類也不同，具體而言，如圖4.36所示。

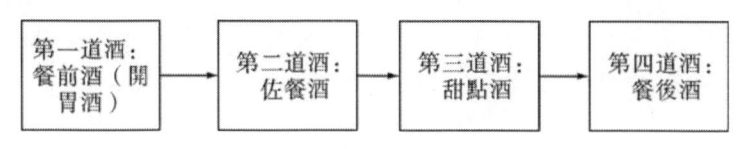

圖4.36 西式宴請上酒流程

1. 第一道酒：餐前酒

餐前酒也稱開胃酒，大約在餐前30分鐘時飲用，或在吃開胃菜時與之配合飲用。目的是增添氣氛，但不宜喝太多，否則會影響食欲。在一般情況下，人們喜歡在餐前飲用的酒有香檳、雞尾酒、味美思等。開胃酒飲完，正餐方可開始。

2. 第二道酒：佐餐酒

佐餐酒也稱餐酒，是在正式用餐期間飲用的酒水，通常配合主菜飲用。西餐裡的佐餐酒均為葡萄酒，而且大多數是干葡萄酒或半干葡萄酒。選用的酒的濃淡應與菜的口味相搭配。通常來說白葡萄酒宜配魚、白肉或醬色不深的肉，紅葡萄酒宜配紅肉（豬肉、牛肉）或醬色濃厚的菜。

3. 第三道酒：甜點酒

正餐用畢，期間會搭配甜點上一些含糖量較高的酒，如雪利酒、甜波特酒等。

4. 第四道酒：餐後酒

甜點結束後，適宜飲用幫助消化的餐後酒，常見的餐後酒有：加糖的苦酒、威士忌、波爾圖紅酒或馬德拉紅酒、白蘭地。歐洲人較為喜愛飲餐後酒。

【實訓設計】

實訓技能一　西餐鋪臺

一、實訓內容

西餐鋪臺的技能訓練。

二、實訓前的準備

（1）實訓場地的準備：多媒體實訓室一間。

（2）設備及材料的準備：6人餐臺數張、西式臺布數塊等。

三、實訓步驟

（1）準備一間多媒體實訓室，教師講解西餐鋪臺的理論知識，播放不同西餐鋪臺方法的相關視頻，使學生對西餐鋪臺技能和方法有基礎性的瞭解。

(2) 學生以 6 人為一個單位，進行分組，選出組長，在組長的帶領下，學生按照之前講解的知識，練習不同方式的鋪臺技能。
(3) 教師糾正錯誤並示範和講解正確的方法。
(4) 教師考核並指出存在的問題，小組成員討論總結。

四、實訓（練習）方法

1. 鋪「一」字形臺面
(1) 學生站立於餐臺長側邊；
(2) 把臺布橫向打開；
(3) 雙手捏住臺布的一側，將臺布送至餐桌另一側；
(4) 把臺布從餐桌另一側向身體一側慢慢展開；
(5) 臺布中股縫要向上，四周下垂部分等長；
(6) 鋪好的臺布應平整，無褶皺和凸起。

2. 鋪「T」形臺面
(1) 將幾塊臺布拼鋪在一起；
(2) 拼補時，兩塊或多塊臺布的股縫方向一致；
(3) 臺布的連接邊緣要重疊；
(4) 臺布下垂部分要平行相等；
(5) 鋪好的臺布應平整，無褶皺和凸起。

實訓技能二　西餐擺臺

一、實訓內容

西餐擺臺方法和規則訓練。

二、實訓前的準備

(1) 實訓場地的準備：多媒體實訓室一間。
(2) 設備及材料的準備：展示盤、主餐刀、主餐叉、魚刀、魚叉、湯叉、甜品匙、甜品叉、甜品刀、色拉刀、色拉叉、麵包盤、黃油刀、黃油碟、紅葡萄酒杯、白葡萄酒杯、水杯、餐巾折花若干、燭臺、鹽瓶、胡椒瓶、菸缸、火柴盒各 2 個，每張臺插花一盤。

三、實訓步驟

(1) 準備一間多媒體實訓室，教師講解西餐鋪臺的理論知識，播放不同西餐鋪臺方法的相關視頻，使學生對西餐鋪臺技能和方法有基礎性的瞭解。
(2) 學生以 6 人為一個單位，進行分組，選出組長，在組長的帶領下，學生按照之前講解的知識，練習不同方式的鋪臺技能。
(3) 教師糾正錯誤，並示範和講解正確的方法。
(4) 教師考核並指出存在的問題，小組成員討論總結。

四、實訓（練習）方法

基本要領：左叉右刀，先裡後外，刀口朝盤，各種餐具成線，餐具與菜肴配套，如圖 4.37 所示。

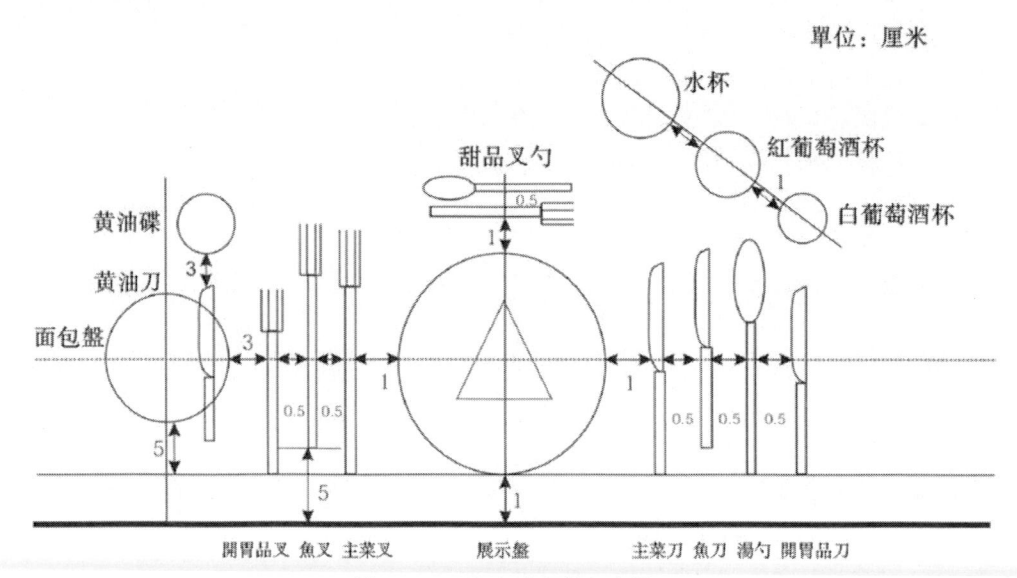

圖 4.37　西餐擺臺標準示意圖

擺放餐、酒用具的順序與標準：

（一）擺展示盤

可用托盤端托，也可用左手墊好口布。口布墊在餐盤盤底，把展示盤托起，從主人位開始，按順時針方向用右手將餐盤擺放於餐位正前方。盤內的店徽圖案要端正，盤邊距桌邊1厘米，餐盤間的距離要相等。

（二）擺麵包盤、黃油碟

展示盤左側5厘米處擺麵包盤。麵包盤與展示盤的中心軸取齊，黃油碟擺在麵包盤右前方，距麵包盤3厘米，圖案擺正。

（三）擺餐刀、叉、勺

從展示盤的右側順序擺放餐刀、叉、勺。擺放時，應手拿刀、叉、勺柄處，從主刀開始擺。①主刀擺放於展示盤的右側，與餐臺邊呈垂直狀，刀柄距桌邊1厘米，刀刃向左，與展示盤相距1厘米。②魚刀、頭盤刀、湯勺、餐具擺放間距0.5厘米，手柄距桌邊1厘米，刀刃向左，勺面向上。③主叉放於展示盤左側，與展示盤相距1厘米，叉柄距桌邊1厘米。④擺放魚叉時，魚叉柄距桌邊5厘米，叉頭向上突出。頭盤叉（開胃品）叉面向上，叉柄與主叉柄平行。甜食叉，放在展示盤的正前方，叉尖向左與展示盤相距1厘米。⑤甜食勺，放在甜食叉的正前方，與叉平行，勺頭向左，與甜食叉的叉柄相距0.5厘米。⑥黃油刀斜放在麵包盤上，刀刃向左，黃油刀中心與麵包盤的中心線吻合，刀柄朝右下方，與麵包盤水平線呈45°角。⑦在展示盤的正前方擺水果刀、叉時以叉壓刀成斜十字形，刀刃向左下方，刀柄指向右下方，叉尖指向右上方，叉柄指向左下方。也可將甜食勺放在水果刀、叉的上面，勺面向上，勺柄朝右。

（四）擺酒具

擺酒具時，要拿酒具的杯托或杯底部。①水杯擺在主刀的上方，杯底中心在主刀

的中心線上，杯底距主刀尖 2 厘米。②紅葡萄酒杯擺在水杯的右下方，杯底中心與水杯杯底中心的連線與餐臺邊呈 45°角，杯肚間距 1 厘米。③白葡萄酒杯擺在紅葡萄酒杯的右下方，其他標準同上。

（五）擺放餐巾

餐巾折花放於展示盤內，餐巾折花花型搭配適當，將觀賞面朝向客人。

（六）擺蠟燭臺和椒、鹽瓶

西餐宴會一般擺兩個蠟燭臺，蠟燭臺擺在臺布的中線上、餐臺兩側適當的位置。椒、鹽瓶要在臺布中線上按左椒右鹽對稱擺放，瓶壁相距 0.5 厘米，瓶底與蠟燭臺臺底距離 2 厘米。

（七）擺菸灰缸、火柴

菸灰缸要放在正、副主人的正前方，它的中心在正、副主人展示盤的中心垂直線上，距椒、鹽瓶 2 厘米。火柴平架在菸灰缸上端，畫面向上。擺放時，從第一主人右側開始，每隔一位擺放一個菸灰缸。

五、注意事項

（1）擺臺前，應及時檢查擺臺所用的餐、酒用具，發現不潔或有破損的餐具要及時更換，要保證用品符合乾淨、光亮、完好的標準。

（2）擺放時，手不可觸摸盤面或杯口。

（3）擺臺時，要用托盤盛放餐具、酒具及用具。

（4）擺放金、銀器皿時，應佩戴手套，保證餐具清潔，防止污染。

（5）注意西餐餐具擺放的順序。先擺餐盤（裝飾盤）以定位，後擺各種餐刀、叉、匙，再擺麵包盤等，最後擺各種酒杯。

情景模擬與角色扮演

一、實訓內容

A 公司剛完成一項重要的工作，公司總裁張先生委託辦公室小任組織相關人員到西餐廳用餐，以示慶賀。假如你是其中的一員，應注意哪些西餐禮儀？

二、實訓步驟

（1）教師介紹本次實訓的內容和模擬實訓的情景。

（2）教師示範講解西餐位次的排列、桌次的排列、上菜順序、餐具的使用、用餐舉止等方面的規則和技巧。

（3）根據模擬活動情景分組，把全班同學分成每組 8 人。

（4）根據任務活動場景進行角色分工。

①公司總裁——張先生。

②公司副總經理——唐先生。

③公司企劃部經理——年長的王女士。

④公司行銷部經理——年輕的黃小姐。

⑤公司市場部經理——中年的楊先生。

⑥公司財務部經理——何先生。

⑦公司業務主管——孫小姐、胡小姐。
（5）全組討論本組角色位次排列。
（6）西餐宴請訓練。
①抽簽排序，一組一組進行。
②一組模擬時，其他組觀摩並指出問題。
（7）教師考核。
（8）師生點評。

三、任務考核

教師負責考核。考核評分標準如表4.2所示。

表4.2　　　　　　　　　西式宴請禮儀考核評分標準

組別＿＿＿＿＿　　姓名＿＿＿＿＿　　時間＿＿＿＿＿

	評價項目與內容	應得分	扣分	實得分
準備工作	角色定位及時，模擬出場迅速	5		
	實訓過程協調良好	5		
基本知識掌握	熟悉西餐宴請基本知識及要求	10		
神態舉止	座位的選擇	10		
	入座的方式	5		
	良好的坐姿	5		
	菜肴食用	10		
	進餐的風度	10		
	餐具的使用	10		
觀摩討論	觀摩認真	5		
	積極討論	5		
實訓筆記	按規定時間上交	5		
	字跡清楚、填寫規範、內容詳盡完整	5		
	實訓分析總結正確	5		
	能提出合理化建議及創新見解	5		
	合計	100		

考評教師（簽名）：

模塊五　商務活動禮儀

儀式是指在指定場合舉行的、具有專門程序、規範化的活動。在商務活動中，常見的儀式包括商務簽字儀式、慶典儀式、展銷會等。儀式禮儀是指在舉行特定儀式時所要遵循的禮儀規範。儀式禮儀主要包括儀式準備階段的禮儀規範、現場組織階段的禮儀規範以及參加人員的行為禮儀規範等。舉辦商務儀式，既可表明企業對活動的重視，又可借機擴大企業的知名度。成功的商務儀式，應該能很好地樹立企業形象，為企業創造效益。

【禮儀諺語】

得體的、高尚的舉止是通行無阻的護照。

——約翰遜

【模塊教學目標】

掌握簽字儀式、開業慶典、剪彩儀式的流程及禮儀規範。

【知識目標】

1. 掌握簽字儀式的程序及活動內容；
2. 掌握各種開業慶典的籌備工作流程、儀式程序與活動內容；
3. 掌握各種剪彩儀式的程序與活動內容。

【技能目標】

1. 掌握簽字場地的布置準備；掌握簽字文本的格式內容；掌握簽字儀式的流程。
2. 掌握嘉賓名單的擬定與邀請方式的選擇；掌握場地布置的方法；掌握開業慶典的流程設計及過程組織。
3. 掌握剪彩儀式的流程和活動內容；掌握剪彩場地的布置和位次的排定；掌握對剪彩者的選定和助剪者的禮儀要求。

【素質目標】

1. 培養學生的創意思維和策劃能力；
2. 培養學生的團隊合作精神與組織協調能力。

任務 1　簽字儀式

【案例導入】

201×年 11 月 20 日，中國科技城（綿陽）科技物流產業園區戰略合作框架協議簽約儀式在成都舉行。市委副書記、市長××出席簽約儀式。副市長××在簽約儀式上致辭。按照協議，科技城發展投資集團、富臨集團、北京弘帆公司作為合作三方，將充分發揮自身優勢，利用各自資源，用 7~10 年的時間，將科技物流產業園打造成為省內一流、全國先進的科技物流產業園區。

思考：
1. 應該由誰準備待簽合同的文件？
2. 簽署合同文件時，合作的三方簽署人名次如何排列？

【任務目標】

通過實訓，學生應掌握簽字場地的布置準備、簽字文本的格式內容和簽字儀式的流程。

【理論知識】

簽字儀式是指訂立合同、協議的各方正式簽署合同、協議時所舉行的儀式。中國法律規定，只有在當事人達成書面協議並簽字時，才能宣告合同成立。因此，當企業之間針對談判的重大項目達成協議時，一般都要舉行簽字儀式。舉行簽字儀式，不僅是對談判成果的一種公開化、固定化，也是有關各方對自己履行合同、協議所做出的一種正式承諾。

一、簽字儀式的準備工作

（1）應做好文本的準備工作，包括對相關文本的定稿、翻譯、校對、印刷、裝訂等，同時也要準備好簽字用的文具等相關物品；談判結束後，雙方應組織專業人員按談判達成的協議做好文本的定稿、翻譯、校對、印刷、裝訂、蓋火漆印或單位公章等工作。作為東道主，應為文本的準備工作提供準確、周到、快速、精美的便利條件和服務。合同文本，需要用白紙印成，按大八開的規格裝訂成冊，並以高檔質料，如真皮、金屬、軟木等製成封面。

（2）應與客方商定助簽人員。助簽人員的主要職責是洽談有關簽字儀式的細節，並在簽字過程儀式上幫助翻揭文本，用手指明簽字位置。雙方代表簽字後，助簽員互相交換，代表再在對方文本上簽字。

（3）確定簽字儀式的參加人員。這裡應遵循三個原則：一是簽字人的身分應與待簽文件的性質相符合，二是雙方簽字人的身分、職位應大致相當，三是雙方出席簽字

儀式的人數應大致相當。

參加簽字儀式的人員，基本上應是雙方參加會談的全體人員。如一方要求某些未參加談判的人員出席簽字儀式，應事先徵求對方的意見，取得對方同意。一般禮貌的做法是出席簽字儀式的雙方人數大體相等。有時為表示對本次商務談判的重視或對談判結果的慶賀，雙方更高一級的領導人也可出面參加簽字儀式，級別一般也是對等的。

二、簽字儀式的會場準備

簽字儀式的會場準備要完成兩項內容：一是適當裝飾簽字儀式會場，二是安置好簽字儀式會場的座次排列。

（一）簽字儀式會場的裝飾

簽字儀式會場的布置原則是體現莊重和整潔。

一間標準的簽字廳，室內應鋪設地毯，擺設正規的簽字長桌，長桌應橫放於室內。

簽字桌上，應鋪設深綠色的臺布以表正式，並提前放好待簽的合同文本、簽字筆等簽字時所用的文具。

需要在簽字儀式會場布置雙方的國旗或標誌的，以面對會場為準，右側放客方國旗或標誌，左側放主方國旗或標誌。

（二）簽字儀式會場的座次排列

從禮儀上來講，舉行簽字儀式時，要求雙方做到鄭重其事，認認真真。舉行簽字儀式的座次的排列方式更是重中之重。一般而言，舉行簽字儀式時，座次排列有三種基本方式，即並列式、相對式和主席式，這三種基本排列方式分別適用於不同的具體情況。

1. 並列式排座

並列式排座適用於兩方簽字儀式。其基本做法是：簽字桌在室內面門橫放；雙方出席儀式的全體人員在簽字桌之後並排排列，雙方簽字人員居中面門而坐，以面門為方向，客方居右，主方居左。具體如圖 5.1 所示。雙方的助簽員應分別站於簽字人員的外側。

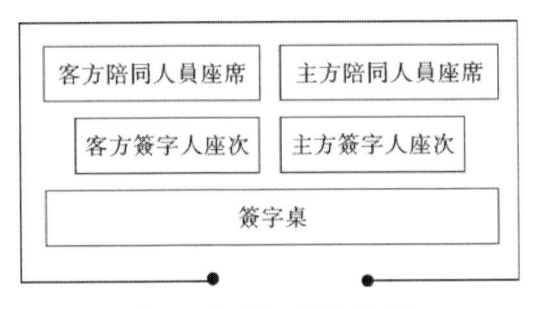

客方陪同人員座席	主方陪同人員座席
客方簽字人座次	主方簽字人座次
簽字桌	

圖 5.1　簽字儀式並列式排座

2. 相對式排座

相對式排座適用於兩方簽字儀式。它與並列式簽字儀式的排座大致相同。但相對

式排座以簽字桌為中心，將兩方參加簽字儀式的陪同人員座席移至簽字人對面，如圖 5.2 所示。雙方的助簽員應分別站於簽字人員的外側。

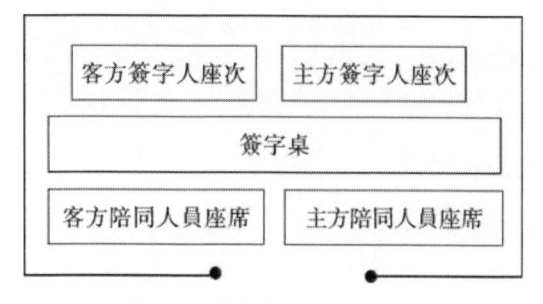

```
┌─────────────────┐  ┌─────────────────┐
│  客方簽字人座次  │  │  主方簽字人座次  │
└─────────────────┘  └─────────────────┘
┌───────────────────────────────────────┐
│              簽字桌                    │
└───────────────────────────────────────┘
┌─────────────────┐  ┌─────────────────┐
│ 客方陪同人員座席 │  │ 主方陪同人員座席 │
└─────────────────┘  └─────────────────┘
```

圖 5.2　簽字儀式相對式排座

3. 主席式排座

主席式排座通常適用於多邊簽字儀式，其操作特點是簽字桌仍需在室內橫放，簽字席仍需設在桌後面對正門，但只設一個，並且不固定其就座者。舉行儀式時，所有各方人員，包括簽字人在內，皆應背對正門、面向簽字席就座。簽字時，各方簽字人應以規定的先後順序依次走上簽字席就座簽字，然後即退回原處就座，如圖 5.3 所示。在簽字時各方的一名助簽員應站在己方簽字人員的左側，協助其簽字。

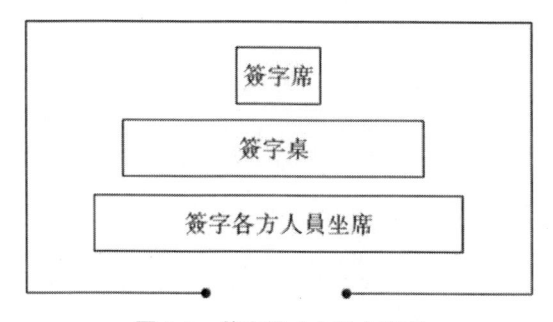

```
         ┌─────────────┐
         │   簽字席    │
         └─────────────┘
      ┌───────────────────┐
      │      簽字桌       │
      └───────────────────┘
   ┌─────────────────────────┐
   │    簽字各方人員坐席     │
   └─────────────────────────┘
```

圖 5.3　簽字儀式主席式排座

三、簽字儀式的程序

在具體操作簽字儀式時，可以依據下述基本程序進行運作。

各方出席人員步入簽字廳，簽字人入座時，各方陪同人員按身分順序在既定的位置上就位。

1. 簽署文件

通常的做法是，雙方的助簽人員分別站立在各簽字人的外側，協助翻揭文本，並指明簽字處。簽字人員首先簽署應由己方保存的文本，然後再簽署由他方保存的文本。依照禮儀規範，每一位簽字人在己方所保存的文本上簽字時，應當名列首位。因此，每一位簽字人均需首先簽署將由己方所保存的文本，然後再交由他方簽字人簽署。此種做法，通常稱為「輪換制」。含義是：在文本簽名的具體順序排列上，應輪流使各方均有機會居於首位一次，以示各方完全平等。

2. 交換文本

簽字人互相交換已由各方正式簽署的合同文本，並相互握手，彼此祝賀，隨後互換簽字用筆，以此紀念。此時，全場人員應熱烈鼓掌，以表祝賀之意。

3. 飲酒慶賀

有時，簽字儀式後會設置共飲香檳酒慶賀的環節。在這種情況下，服務員應在各方簽字時，先將酒杯送給參加儀式的人員，待簽字儀式交換文本結束後，及時將酒杯呈給各方簽字人，並斟酒。各方簽字人應同時舉杯，當場飲下一杯香檳酒，以示祝賀。這是國際上所通行的增加簽字儀式喜慶色彩的一種常規性做法。

4. 對外發布

如果是重大並有影響的或有新聞價值的簽字儀式，條件許可時，還可以邀請媒體，待簽字儀式結束後舉行新聞發布會，也可以在發布會現場簽字並隨即回答媒體提問。當然，開新聞發布會不是必需的項目。

【實訓設計】

實訓技能　簽字儀式

一、實訓內容

各小組擬定主題，並以此為主題，結合簽約儀式的相關知識，進行簽約儀式的策劃和實施。

二、實訓前的準備

（1）實訓場地的準備：可移動桌椅的教室。

（2）設備及材料的準備：簽字桌椅、國旗、文本、文具、參加人員座位、講臺、會標、臺簽、香檳酒及酒杯、攝像機、其他。

三、實訓步驟

（1）課前教師介紹實訓場景並提出實訓要求。

（2）學生分組，8~10人為一組，每組確定一個主策劃人。兩個小組組成一個大組，全班分為4~6個大組，模擬雙邊簽約。

（3）各小組擬定一個簽約主題和場景，並在雙方主策劃人的引導下，完成簽約文本的撰寫和修訂，布置會場等工作，分到角色的各成員完成自己的角色任務。

（4）各簽約組主持人引導簽約儀式的實施。

（5）教師總結和點評學生實訓中存在的問題。

四、實訓（練習）方法

（1）回答如下四個問題：

①應派哪些人員擬參加合作協議的簽字儀式？

②簽字儀式現場應如何布置？

③簽字儀式的座位應如何排列？

④簽字儀式有哪些主要程序和步驟？

（2）請同學們分別扮演兩公司的相關人員，草擬一份簽字儀式方案。

（3）布置模擬簽字廳。

（4）模擬簽字儀式。

情景模擬與角色扮演

一、實訓內容

A公司陳經理邀請B公司馬經理到A公司參加簽字儀式，周是B公司的銷售部經理，隨馬經理一起到A公司參加簽字儀式。

A公司在簽字儀式前應做哪些準備？會場布置需要注意什麼問題？簽字儀式流程如何安排？簽字儀式參加人員應如何確定？參加簽字儀式應注意哪些禮儀？

二、實訓步驟

（1）教師介紹本次實訓的內容和模擬實訓的情景。

（2）教師示範講解簽字儀式禮儀及注意事項。

（3）根據模擬活動情景分組，把全班同學分成4~6人一組。

（4）確定模擬活動情景角色。

①陳：A公司總經理。

②馬：B公司總經理。

③周：B公司銷售部經理。

④張：A公司市場部經理。

（5）劇情模擬內容

陳：馬經理，很高興再次見到您！

馬：陳總，我也很高興我們能再次合作！

張：陳總，這位是B公司銷售部周經理。

陳：你好。（與周握手）

周：你好。（與陳握手）

陳：馬經理，您一路辛苦，要不要先休息一下？

馬：不用了，沒關係，我不累，我們直接去簽字吧。

陳：好的。

四人走進鋪著紅地毯的會議室，簽字桌上鋪著臺布，中間放著一團花束。

簽字儀式正式開始。

陳：請坐。

合同與簽字筆已經在簽字桌上放好，周和張分別幫馬和陳打開合同。

陳與馬審閱後，簽字，然後交換合同簽字。

陳和馬站起來，十分莊重地交換文件，互換簽字筆，並熱烈握手。

陳：合作愉快！

馬：合作愉快！

大家鼓掌。

陳：馬經理，小張已經備好休息的酒店，由他先送您去休息，晚上6點我們在酒店一起用餐。

陳：小張，辛苦你為馬經理安排一下。
張：好的，陳總。

三、任務考核

教師負責考核。考核評分標準如表5.1所示。

表5.1　　　　　　　　　　簽字儀式禮儀考核評分標準

組別_____　　姓名_____　　時間_____

評價項目與內容		應得分	扣分	實得分
現場布置	布置好簽字廳	10		
	準備好相關文件、物品	5		
位次安排	位置安排得當	10		
流程設計	按要求設計流程	10		
	內容完整	10		
	銜接流暢	5		
角色扮演	角色齊全	5		
	舉止得體	10		
	發言清晰	10		
	表情自然	5		
實訓筆記	按規定時間上交	5		
	字跡清楚、填寫規範、內容詳盡完整	5		
	實訓分析總結正確	5		
	能提出合理化建議及創新見解	5		
合計		100		

考評教師（簽名）：

任務2　開業慶典

【案例導入】

201×年6月6日，是A購物中心隆重開業的日子，購物中心工作人員策劃在購物中心前的廣場舉行開業慶典。

上午10時許，應邀前來參加A購物中心慶典的領導、各界友人、媒體人員等來賓相繼到齊。在舉行慶典之際，天公不作美，突然下起傾盆大雨，慶典只好移至購物中心大廳內。一時間，大廳內聚滿了參加慶典的人員和避雨的行人。慶典完畢，雨仍沒有停，嘉賓和避雨的行人仍然聚集在大廳內。A購物中心的經理考慮到來賓及避雨的行人短時間內無法冒雨離去，於是當眾宣布：「感謝緣分讓各位朋友在我們購物中心相

聚，共同見證了敝店今天開業的慶典。到場的都是我們的嘉賓，希望大家能同我們共享今天的喜慶。我代表購物中心真誠邀請諸位免費到敝店餐廳共進午餐。」話畢，購物中心大廳內響起一片熱烈的掌聲。

接下來，各界媒體報導了A購物中心的開業之喜，在媒體和當天受惠顧客的宣傳下，A購物中心的知名度迅速提高。A購物中心雖然開業當天額外花費了一筆餐費，卻得到了消費者對其美好的形象和風範的認可，生意也做得格外紅火。

思考：
1. 開業慶典活動對商家有何重要作用？
2. 如何才能成功籌辦開業慶典？

【任務目標】

通過實訓，學生應掌握嘉賓名單的擬定與邀請方式的選擇、場地布置的方法、開業慶典的流程設計及過程組織。

【理論知識】

一、開業慶典的主要內容

開業慶典又稱「開張慶典」，是指經濟實體創建、開業，或某一建築物正式啟用，或是某項工程正式開始之際，為了表示慶賀或紀念，而按照一定的程序所隆重舉行的商業活動。在日常生活中，公司可以通過開業慶典進行宣傳，向世人宣告一個鮮活的商業細胞已經形成。

開業慶典的主要內容包括：開業慶典的準備工作、開業慶典儀式的程序和開業慶典的結束工作三項內容。

（一）開業慶典的準備工作

開業慶典的準備工作主要包括充分宣傳、嘉賓邀請、會場布置、人員安排、材料準備等幾項內容。

1. 充分宣傳

舉辦開業慶典的目的在於向世人宣告一個新的經濟實體的誕生，從來賓出席情況、舉辦規模、慶典氛圍的營造，以及慶典活動的整體效果，都可以給大眾詮釋一個經濟實體的風範和實力。因此，開業慶典是塑造商業實體形象、對商業實體進行較好宣傳、吸引社會各界關注的大好機會。做好開業慶典的宣傳工作是爭取得到社會對企業形象的認可和讚美的基石。因此，可以通過廣泛宣傳、邀請到開業現場進行採訪的新聞媒體和媒體工作人員等為開業慶典作好準備。

2. 嘉賓邀請

首先需擬出出席開業慶典的嘉賓名單，並經領導同意，然後印製精美請柬，提前兩三天送交嘉賓處並對其進行正式邀請。一般來說，嘉賓主要包括地方領導、上級主管部門領導、合作單位領導、媒體人員、社會知名人士、同行代表、員工代表、公眾等。

3. 會場布置

開業慶典的舉辦地點通常選擇在開業現場,選擇室內還是室外,應結合慶典的規模、影響力及舉辦單位的實際情況來決定,一般來說,禮堂、會議廳、廣場等都是較好的舉辦地點。按開業慶典禮儀的要求,舉行開業慶典時,所有在場人員一律站立,故一般不設主席臺和座椅。為顯隆重與敬客,可在來賓尤其是貴賓站立之處鋪設紅地毯、擺放鮮花裝飾,並在場地四周懸掛橫幅、標語、氣球、彩帶等,在醒目之處擺設來賓贈送的花籃、牌匾等。

4. 人員安排

開業慶典上,主辦方要事先安排主持人、發言人、會場工作人員和禮儀小姐,並提前做好預演,保證出場人員均各司其職地完成工作。主持人和發言人發言時要求聲音洪亮、口齒清晰、發音清楚。會場工作人員和禮儀小姐原則上應由干練、形象和語言表達能力較好、應變能力較強的青年男女組成,並且最好能在事前開展培訓。

5. 材料準備

開業慶典上,應備好主辦單位的宣傳資料、待客的食品及飲料、會場上的音響及照明設備等,並提前進行檢查、調試,以保證開業慶典順利舉行。如果準備了來賓的簽到簿,應擺放在賓客入場處。

(二) 開業慶典儀式的程序

在正式的開業慶典中,以下介紹的1~4項為開業慶典儀式的主要程序,不可省略。

1. 嘉賓接待和簽到

與一般的商業活動相比,開業慶典活動更應體現出對嘉賓的禮遇,使嘉賓感受到主辦方的尊重與敬意。因此需要安排專人負責嘉賓的接待及簽到,並安排迎賓人員有禮貌地迎接及引導嘉賓入場,且給予熱情的服務。

2. 邀請嘉賓入座

在主持人宣布慶典開始前,慶典工作人員應安排嘉賓入座。

3. 主辦方負責人致辭

主辦方負責人宣布開業慶典開始,應向來賓簡要介紹到場嘉賓,以表敬意和隆重,然後先向來賓簡短致辭,向來賓及祝賀單位表示感謝,並簡要介紹主辦單位的經營特色及經營目標等。

4. 領導或來賓代表致辭

在主辦方負責人致辭後,可邀請領導或來賓代表致辭,對企業開業表示祝賀。但如果安排有領導或來賓致辭環節,應提前與致辭的領導或來賓協商致辭事宜。

5. 現場提問環節

為表示主辦單位的親民性質,可在開業慶典現場安排主辦方負責人回答記者或嘉賓提出的各種問題的環節。本環節也可省略。

6. 邀請來賓參觀

如果開業慶典涉及商業生產經營,在有可能的情況下,可安排來賓參觀主辦方開辦的商業實體。本環節亦可省略。

（三）開業慶典的結束工作

根據開業慶典的需要，或安排鑼鼓、軍樂、禮花、禮炮以助興，或組織座談，或宴請招待。

二、開業儀式禮儀的注意事項

對於企業來說，開業慶典的整個過程都是禮待賓客的過程，每個參與者的儀容儀表、言談舉止都關係到企業的形象。一般要注意以下幾點：

（一）儀容要整潔

開業慶典的組織者，也包括出席開業慶典的人員事前要作適當的準備。女士要適當化妝，男士應該梳理好頭髮，剃掉鬍鬚。整個活動現場應給人留下整潔、團結、向上的印象。

（二）服飾要規範

有統一式樣制服的單位，應要求以制服作為本單位人士的慶典著裝。無制服的單位，應規定屆時出席慶典的本單位人員必須穿著禮儀性服裝。即男士應穿深色的中山裝套裝，或穿深色西裝套裝，配白襯衫、黑色皮鞋。女士應穿深色西裝套裙，配長筒肉色絲襪、黑色高跟鞋，或者穿深色的套褲，或是穿花色素雅的連衣裙。倘若有可能，將本單位出席者的服飾統一起來，則是最好的。

（三）時間要遵守

如果慶典的起止時間已有規定，則應當力求按事前宣布的時間準時開始，準時結束，要向社會證明本單位言而有信。

（四）表情要莊重

在慶典舉行期間，不允許嬉皮笑臉、嘻嘻哈哈，或是愁眉苦臉、一臉晦氣、唉聲嘆氣，否則會使來賓產生很不好的想法。在舉行慶典的整個過程中，都要表情莊重、全神貫注、聚精會神。假若慶典之中安排了升國旗儀式，不準不起立、不脫帽、東張西望，更不能不唱或亂唱國歌與「廠歌」。在起立或坐下時，把座椅搞得亂響，一邊脫帽一邊梳頭，或是在此期間走動或與人交頭接耳，都應視為損害本單位形象的極其嚴重的事件。

（五）態度要友好

這裡所指的，主要是對來賓態度要友好。遇到了來賓，要主動熱情地問好。對來賓提出的問題，都要立即友善地予以答覆。在整個活動中，主辦方人員不得做與活動無關的事情，也不能心不在焉、東張西望。

（六）要善始善終

儀式活動結束後，賓客要離開時，主辦方領導、主持人、服務人員要握手告別，並致以謝意。

【實訓設計】

實訓技能　開業慶典禮儀

一、實訓內容

各小組擬定主題，並以此為主題，結合開業慶典的相關知識，進行開業慶典的策劃和實施。

二、實訓前的準備

（1）實訓場地的準備：多媒體實訓教室。

（2）設備及材料的準備：

①場地用物品。它主要包括：場地四周懸掛的橫幅標語、氣球、彩帶、宮燈、來賓簽到簿、本單位的宣傳材料、待客的飲料、音響、照明設備等。

②饋贈禮品。它主要指向來賓饋贈的禮品。首先，選擇的禮品要有宣傳性，可以選用本公司的產品，也可以在禮品及外包裝上印有本公司的企業標示、廣告用語、產品圖案、開業日期等。其次，要具有一定的紀念意義，使禮品接受者感到光榮和自豪，從而對其珍惜。最後，要獨特。贈送的禮品應當與眾不同，具有本單位的鮮明特色，使人過目不忘。

三、實訓步驟

（1）課前教師介紹實訓場景並提出實訓要求。

（2）學生分組，5~6人為一組，每組確定一名負責人，對其他同學進行角色分工。

（3）各小組擬定一個開業慶典主題和場景，並在負責人的引導下，進行模擬開業慶典的具體問題的討論。

（4）起草一份開業慶典儀式策劃書，並詳細安排有關人員做好準備工作（如場地、條幅內容、剪彩人員、主持人、儀式程序等）。

（5）各組將自己慶典儀式儀程及準備工作的說明，形成書面報告，在班級中討論交流。

（6）教師總結和點評學生實訓中存在的問題。

四、實訓要求

（1）掌握開業慶典的組織準備和禮儀規範。

（2）在實踐中真實體驗開業慶典的準備工作、詳細內容和禮儀規範，並應用於模擬訓練中。

任務3　剪彩儀式

【案例導入】

B公司為舉行公司周年慶典的剪彩儀式，請來了A市長和當地各界名流嘉賓參加，並邀請A市長作為該公司的剪彩者。儀式開始時，主持人講話：「有請A市長進行致

辭。」但卻見A市長臉上顯出一絲驚奇和勉強，但還是起身作了簡要的發言。A公司順利完成了剪彩過程。但事後，B公司的領導瞭解到，原來是剪彩儀式的活動負責人只通知了A市長作為剪彩者，並沒有通知到A市長發言致辭，隨後將主持人及安排剪彩儀式的負責人進行嚴肅批評。主持人很委屈，剪彩儀式的負責人也深表歉疚。

思考：
1. 本案例中剪彩儀式上有哪些失誤之處？
2. 剪彩儀式應該做好哪些準備工作？

【任務目標】

通過實訓，學生應掌握剪彩儀式的流程和活動內容、剪彩場地的布置和位次的排定、對剪彩者的選定和助剪者的禮儀要求。

【理論知識】

剪彩儀式是重要的商業活動之一，指商界的有關單位，為了慶祝公司的成立或周年慶典、項目開工或落成、商店的開張或開業、大型建築物的啟用、道路的開通、展銷會或展覽會的開幕等而舉行的一項隆重的禮儀性程序。一般來說，剪彩儀式可以作為開業慶典的一項程序，也可以獨立出來舉辦。

剪彩儀式的程序主要包括剪彩的準備、剪彩人員的安排、剪彩儀式程序、剪彩人員注意事項四個方面。

一、剪彩的準備

剪彩的準備工作主要涉及場地布置和用具準備等。要求在準備工作中要認真細緻、一絲不苟。

（一）場地布置

剪彩活動對場地要求比較嚴格，包括場地的布置、環境衛生、燈光與音響的設置、現場服務人員的培訓及安排等。

（二）用具準備

剪彩儀式需要用到的一些專業用具也要一一備齊，如紅色緞帶、新剪刀、白色薄紗手套、托盤以及紅地毯等。

二、剪彩人員的安排

剪彩的人員必須審慎選擇，必要的話可以事先進行培訓。剪彩人員主要包括剪彩者及助剪人員。應事先確定剪彩人員名單，特別是剪彩者名單。剪彩人員名單一經確定，應盡早通知到位，保證剪彩人員有充足的時間作好準備，避免突發變故，導致主辦方需臨時找人湊數。通常，主辦方應尊重剪彩人員，確定剪彩者時，要徵求個人意見，切勿勉強對方，而剪彩人員也要提前為剪彩儀式作好準備。

（一）剪彩者

剪彩者配備要求：剪彩者是剪彩儀式上的核心人員，是剪彩儀式上持剪刀剪彩的人。依慣例，剪彩者可以是一個人，也可以是多個人，但最多不能超過 5 個人。通常，剪彩者由上級領導、合作夥伴、社會名流、員工代表或客戶代表擔任。

剪彩者著裝：剪彩儀式上，剪彩者應著套裝、套裙或制服，切勿穿著便裝，並應將頭髮梳理整齊。要避免戴帽子、墨鏡出席。

剪彩者位次排列：當剪彩者是一個人時，其剪彩時站在正中位置。當剪彩者是多人時，應遵循如下要求：中間高於兩側，右側高於左側，距離中間站立者越遠，位次便越低，即主剪彩者應居於中央的位置。特別是剪彩者中有外賓時，必須遵從「右側高於左側」的國際慣例，若剪彩者中無外賓參加，亦可遵循「左側高於右側」的做法。

（二）助剪人員

助剪人員指剪彩者剪彩過程中，為剪彩者從旁邊提供幫助的人員。一般由主辦方的女職員擔任，即所謂的禮儀小姐。從任務分配上來看，在剪彩儀式上服務的禮儀小姐，主要可以分為六類，即：迎賓者、引導著、服務者、拉彩者、捧花者、托盤者。其主要工作內容和人員數量要求如表 5.2 所示。

表 5.2　　　　　　　　　　剪彩儀式中禮儀小姐的分工

序號	崗位	主要工作內容	人員數量
1	迎賓者	在剪彩現場負責嘉賓的迎來送往	多人
2	引導著	剪彩時負責帶領剪彩者登臺及退場	一人或多人
3	服務者	為出席來賓及剪彩者提供飲料，安排休息之處	多人
4	拉彩者	剪彩時展開並拉直紅色綢緞	成雙人員
5	捧花者	剪彩時手捧鮮花	一花對應一人
6	托盤者	剪彩時為剪彩者提供剪刀、手套等用品	一人或多人

禮儀小姐的素質要求：相貌較好、身材頎長、年輕健康、氣質高雅、音色甜美、反應敏捷、機智靈活、善於交際。

禮儀小姐的著裝要求：化淡妝、盤起頭髮，穿款式、面料、色彩統一的單色旗袍，配肉色連褲絲襪、黑色高跟鞋。除戒指、耳環或耳釘外，不得佩戴其他任何首飾。有時，禮儀小姐身穿深色或單色套裙亦可。但是，她們的穿著打扮必須盡可能地整齊劃一。必要時，可向外單位臨時聘請禮儀小姐。

三、剪彩儀式程序

剪彩儀式舉行的時間不宜過長，程序宜緊湊，過程要流暢，通常時間保持在一刻鐘到一小時之間即可。一般來說，應包含如下六項基本程序：

第一項，請來賓就位。在剪彩儀式上，通常只為剪彩者、來賓和本單位的負責人安排座席。剪彩儀式開始前片刻，即應敬請大家在已安排好的座位上就座，在一般情

況下，剪彩者應就座於前排易於出入處。

第二項，儀式正式開始。通常由主持人宣布儀式開始。此時，應播放音樂或有請樂隊奏樂，現場可燃放鞭炮，全體到場者應熱烈鼓掌。隨後，主持人應向全體到場者介紹到場的重要嘉賓。

第三項，奏國歌。此刻全體到場人員必須起立，必要時，亦可隨之演奏本單位標誌性歌曲。

第四項，進行發言。發言者依次應為東道主單位的代表、上級主管部門的代表、地方政府的代表、合作單位的代表等。發言內容應言簡意賅，每人不超過三分鐘，重點應為介紹、道謝與致賀。

第五項，進行剪彩。首先由禮儀小姐在樂曲聲中引領剪彩者步入主辦單位安排站立的位置。該環節中，禮儀小姐的數量及站位，都需要提前安排並彩排。主持人向全體到場者介紹剪彩者。隨後，拉彩者拉起、展開紅綢及彩球。在剪彩者剪斷紅綢、彩球落盤時，全體出席人員應熱烈鼓掌，必要時還可燃放鞭炮。

第六項，後續活動。通常在剪彩之後，主辦方應陪同來賓參觀被剪彩的項目。主辦單位還可安排一些文藝、聯誼、座談、簽名、題詞等後續活動。隨後主辦單位向來賓贈送紀念性禮品，並以自助餐款待全體來賓。至此，儀式宣告結束。

四、剪彩人員注意事項

（1）所有剪彩人員在剪彩儀式上的操作應保證標準無誤。特別是進行正式剪彩時，剪彩者與助剪人員的具體做法必須合乎規範。

（2）當主持人宣告進行剪彩之後，禮儀小姐應率先登場。在上場時，禮儀小姐應排成一行行進，從兩側同時登臺。登臺之後，禮儀小姐開始完成各自負責的不同任務。其中，拉彩者與捧花者應當站成一排，拉彩者處於兩端拉直，並展開紅色綢帶，捧花者每人雙手手捧一朵花團。托盤者須站立在拉彩者與捧花者身後一米左右，並且自成一行。

（3）在剪彩者登臺時，引導者應在其左前方進行引導，使之各就各位。剪彩者登臺時，宜從右側出場。當剪彩者均已到達既定位置之後，托盤者應前行一步，到達剪彩者的右後側，以便為其遞上剪刀、手套。剪彩者若不止1人，則其登臺時，亦應列成一行，並且使主剪者行進在前。

（4）在主持人向全體到場者介紹剪彩者時，剪彩者應面含微笑向大家欠身或點頭致意。剪彩者行至既定位置之後，應向拉彩者、捧花者含笑致意。當托盤者遞上剪刀、手套時，亦應微笑著向對方道謝。

（5）在正式剪彩前，剪彩者應首先向拉彩者、捧花者示意，待其有所準備後，集中精力，右手持剪刀，表情莊重地將紅色綢緞一刀剪斷。若多名剪彩者同時剪彩時，其他剪彩者應注意主剪者動作，與主剪者協調一致，力爭同時將紅色綢帶剪斷。

（6）剪彩以後，紅色花團應準確無誤地落入托盤者手中的托盤裡，切勿使之墜地。為此，需要捧花者與托盤者合作。剪彩者在剪彩成功之後，可以右手舉起剪刀，面向全體到場者致意，然後放下剪刀，脫下手套，至於托盤內，舉手鼓掌。接下來，剪彩

者可依次與主人握手道喜,並列隊在引導者的引導下退場。退場時,一般宜從右側走向臺下。

(7) 待剪彩者退場後,禮儀小姐方可從隊列右側退場。

(8) 剪彩者和助剪人員在上下場時,要注意井然有序、步履穩健、神態自然,在剪彩過程中更要表現得自然大方、情緒樂觀。

【實訓設計】

實訓技能　剪彩儀式禮儀

一、實訓內容

各小組擬定主題,並以此為主題,結合剪彩儀式的相關知識,進行剪彩儀式的策劃和實施。

二、實訓前的準備

(1) 實訓場地的準備:多媒體實訓教室。

(2) 設備及材料準備:紅色緞帶、新剪刀、白色薄紗手套、托盤、彩球、彩帶以及紅色地毯等。

三、實訓步驟

(1) 課前教師介紹實訓場景並提出實訓要求。

(2) 學生分組,5~6人為一組,每組確定一名負責人,對其他同學進行角色分工。

(3) 各小組擬定一個剪彩儀式主題和場景,並在負責人的引導下,進行模擬剪彩儀式具體問題的討論。

(4) 撰寫一份詳細的剪彩儀式儀程,並詳細安排有關人員做好準備工作(如場地、條幅內容、剪彩人員、主持人、儀式程序等)。

(5) 各組將自己的剪彩儀程及準備工作說明,形成書面報告,在班級進行討論交流。

(6) 教師總結和點評學生實訓中存在的問題。

四、實訓要求

(1) 掌握剪彩儀式的組織準備和禮儀規範。

(2) 在實踐中真實體驗剪彩儀式的準備工作、詳細內容和禮儀規範,並應用於模擬訓練。

情景模擬與角色扮演

×服裝公司新店開業慶典及慶典上的剪彩儀式

一、實訓內容

×服裝公司新店舉行開業慶典,公司的諸多高層領導參加了該店面的剪彩儀式;同時,請來一位明星參加開業剪彩儀式。×服裝公司新店開業慶典儀式儀程及準備工作有哪些?剪彩儀式的組織準備要注意什麼?禮儀規範如何體現?

二、實訓步驟

（1）教師介紹本次實訓的內容和模擬實訓的情景。
（2）教師示範講解慶典禮儀、剪彩儀式禮儀及注意事項。
（3）根據模擬活動情景分組，把全班同學分成 7~10 人一組。
（4）確定模擬活動情景角色。

【角色】

總經理 1 人，主持人 1 人，接待員 1 人，女明星 1 人，禮儀小姐 3 人，服裝秀模特 3 人，客串來賓 6 人。

【道具】

三套旗袍、紅色綢緞一條、拉花、三只托盤、兩把剪刀、音響、音樂、話筒、禮炮、彩色氣球、簽到簿、簽字筆、盆花、紅地毯、標籤。

【場景布置】

黑板布置：黑板（熱烈慶祝×服裝公司新店隆重開業）。
獎臺布置：兩邊懸浮彩色氣球，增添喜慶氛圍。
講話臺布置：講話臺正中前方位置擺一團花，以示隆重。
臺下布置：靠兩牆排列兩列椅子（整齊排列），在椅子上鋪上拉花。

一、迎接、招呼、接待

場景布置：門口（入口處）三位禮儀小姐身著旗袍做迎接工作，其中兩位禮儀小姐面對面站於門口，另一位站於簽到臺的右側。門口處設一桌一椅，在桌上放置簽到標籤、簽到簿和簽字筆，接待員站立於此桌前，做來賓簽到工作。當一切準備工作完畢後，各就各位，由接待員播放音樂。來賓依次進入會場。

來賓 1 進場。

禮儀小姐 1：歡迎光臨。

來賓 1 點頭示意。

接待員：先生，您好！請到這邊簽到！

來賓 1：好！

總經理上前與來賓 1 握手迎接，說道：××，歡迎啊，一路辛苦，請到我們休息室休息一會兒。

禮儀小姐 2 帶路。

來賓 1：兄弟辦喜事，必須道賀啊。不辛苦，倒是你辛苦啦！好的，我先到裡屋去坐坐。

總經理：嗯，好！那先休息。禮儀小姐 2。

禮儀小姐 2：哎！

總經理：招待一下我們的來賓 1。

禮儀小姐 2：好的！

總經理對來賓 1 說：來，兄弟，請！

來賓 1 走進休息室。

禮儀小姐 2：來賓 1，請坐！

來賓1：謝謝！
禮儀小姐2給來賓1倒水、敬茶：來賓1，請喝茶！請您在這兒休息一會兒。
來賓1：好的，謝謝！
禮儀小姐2退下，走到休息室門口。
來賓2等人進場。
禮儀小姐1：歡迎光臨。
來賓2等人依次進入，點頭示意。
接待員：請各位來賓到這邊簽到。
來賓2：好的。
然後，來賓依次簽到。
來賓相繼走進會場，總經理與各位來賓閒談，互贈名片。
門口兩位禮儀小姐待最後一位來賓進入休息室後，走進會場獎臺兩邊，站好。
主持人走上主席臺，說：請各位安靜！我們的開業儀式馬上就要開始了，請各位到主會場入座。
禮儀小姐3站於休息室門口做請的手勢，總經理和來賓隨秘書走進會場。禮儀小姐3於最後進入會場門口，站立於此。
主持人說：請各位來賓們入座。（做邀請入席手勢）

二、主持人致辭

待來賓入座後，接待員關掉音樂。
主持人走上講臺，拿起話筒：
尊敬的各位領導、各位來賓，女士們、先生們：
大家好！
非常榮幸能擔任此次盛典的主持人，我是×公司的秘書長。很高興大家能聚於此地並以飽滿的熱情來參加我們公司新店開業慶典儀式。朋友們，首先請允許我代表主辦方向各位的光臨表示熱烈的歡迎。（鼓掌）下面我為大家介紹今天在場的嘉賓，他們是……同時，蒞臨今天現場的還有一位神祕嘉賓，那就是我們最當紅的影視明星1。（主持人鼓掌）。有請明星1。今天，明星1的造型有點特別，她身著的這套黑色「禮服」是我們公司在國際時裝大賽上的獲獎作品，很高興地向大家宣布，明星1已經正式與我公司簽約，成為我公司的形象代言人。
明星1走到總經理前，伸出手與總經理握手：總經理，您好！
總經理：您好！請坐！（向明星1示意坐下）
明星1坐下。
主持人說：好！下面邀請我們×公司的總經理致辭。
觀眾鼓掌。

三、總經理致辭

各位服裝行業的夥伴們，真誠歡迎您的到來！感謝大家一直以來對我公司的支持與幫助。
當今社會，只有合作才能讓我們實現共贏。×公司需要精誠合作的團隊來支撐，加

盟者是我們成長的巨大助力，我們一直在尋找事業的夥伴，只要您信任我們，我們隨時歡迎您的加入。

我們企業的目標是：「辦全世界知名的服裝品牌。」企業的經營理念是：「我們用心，讓您穿得溫馨。」

這一理想的實現，需要這個大家庭中你、我、他每一位員工積極發揚崇高的企業精神，以高度的主人翁責任感、使命感，與企業同呼吸、共命運，在各自的崗位上，勤奮敬業，盡職盡責，奮力拼搏。希望我們的平臺能給您更大的舞臺。

最後，我要再次對參加×公司新店開業慶典儀式的來賓們表示最誠摯的感謝！謝謝你們的支持！謝謝！（鼓掌）

主持人說：感謝總經理，相信我們公司有了總經理的領導，我們的事業將會越做越強。

四、剪彩儀式

三位禮儀小姐準備剪彩道具，並排成一隊，準備上場。

總經理和明星依次走上臺，站立於臺上。三位禮儀小姐端著托盤走上講臺，站成一排，把紅綢緞拉好。

主持人：請總經理和明星拿起剪刀。現在，我們開始倒數：3，2，1。

總經理和明星一起剪斷紅綢。觀眾熱烈鼓掌。

主持人說：現在是 8 點 58 分，這是個非常吉利的時刻，它預示著我們服裝旗艦店今後的經營發展一定會越走越順暢。

五、服裝秀

主持人說：接下來是×公司的服裝秀，請大家欣賞。

音樂響起。

主持人說：現在有請我們的模特兒！

觀眾鼓掌。

模特 1 出場。

主持人說：這是我們公司今年秋天最新款的皮革裝，它不僅保暖，而且十分時尚。我相信穿上它，你會擁有的不只是強大的氣場。若您喜歡它的話，不妨將它收入衣櫃中。

模特 2 出場。

主持人說：這是我們公司今年秋季新品展示中最耀眼的一款衣服，它不僅在材質上實現了突破，更是在設計上增添了時尚與優雅結合的元素。我們使用的這種新材質更加親膚，穿上它，您獲得的不只是舒適。

模特 3 出場。

主持人說：這是我們公司今年最熱賣的一款衣服，自從今年 3 月以來，此款衣服都是銷售線上的火熱產品，我們相信我們的品牌，我們也相信您的眼光。

觀眾鼓掌，音樂響起。

主持人說：尊敬的各位來賓，今天是個好日子，讓我們記住今天這個盛典，讓我們為×這個品牌而驚嘆。當然，今天我是最最榮幸的一位，因為我有最後的發言權：

×服裝公司開業慶典到此結束。

全場來賓鼓掌。

活動結束。

三、任務考核

教師負責考核。考核評分標準如表 5.3 所示。

表 5.3　　　　　　　　　　開業慶典禮儀考核評分標準

組別＿＿＿＿＿＿　　姓名＿＿＿＿＿＿　　時間＿＿＿＿＿＿

評價項目與內容		應得分	扣分	實得分
準備工作	角色定位及時，模擬出場迅速	5		
	試訓過程全組協調良好	10		
基本知識掌握	熟悉慶典活動、剪彩禮儀及應注意的問題	10		
流程設計	名單確定合理	5		
	會場布置恰當	10		
	來賓接待得當	10		
角色扮演	角色齊全	5		
	舉止得體	10		
	發言清晰	10		
	表情自然	5		
實訓筆記	按規定時間上交	5		
	字跡清楚、填寫規範、內容詳盡完整	5		
	實訓分析總結正確	5		
	能提出合理化建議及創新見解	5		
合計		100		

考評教師（簽名）：

模塊六　會議談判禮儀

　　會議是商務活動的有機組成部分，商務人員在日常工作交往中必不可少的一項活動就是參加會議以及商務洽談。會議及商務洽談是在人與人之間進行的，整個過程是一個人際交往的過程。人際關係在洽談中起著十分微妙的作用。道德水平低、禮儀修養差的人和企業，是無信譽可言的，在商場上要想取得成功很難。而如果能夠在會議及洽談中體現出個人及企業良好的禮儀修養，那麼將有助於會議及洽談的順利進行，甚至能起到事半功倍的效果。

【禮儀諺語】

　　有禮貌不一定總是智慧的標志，可是不禮貌總使人懷疑其愚蠢。

——蘭道爾

【模塊教學目標】

1. 瞭解會議及談判禮儀的基本知識；
2. 掌握會議及談判準備所涉及的禮儀要求。

【知識目標】

1. 掌握組織會議、接待會議以及參加會議的相關禮儀規範；
2. 掌握組織和參加茶話會的禮儀規範；
3. 掌握談判前、中、後期整個過程的禮儀要求。

【技能目標】

1. 能進行日常商務會議的組織策劃；
2. 能掌握參加會議及談判要求的個人服飾、舉止等禮儀行為。

【素質目標】

1. 培養學生的個人素養和職業素質，在提高自身綜合素質的同時，幫助其順利進行組織、策劃、開展各種會議及談判等商務交往；
2. 培養學生的會議組織能力及溝通能力。

任務1　商務會議禮儀

【案例導入】

發放資料的學問

　　天地石化股份有限公司董事會召開會議討論從國外引進化工生產設備的問題。秘書小李負責為與會董事準備會議所需文件資料。因有多家國外公司競標，所以材料很多。由於時間倉促小張就為每位董事準備了一個文件夾，將所有材料放入文件夾中。有三位董事在會前回覆說因有事不能參加會議，於是小張就未準備他們的資料。不想，正式開會時其中的兩位又趕了回來，結果會上有的董事因沒有資料可看而無法發表意見，有的董事面對一大摞資料不知如何找到想看的資料，從而影響了會議的進度。

　　思考：
你知道應如何發放資料才能避免此類事件的發生？

【任務目標】

　　通過學習會議的組織策劃，學生應瞭解會議準備的內容；掌握商務會議工作流程及制定方法；掌握組織會議、接待會議以及參加會議的相關禮儀規範；掌握會議座次安排的原則和質詢禮儀。

【理論知識】

一、會議的分類

　　按參會人員可把會議分成公司外部會議和公司內部會議。公司外部會議有產品發布會、研討會、座談會等；公司內部會議包括工作定期的周例會、月例會、年終總結會、表彰會、計劃會等。

二、會議禮儀

　　會議禮儀，是會議前、會議中、會議後，參會人應注意的禮儀事項，掌握會議禮儀對會議精神的執行有較大的促進作用。

　　現代化的會議離不開各種輔助器材，在召開會議之前，應把各種輔助器材準備妥當，並且需要反覆確定與會者名單，以確保所有與會者都能收到通知並按時出席會議。

　　會務中，也需遵循一定的禮儀規範。首先，正式的外部會議應該有專門的人員負責與會人員的報到與接待，組織與會人員簽到，並引領其入場等；會議開始後，需要有專人負責做好會議記錄，必要時還需把會議記錄整理匯編，之後再分發給相關人員；同時，整個會議期間，都需要做好周到的後勤保障及安保工作。

　　會議結束後，會議的組織方還應該做到周到的會後工作。它主要包括安排與會人員有秩序地離場，撰寫會議紀要，對會議工作進行總結，對會議上涉及的催辦與反饋

等工作做好會後的跟蹤銜接，確保會議精神落到實處。最後，還應該將會議涉及的文書進行立卷歸檔，以備以後隨時查詢。

會務工作流程具體如圖 6.1、圖 6.2 和圖 6.3 所示。

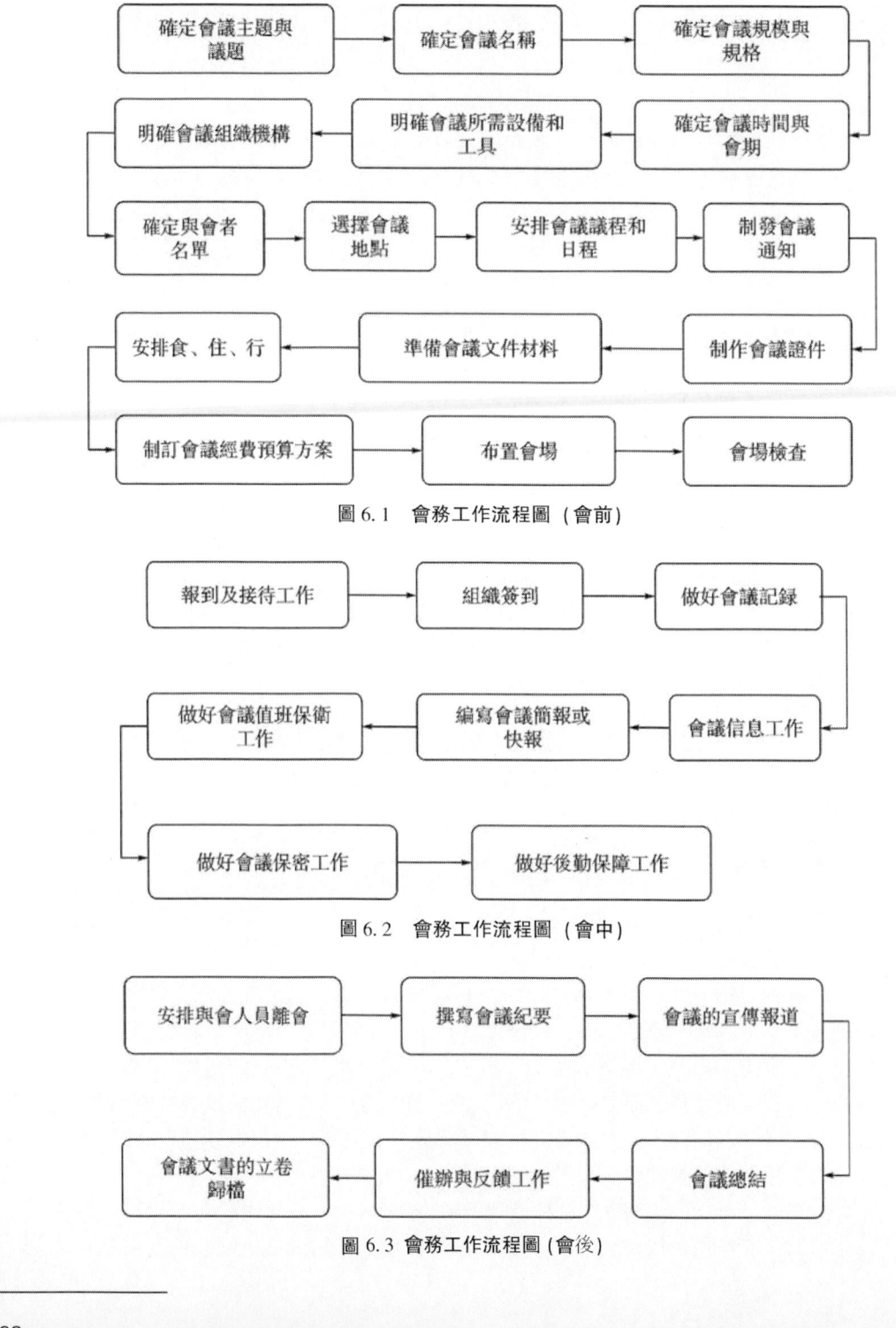

```
確定會議主題與議題 → 確定會議名稱 → 確定會議規模與規格
                                              ↓
明確會議組織機構 ← 明確會議所需設備和工具 ← 確定會議時間與會期
    ↓
確定與會者名單 → 選擇會議地點 → 安排會議議程和日程 → 制發會議通知
                                                          ↓
安排食、住、行 ← 準備會議文件材料 ← 制作會議證件
    ↓
制訂會議經費預算方案 → 布置會場 → 會場檢查
```

圖 6.1　會務工作流程圖（會前）

```
報到及接待工作 → 組織簽到 → 做好會議記錄
                                  ↓
做好會議值班保衛工作 ← 編寫會議簡報或快報 ← 會議信息工作
    ↓
做好會議保密工作 → 做好後勤保障工作
```

圖 6.2　會務工作流程圖（會中）

```
安排與會人員離會 → 撰寫會議紀要 → 會議的宣傳報道
                                        ↓
會議文書的立卷歸檔 ← 催辦與反饋工作 ← 會議總結
```

圖 6.3　會務工作流程圖（會後）

三、會議參會人員的一些禮儀

(一) 主持人的禮儀

各種會議的主持人，一般由具有一定職位的人來擔任，其禮儀表現的好壞對會議能否圓滿成功有著重要的影響。

(1) 主持人應衣著整潔、大方莊重、精神飽滿，切忌不修邊幅、邋裡邋遢。

(2) 走上主席臺應步伐穩健有力，行走的速度因會議的性質而定，一般來說，熱烈的會議步頻應較慢。

(3) 入席後，如果是站立主持，應雙腿並攏，腰背挺直。持稿時，右手持稿的底中部，左手五指並攏自然下垂。雙手持稿時，應與胸齊高。坐姿主持時，應身體挺直，雙臂前伸。兩手輕按於桌沿，主持過程中，切忌出現搔頭、揉眼、攔腿等不雅動作。

(4) 主持人應口齒清楚，思維敏捷。

(5) 主持人應根據會議性質調節會議氣氛，或莊重，或幽默，或沉穩，或活潑。

(6) 主持人對會場上的熟人不能打招呼，更不能寒暄閒談，會議開始前，或會議休息時間可點頭、微笑致意。

(二) 會議發言人的禮儀

會議發言有正式發言和自由發言兩種，前者一般是領導報告，後者一般是討論發言。正式發言者，應衣冠整齊，走上主席臺應步態自然，剛勁有力，體現一種成竹在胸、自信自強的風度與氣質。發言時應口齒清晰，講究邏輯，簡明扼要。如果是書面發言，要時常抬頭掃視一下會場，不能低頭讀稿，旁若無人。發言完畢，應對聽眾的傾聽表示謝意。

自由發言則較隨意，應要注意，發言應講究順序和秩序，不能爭搶發言；發言應簡短，觀點應明確；與他人有分歧時，應以理服人，態度平和，聽從主持人的指揮，不能只顧自己。

如果有會議參加者對發言人提問，應禮貌作答，對不能回答的問題，應機智而禮貌地說明理由，對提問人的批評和意見應認真聽取，即使提問者的批評是錯誤的，也不應失態。

(三) 會議參加者的禮儀

會議參加者應衣著整潔，儀表大方，準時入場，進出有序，依會議安排落座。開會時應認真聽講，不要私下小聲說話或交頭接耳。發言人發言結束時，應鼓掌致意，中途退場應輕手輕腳，不影響他人。

四、會議就座禮儀

如果受到邀請參加一個已排定座位的會議，最好等待工作人員將自己引導到座位上去。座席的配置要和會議的風格和氣氛相符，講究禮賓次序，一般有圓形、口字形、

教室形三種配置方法。本書採用國際商務禮儀座次安排以右為尊的原則，在國內政府機構或者國企中，往往會採用以左為尊的原則。

（一）圓形

會議時，使用圓桌或橢圓形桌子，使與會者同領導一起圍桌而坐，可以消除上下級不平等的感覺。此外，使用圓桌會議，與會者能清楚地看到其他人的面容，有利於互相交換意見。圓桌形式適用於10~20人的會議。座次安排應注意來賓或上級領導與企業領導及陪同人員面對面做，來賓的最高領導應坐在朝南或朝門的正中位置，企業最高領導與上級領導相對而坐，具體如圖6.4所示。

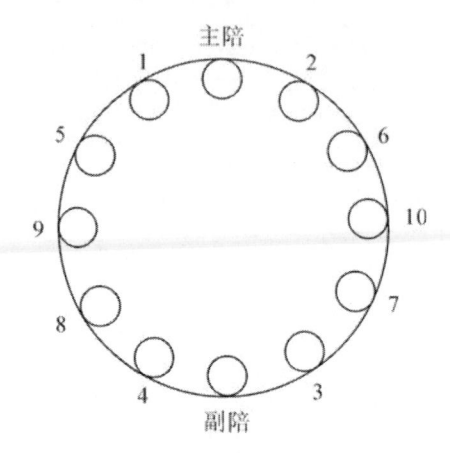

圖6.4 圓形會議座次安排

（二）口字形

口字形一般是使用長形方桌進行會議。這種形式比圓桌形更適用於較多人數的會議，具體如圖6.5和圖6.6所示。

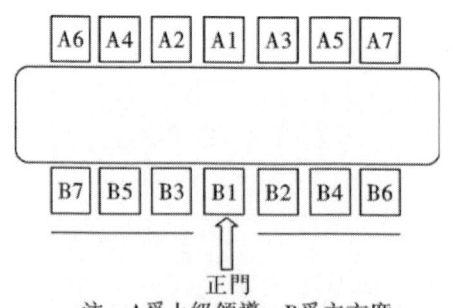

注：A為上級領導，B為主方席

圖6.5 口字形（橫向）會議座次安排

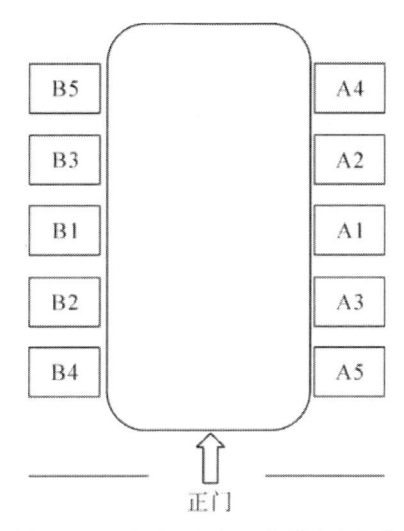

圖 6.6　口字形（豎向）會議座次安排

(三) 教室形

教室形是採用得最多的一種會議形式，適用於以傳達情況、指示為目的的會議，這時與會者人數比較多，而且與會者之間不需要討論、交流意見。這種形式是主席臺與聽眾席相對而坐。主席臺的座次按人員的職務、社會的地位排列。主席臺的座位以第一排正中間的席位為上，其余按右為上左為下的原則依次排列，具體如圖 6.7 所示。

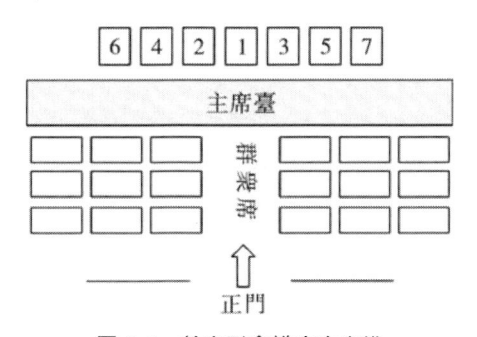

圖 6.7　教室形會議座次安排

五、質詢的禮節

質詢是會議的一項重要內容，一般情況下，與會者遇到質詢時總會顯得比較緊張，甚至害怕。其實，質詢完全是一種有理有據的行為，它的存在是為了讓會議的議題更加明確，讓會議更容易達成一致。只要每位與會者瞭解和掌握了質詢的禮節，就會明白應該使用何種技巧來正確應對，質詢也就不會成為可怕之事了。關於質詢的禮節如圖 6.8 所示。

圖 6.8　質詢的禮節

（一）不要同時提出兩個以上的問題

質詢也就意味著要提出問題，所以，質詢的第一個禮節就是不要同時提出兩個以上的問題。即使你目前確實有許多問題，但是一次只能提出一個問題，而且是一對一的提問。這樣能讓被質詢者專注地回答你的問題，有利於解答你心中的疑問。

如果一次提出多個問題，一時之間會令對方不知所措，更不利於解決問題。一對一的提問方式既可以表現出你對對方以及問題本身的尊重，也是一種有禮貌的表現。

（二）質詢要在兩分鐘內說完

會議主席要提前做好會議各項議程的時間段的分配，要專門留出一定的時間供與會者提出質詢。而且要事先明文規定，每位提問者必須讓自己的提問在兩分鐘內完成，從而空出更多的時間讓被提問者回答。

若不事先做好時間分配，質詢這個環節恐怕就會被省略掉，因為過於冗長的會議會讓與會者喪失提問的興趣。而如果質詢時間過長，也會拖延會議的進程。

（三）避免只回答是或不是

回答問題時不能只說「是或不是」「好或不好」，應簡短說明因由。回答要簡潔明瞭、有理有據。要一針見血地指出某某提案為什麼好或為什麼不好；另外，回答問題不要過於直截了當，盡量婉轉並留有余地，不要一棍子將人打死。比如你可以說：「因為我覺得這個會影響到我們公司的某一些項目，所以我個人認為我們採用其他的方案會更好。」

（四）不要重複提出同樣的質詢

開會時不要重複提出同樣的問題。有些人為了表現自己，即使同樣的問題已經有人提出，還是會再提出一次。這種行為實屬多余，而且也很不明智，別人提過的問題已經失去了再問的意義，你應該構思其他的問題。而且，這種重複提問還會占據會議的時間，影響他人提問，實在是損人又不利己。

（五）勿大聲無理地問話或堅持己見

少數服從多數是會議規則中的一條，強調的是一種集體的聲音，壓制的是個別不同的聲音。所以，如果你的意見與絕大多數人的想法相左，你就要試著去接受大家的意見，而不是堅持己見。

如果你因為自己的意見不被認同而臉色難看甚至在會議中大喊大鬧,那不僅於事無補,而且還會讓其他與會者覺得你沒有風度、氣量狹小,甚至會因此而處處樹敵,使自己處於孤立的境地,與其如此,還不如順應「民意」。

【實訓設計】

情景模擬與角色扮演

一、實訓內容

各小組自選一個主題,並以此主題為中心策劃一次公司會議,要求綜合運用會議策劃相關禮儀知識。

二、實訓步驟

(1) 準備一間多媒體實訓室,課前教師介紹實訓場景並提出實訓要求。

(2) 學生分組,8~10人為一組,每組確定一個主持人。注意分組應兼顧男女生搭配。

(3) 各小組擬定一個會議禮儀場景,並在主持人的引導下交流、修改和整合會議籌備方案,分到角色的各成員完成自己的角色任務。

(4) 各小組主持人引導小組討論、整合成果,並進行交流。

(5) 教師總結和點評學生實訓中存在的問題。

三、注意事項

(1) 會議籌備方案要將各種情況考慮全面。

(2) 會議主持人的選擇很關鍵。

四、任務考核

教師負責考核。考核評分標準如表 6.1 所示。

表 6.1 　　　　　　　　商務會議禮儀評分表

組別_____　　姓名_____　　時間_____

	評價項目與內容	應得分	扣分	實得分
準備工作	劇情合理,道具準備到位	5		
	實訓過程全組協調良好	5		
基本知識掌握	熟悉商務會議的基本禮儀及應注意的問題	10		
神態、舉止	聲音大小適中、語速適中	5		
	熱情、大方、得體	5		
	儀容、儀表、儀態得體	5		
商務會議	語言表達恰當	5		
	會議籌備方案完整、合理	10		
	會議通知的到位程度	10		
	主席臺及群眾席的座次安排	10		

表6.2(續)

評價項目與內容		應得分	扣分	實得分
觀摩討論	觀摩認真	5		
	積極討論	5		
實訓筆記	按規定時間上交	5		
	字跡清楚、填寫規範、內容詳盡完整	5		
	實訓分析總結正確	5		
	能提出合理化建議及創新見解	5		
合計		100		

考評教師（簽名）：

任務2　茶話會禮儀

【案例導入】

某公司的員工茶話會策劃方案

一、背景

2011年工作以來領導層與員工一直沒有交流座談。這幾個月來，大家一直以積極努力的姿態去做好自己的工作，不懼任何困難。

本次茶話會將以多種多樣的形式增強大家在工作中的信心，同時也增進職工與領導的交流，為今後在企業更好地工作奠定基礎。

二、活動主題

我們攜手共創，我們服務熱忱，我們努力創新，我們相互尊重，我們一致團結，我們收穫共享，我們肩負責任，我們共同進步。

三、活動目的

(1) 增進領導與員工之間的瞭解和認識，讓員工感受企業的發展活力，加深領導對員工的印象。

(2) 提高大家的交流能力、自信心。

(3) 提高大家的團隊合作精神，鼓舞士氣，增強公司凝聚力。

(4) 調節、緩和工作壓力，豐富業余生活。

四、活動時間、地點、對象

活動時間：××年××月××日。

活動地點：三樓會議室。

活動對象：公司領導層、中層、班長、員工代表。

五、活動流程

(1) 開場：主持人講話（3分鐘）。

（2）領導講話（發言 15 分鐘）。

（3）幻燈片欣賞（音樂、圖片 15 分鐘）。

（4）遊戲環節（40 分鐘）。

（5）會話時間（40 分鐘）。

主題：①「我與企業的第一次親密接觸」談談大家對公司的第一感受，以及在公司的第一次難忘的經歷。(讓領導嘉賓先發言，帶動員工積極性)

②「昨天、今天、明天」讓大家談談過去、現在的生活、未來的理想。因人數而定，不一定每個人都要說，選代表即可。

（6）自由發言提問時間（10 分鐘）。

（7）個人才藝展示（15 分鐘）。

（8）領導總結（10 分鐘）。

（9）組織退場。

六、相關工作安排

（1）活動對象人員的統計。

（2）主持人（要求普通話標準、能活躍會場氣氛）。

（3）討論自由發言提問的幾個主要內容。

（4）推薦討論個人才藝展示。

（5）會場布置，設備調試。

（6）通知下達，領導邀請。

（7）席位安排：每人都製作席位卡（採取領導與員工近距離接觸的座次安排，把員工的座次分開安排到領導中去）。

【任務目標】

通過茶話會的策劃及情景模擬，學生應瞭解茶話會準備工作的內容，掌握茶話會相關禮儀規範。

【理論知識】

和其他類型的商務性會議相比，茶話會是社交色彩最濃的一種。

一、茶話會的目的

它是為了聯絡老朋友、結交新朋友的具有對外聯絡和招待性質的社交性集會。參加者可以不拘形式地自由發言，並且備有茶點。茶話會一般不排座次，起碼座次安排不會過於明顯。可以自由活動，與會者不用簽到。

二、茶話會的舉辦

茶話會禮儀，具體內容主要涉及會議的主題、來賓邀請、時間地點的選擇、茶點的準備、會場的布置、會議的議程、發言七個方面。

(一) 主題

茶話會的主題，可以分為三類，即聯誼、娛樂、專題。以聯誼為主題的茶話會，我們見得最多；以娛樂為主題的茶話會，為了活躍氣氛，而安排一些文娛節目，並以此作為茶話會的主要內容，以現場的自由參加與即興表演為主；專題茶話會，是在某個特定的時刻，或為某些專門問題而召開的，以聽取某些專業人士的見解，或是為和某些與本單位有特定關係的人士進行對話。

(二) 來賓邀請

主辦單位在籌辦茶話會時，必須圍繞主題來邀請來賓，尤其需要確定好主要的與會者。來賓可以是本單位的顧問、社會知名人士、合作夥伴等各方面人士。

茶話會的來賓名單一經確定，應立即以請柬的形式向對方提出正式邀請。按慣例，茶話會的請柬應在半個月之前被送達或寄達被邀請者，被邀請者可以不必答覆。

(三) 時間地點的選擇

時間地點的具體選擇是茶話會要取得成功的重要條件。辭舊迎新、周年慶典、重大決策前後、遭遇危難挫折的時候，都是召開茶話會的良機。

根據慣例，舉行茶話會的最佳時間是下午四點鐘左右。有些時候，也可以安排在上午十點鐘左右。在具體進行操作時，也不用墨守成規，應該以與會者特別是主要與會者的便利與否以及當地人的生活習慣為準。茶話會往往是可長可短的，關鍵要看現場有多少人發言，發言是否踴躍。如果把時間限制在一個小時到兩個小時之內，它的效果往往會更好一些。

適合舉行茶話會的場地主要有：一是主辦單位的會議廳，二是賓館的多功能廳，三是主辦單位負責人的私家客廳，四是主辦單位負責人的私家庭院或露天花園，五是包場高檔的營業性茶樓或茶室。餐廳、歌廳、酒吧等地方，不合適舉辦茶話會。

(四) 茶點的準備

茶話會不上主食，不安排品酒，只提供茶點。茶話會是重「說」不重「吃」，沒必要在吃的方面過多下功夫。

在茶話會上，為與會者所提供的茶點，應當被定位為配角。我們在進行準備時要注意的是：

（1）對於用來待客的茶葉、茶具，務必要精心準備。應盡量挑選上品，不要濫竽充數。還要注意照顧與會者的不同口味，比方說是提供綠茶、花茶還是紅茶。

（2）最好選用陶瓷茶具，並且講究茶杯、茶碗、茶壺成套。

（3）除主要供應茶水外，在茶話會上還可以為與會者略備一些點心、水果或是地方風味小吃。需要注意的是，在茶話會上向與會者所供應的點心、水果或地方風味小吃，品種要適量、數量要充足，並要方便拿取，同時還要配上擦手巾。

按慣例，在茶話會結束後不必再聚餐。

(五) 會場的布置

從總體上來講，在布置會場時，必須和茶話會的主題相適應，可以採取下面幾種

方式：

一是環繞式。就是不設立主席臺，把座椅、沙發、茶几擺放在會場的四周，不明確座次的具體順序，而讓與會者入場後自由就座。這一安排座次的方式，與茶話會的主題最相符，也最流行。

二是散座式。散座式排位，常見於在室外舉行的茶話會。它的座椅、沙發、茶几自由地組合，甚至可由與會者根據個人要求而隨意安置。這樣就容易創造出一種寬鬆、愜意的社交環境。

三是圓桌式。圓桌式排位，指的是在會場上擺放圓桌，請與會者在周圍自由就座。圓桌式排位又分下面兩種形式：一是適合人數較少的，僅在會場中央安放一張大型的橢圓形會議桌，而請全體與會者在周圍就座。二是在會場上安放數張圓桌，請與會者自由組合。

四是主席式。在茶話會上，這種排位是指在會場上，主持人、主人和主賓被有意識地安排在一起就座，並且按照常規座次就座。

（六）會議的議程

茶話會的基本議程是：

第一項：主持人宣布茶話會開始。宣布開始前，主持人要請與會者各就各位。宣布開始後，主持人可對主要與會者略加介紹。

第二項：主辦單位的主要負責人講話。講話應以闡明這次茶話會的主題為中心內容，還可以代表主辦單位，對全體與會者表示歡迎和感謝，並且懇請大家一如既往地理解和支持。

第三項：與會者發言。這些發言在任何情況下都是茶話會的重心。為了確保與會者在發言中直言不諱，暢所欲言，通常主辦單位事先不對發言者進行指定和排序，也不限制發言的具體時間，而是提倡與會者自由地進行即興式的發言。一個人還可以多次發言，來不斷補充、完善自己的見解、主張。

第四項：主持人總結。主持人略作總結後，可以宣布茶話會結束。

（七）發言

現場發言在茶話會上舉足輕重。假如茶話會上沒有人踴躍發言，或者與會者的發言嚴重脫題，都會導致茶話會的最終失敗。

茶話會上，主持人更重要的作用是在現場審時度勢、因勢利導地引導與會者的發言，並且控制會議的全局。大家爭相發言時，主持人決定先後順序。沒有人發言時，主持人引出新的話題；或者懇請某位人士發言。會場發生爭執時，主持人要出面勸阻。在每位與會者發言前，主持人可以對發言者略作介紹。發言的前後，主持人要帶頭鼓掌致意。

與會者茶話會的發言以及表現等，必須得體。在要求發言時，可以舉手示意，但也要注意謙讓，不要爭搶；不管自己有什麼高見，都不要打斷別人的發言。肯定成績時，要力戒阿諛奉承；提出批評時，不能諷刺挖苦。切忌當場表示不滿，甚至私下裡進行人身攻擊。

【實訓設計】

情景模擬與角色扮演

一、實訓內容

各小組自選一個主題，並以此主題為中心策劃一次茶話會，要求綜合運用茶話會相關禮儀知識。

二、實訓步驟

（1）準備一間多媒體實訓室，教師介紹實訓場景並提出實訓要求。

（2）將學生分組，每小組 8~10 人，分別扮演茶話會的主辦方和參會方。其中，主辦方包括主持人、服務人員、簽到及禮品負責人員、引領人員、機動人員等；參會人員組包括行業專家、大客戶代表等。

（3）分好組以後，各小組組織編排練習自己的情景。

（4）茶話會情景表演。

（5）小組成員自評、總結，並回答指導老師的提問。

（6）教師總結點評。

三、實訓要求

（1）在實訓過程中，各小組均須注意各自在迎來送往各環節的相關禮儀。

（2）主持人要作好充分準備，特別是開頭語和結束語的準備、中途冷場的調節設計等。

（3）座談過程中，各小組可充分發揮想像，設計一些特殊情境，如茶水潑了、杯子打碎了等，以考察同學的臨場發揮應變能力。主客雙方都至少發言一次。

（4）會議主辦方擬寫一張會議邀請函。

四、任務考核

教師負責考核。考核評分標準如表 6.2 所示。

表 6.2　　　　　　　　　　茶話會禮儀評分表

組別＿＿＿＿　　姓名＿＿＿＿　　時間＿＿＿＿

評價項目與內容		應得分	扣分	實得分
準備工作	劇情合理，道具準備到位	5		
	團隊精神面貌、分工合理	5		
基本知識掌握	熟悉茶話會的基本禮儀及應注意的問題	10		
神態、舉止	聲音大小適中、語速適中	5		
	熱情、大方、得體	5		
	儀容、儀表得體	5		
茶話會禮儀	茶話會組織規範程度	10		
	主持人綜合禮儀表現	10		
	參會者綜合禮儀表現	10		
	茶話會邀請函設計	5		

表6.2(續)

評價項目與內容		應得分	扣分	實得分
觀摩討論	觀摩認真	5		
	積極討論	5		
實訓筆記	按規定時間上交	5		
	字跡清楚、填寫規範、內容詳盡完整	5		
	實訓分析總結正確	5		
	能提出合理化建議及創新見解	5		
合計		100		

考評教師（簽名）：

任務3　商務談判禮儀

【案例導入】

案例一：

在1972年以前的15年裡，中美大使級會談共進行了136次，全都毫無結果。中美之間圍繞臺灣問題、歸還債務問題、收回資金問題、在押人員獲釋問題、記者互訪問題、貿易前景問題等進行了長期的、反覆的爭執與討論。對此，基辛格說：「中美會談的重大意義似乎就在於，它是不能取得一項重大成就的時間最長的會談。」然而，周恩來總理以政治家特有的敏銳的思維和高超嫻熟的談判藝術，把握住了歷史賦予的轉機。在他那風度瀟脫的舉止和富有魅力的笑聲中，有條不紊地安排並成功地導演了舉世矚目的中美建交談判，在1972年的第137次會談中，終於打破了長達15年的僵局。美國前總統尼克森在其回憶錄中對周恩來總理的儀容儀態、禮貌禮節、談判藝術、風格作風給予了高度的讚賞。

尼克森說，周恩來待人很謙虛，但沉著堅定，他優雅的舉止、直率而從容的姿態，都顯示出巨大的魅力和泰然自若的風度。他外貌給人的印象是：親切、直率、鎮定自若而又十分熱情。雙方正式會談時，他顯得機智而謹慎。談判中，他善於運用迂迴的策略，避開爭議之點，通過似乎不重要的事情來傳遞重要的信息。他從來不提高講話的調門，不敲桌子，也不以中止談判相威脅來迫使對方讓步。他總是那樣堅定不移而又彬彬有禮，他在手裡有「牌」的時候，說話的聲音反而更加柔和了。他在全世界面前樹立了中國政府領導人的光輝形象，不愧是一位將國家尊嚴、個人人格與談判藝術融洽地結合在一起的偉大人物。談判的成功固然應歸結於談判原則、談判時機、談判策略、談判藝術等多種因素，但周恩來高尚的品格給人們留下了最深刻而鮮明的印象。他的最佳禮節禮儀無疑也是促成談判成功的重要因素之一。

案例二：

張慶今年大學畢業，剛到一家外貿公司工作，經理就交給他一項任務，讓他負責

接待一下最近將來公司的一個法國談判小組。經理說這筆交易很重要，讓他好好接待。

張慶心想，這還不容易，大學時經常接待外地同學，難度不大。於是他粗略地想了一些接待程序，就準備開始他的接待工作。張慶提前打電話和法國人核實了一下來的人數、乘坐的航班以及到達的時間。然後，張慶向單位要了一輛車，用打印機打了一張A4紙的接待牌，還特地買了一套新衣服，到花店訂了一束花。小張暗自得意，一切都在有條不紊地進行。到了對方來的那一天，張慶準時到達了機場，誰知對方左等不來，右等也不來。他左右看了一下，有幾位老外比他還倒霉，比他等得還久。他想,該不就是這幾位吧？於是又豎了豎手中的接待牌，對方沒反應。等到人群散去很久，張慶仍然沒有接到。於是，張慶去問訊處問了一下，問訊處說該國際航班飛機提前15分鐘降落。張慶怕弄岔了，趕緊打電話回公司，公司回答說沒有人來。張慶只好接著等，周圍只剩下那幾位老外了，他想問一問也好，誰知一詢問，就是這幾位，小張趕緊道歉，並獻上由8朵花組成的一束玫瑰。對方的女士看看他，一副很好笑的樣子接受了鮮花。張慶心想，有什麼好笑的。接著，小張引導客人上車，客人們便大包小包地上了車。

張慶讓司機把車直接開到公司指定的酒店，誰知因為旅遊旺季，酒店早已客滿，而張慶沒有預訂，當然沒有房間。張慶只好把他們一行拉到一個離公司較遠的酒店，這家條件要差一些。至此，對方已露出非常不悅的神情。張慶把他們送到房間，一心將功補過的他決定和客人好好聊聊，這樣可以讓他們消消氣。誰知在客人房間待了半個多小時，對方已經有點不耐煩了。張慶一看，好像又吃力不討好了，心想以前同學來我們都聊通宵呢！張慶於是告辭，並和他們約定晚上七點飯店大廳等，公司經理準備宴請他們。

到了晚上七點，張慶在大廳等待客人，誰知又沒等到。張慶只好請服務員去通知法國人，就這樣，七點半人才陸續來齊。到了宴會地點，經理已經在宴會大廳門口準備迎接客人，張慶一見，趕緊給雙方作了介紹。雙方寒暄後進入宴會廳，張慶一看宴會桌，不免有些得意：幸虧我提前作了準備，把他們都排好了座位，這樣總萬無一失吧。誰知經理一看對方的主談人正準備坐下，趕緊請對方坐到正對大門的座位，讓張慶坐到剛才那個背對大門的座位，並狠狠瞪了張慶一眼。張慶有點莫名其妙，心想：怎麼又錯了嗎？突然，有位客人問：「我的座位在哪裡？」原來張慶忙中出錯，把他的名字給漏了。法國人都一副很不高興的樣子。好在經理趕緊打圓場，神情愉快地和對方聊起一些趣事，對方這才不再板起面孔。一心想彌補的張慶在席間決定陪客人吃好喝好，頻頻敬酒，弄得對方有點尷尬，經理及時制止了張慶。席間，張慶還發現自己點的飯店的招牌菜———辣炒泥鰍，老外幾乎沒動。張慶拼命勸對方嘗嘗，經理面帶慍色地告訴小張不要勸，張慶不知自己又錯在那裡。好在健談的經理在席間和客人聊得很愉快，客人很快忘記了這些小插曲。等雙方散席後，經理當夜更換了負責接待的人員，並對張慶說：「你差點壞了我的大事，從明天起，請你另謀高就。」張慶就這樣被炒了魷魚，但他始終不明白自己究竟都錯在哪裡了。

思考：

請你幫張慶分析一下，他的錯出在哪裡？正確的做法應該怎樣？

【任務目標】

通過談判的組織策劃，學生應瞭解商務談判重點涉及的內容，掌握談判室的布置，與主、客方談判座次安排，出席商務談判的儀表儀態，語言規範等基本要求。

【理論知識】

所謂談判，又叫會談，指的是有關各方為了各自的利益，進行有組織、有準備的正式協商及討論，以便互讓互諒，求同存異，以求最終達成某種協議的整個過程。

從實踐上看，談判並非人與人之間的一般性交談，而是有備而至，方針既定、目標明確、志在必得，技巧性與策略性極強。雖然談判講究的是理智、利益、技巧和策略，但這並不意味著它絕對排斥人的思想、情感從中所起的作用。在任何談判中，禮儀實際上都一向頗受重視。其根本原因在於，在談判中以禮待人，不僅體現著自身的教養與素質，而且還會對談判對手的思想、情感產生一定程度的影響。

一般而言，談判的禮儀重點涉及談判地點、談判座次、談判表現等具體方面。

一、談判地點

在正式談判中，具體談判地點的確定很有講究。它不僅直接關係到談判的最終結果，而且還直接涉及禮儀的應用問題。具體而言，它又與談判的分類、操作的細則兩個問題有關。按照談判地點的不同來進行劃分，則談判可分為主座談判、客座談判、主客座談判和第三地談判。上述四類談判對談判的雙方的利與弊往往不盡相同，因此各方均會主動爭取有利於己方的選擇。

對參加談判的每一方來說，確定談判的具體地點均事關重大。從禮儀上來講，具體確定談判地點時，有兩個方面的問題必須為有關各方所重視。

（一）商定談判地點

在談論、選擇談判地點時，既不應該對對手聽之任之，也不應當固執己見。正確的做法是，應各抒己見，最後再由大家協商確定。

（二）做好現場布置

在談判之中，身為東道主時，應按照分工，自覺地做好談判現場的布置工作，以盡地主之責。

二、談判座次

舉行正式談判時，有關各方在談判現場具體就座的位次要求是非常嚴格的，禮儀性是很強的。從總體上講，排列正式談判的座次，可分為兩種基本情況。

（一）雙邊談判

雙邊談判指的是由兩個方面的人士所舉行的談判。在一般性的談判中，雙邊談判最為多見。雙邊談判的座次排列，主要選用長方形談判桌，有豎桌式和橫桌式兩種可供選擇，如圖6.9所示。有時，也會採用圓形談判桌（如圖6.10所示）和馬蹄形談判桌（如圖6.11所示）。

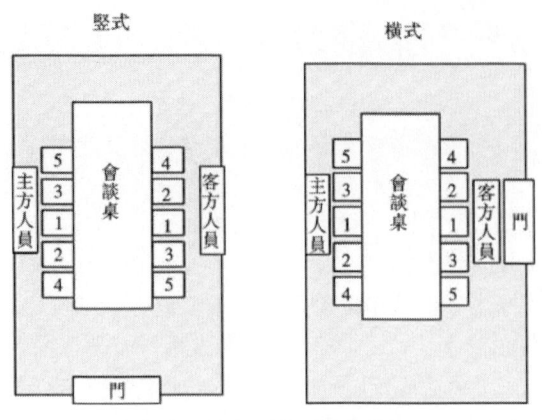

圖 6.9　長方形談判桌座次安排

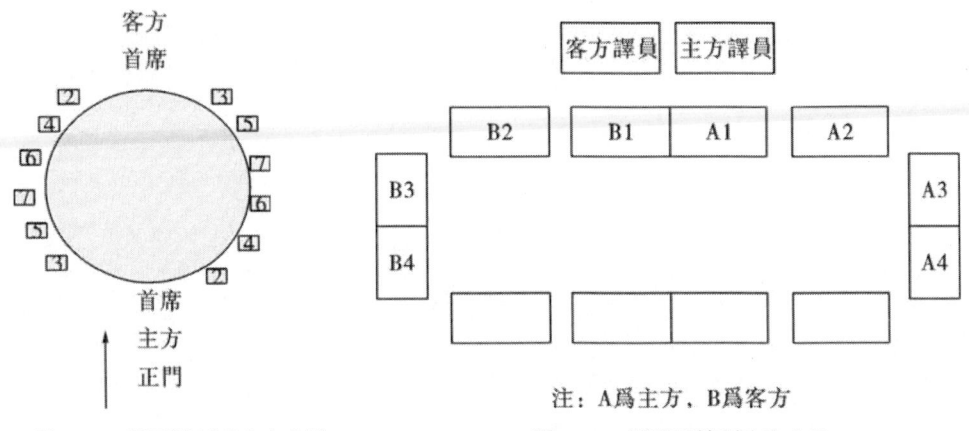

圖 6.10　圓形談判桌座次安排　　　圖 6.11　馬蹄形談判座次安排

　　小型的談判，也可不設談判桌，直接在會客室沙發上進行，雙方主談人在中間長沙發就座，主左客右，譯員在主談人後面，雙方其余人員分坐兩邊。

　　（二）多邊談判

　　多邊談判指由三方或三方以上人士所舉行的談判。多邊談判的座次排列，主要分為自由式和主席式。

三、談判表現

　　舉行正式談判時，談判者尤其是主談者的臨場表現，往往直接影響到談判的現場氣氛。一般認為，談判者的臨場表現中，最為關鍵的兩個問題是講究打扮、禮待對手。

　　（一）講究打扮

　　參加談判的人員一定要講究自己的穿著打扮。此舉並非是為了招搖過市，而是為了表示自己對於談判的高度重視。

　　1. 修飾儀表

　　參加談判前，談判者應認真修飾個人儀表，尤其是要選擇端莊、雅致的髮型。一

般不宜染彩色髮。男士通常還應當剃鬚。

2. 精心化妝

出席正式談判時，女士通常應當精心化妝。妝容宜淡雅清新，自然大方，不可以濃妝豔抹。

3. 規範著裝

在參加正式談判時的著裝，一定要簡約、莊重，切不可摩登前衛、標新立異。一般而言，選擇深色套裝、套裙、白色襯衫，並配以黑色皮鞋，才是最標準的。

（二）禮待對手

在談判期間談判者一定要禮待自己的談判對手。具體來講，主要需要注意以下兩點：

1. 人事分開

在談判中，要正確地處理己方人員與談判對手之間的關係，就是要做到人與事分別而論。朋友歸朋友，談判歸談判。在談判之外，對手可以成為朋友。在談判之中，朋友也會成為對手。二者不容混為一談。

2. 講究禮貌

在談判過程中，切不可意氣用事、舉止粗魯、表情冷漠、語言放肆、不懂得尊重談判對手。在任何情況下，談判者都應該待人謙和，彬彬有禮，對談判對手友善相待。即使與對方存在嚴重的利益之爭，也切莫對對方進行人身攻擊、惡語相加、諷刺挖苦、不尊重對方的人格。

【實訓設計】

情景模擬與角色扮演

一、實訓內容

各小組根據給定的談判場景，模擬談判，要求綜合運用談判禮儀相關知識。

二、實訓步驟

（1）準備一間多媒體實訓室，教師介紹實訓場景並提出實訓要求。

（2）將參加實訓的學生分成兩組，一組為買方，一組為賣方。

（3）老師提出商務談判禮儀訓練的基本要求和注意事項。

（4）指導教師給出實例，每組根據實例中的角色（賣方或買方）進行準備。

（5）分小組模擬買賣雙方進行談判的接待禮儀、談判室的布置、談判磋商過程中的禮儀訓練。

場景設計：你公司準備同當地的著名物流企業新星集團進行一次關於聯合開發大型超市項目的談判。談判地點設在你公司所在的會議室。公司通過前期對談判對手的調查得知，負責新星集團超市開發工作的項目開發部部長田中次郎是位日本人，而你被領導指派為你公司負責接待的接待組組長。你公司的領導要求你對談判室的布置、接待禮儀、談判磋商等所有工作全權負責，並保證談判的成功。

三、注意事項

（1）接待禮儀要與對方談判代表的身分、職業要相當。

（2）要注意不同國家、不同地區的禮儀風俗與禁忌。

談判中要手勢自然，不宜亂打手勢，以免造成輕浮之感。切忌雙臂在胸前交叉，那樣顯得十分傲慢無禮。要認真聽對方談話，細心觀察對方舉止表情，並適當給予回應，這樣既可瞭解對方意圖，又可表現出尊重與禮貌。在談判中報價不得變換不定，對方一旦接受價格，即不再更改。

問題和異議要選擇氣氛和諧時提出，態度要開誠布公。切忌氣氛比較冷淡或緊張時查詢，言辭不可過激或追問不休，以免引起對方反感甚至惱怒。但對原則性問題應當力爭不讓。對方回答詢問時不宜隨意打斷，答完時要向解答者表示謝意。

對於事關雙方利益的焦點問題，容易因情急而失禮，因此更要注意保持風度，應心平氣和，求大同，容許存小異。發言措辭應文明禮貌。要就事論事，保持耐心、冷靜，不可因發生矛盾就怒氣衝衝，甚至進行人身攻擊或侮辱對方。

處理冷場要靈活，可以暫時轉移話題。如果確實已無話可說，則應當機立斷，暫時中止談判，稍作休息後再重新進行。主方要主動提出話題，不要讓冷場時間持續過長。

四、任務考核

教師負責考核。考核評分標準如表 6.3 所示。

表 6.3　　　　　　　　　　商務談判禮儀評分表

組別＿＿＿＿＿＿　　姓名＿＿＿＿＿＿　　時間＿＿＿＿＿＿

	評價項目與內容	應得分	扣分	實得分
準備工作	劇情合理，準備充分	10		
	實訓過程全組協調良好	10		
基本知識掌握	熟悉商務談判的基本禮儀及應注意的問題	10		
神態、舉止	聲音大小適中、語速適中	5		
	熱情、大方、得體	5		
	儀容、儀表得體	5		
商務談判禮儀	主方準備、組織	10		
	主客方的洽談過程、洽談結束的表現	10		
	稱呼介紹：稱呼技巧、自我介紹、介紹他人、業務介紹等	5		
觀摩討論	觀摩認真	5		
	積極討論	5		
實訓筆記	按規定時間上交	5		
	字跡清楚、填寫規範、內容詳盡完整	5		
	實訓分析總結正確	5		
	能提出合理化建議及創新見解	5		
	合計	100		

考評教師（簽名）：

模塊七　求職面試禮儀

　　面試，在很多情況下是應聘者與面試官最直接的「短兵相接」，求職者的一舉一動、一言一行，都讓面試官盡收眼底。而禮儀是求職面試中非常重要的一個環節，禮儀是個人素質的一種外在表現形式，尤其對於即將畢業的大學生，禮儀是面試製勝的法寶。求職面試禮儀是由許多小環節構成的，如果對禮儀知識知之甚少，或忽視禮儀的作用，即使只是在某一個小環節上出現紕漏，也會被淘汰出局，導致面試失敗。因此，對待求職面試禮儀切不可掉以輕心。

【禮儀諺語】

　　再好的千里馬也需要得體的包裝。

——金正昆

【模塊教學目標】

1. 瞭解求職面試的基本禮儀和要求；
2. 掌握求職面試前的準備工作；
3. 掌握面試過程中的禮儀技巧和注意事項。

【知識目標】

1. 瞭解求職面試禮儀的基本原則和要求；
2. 掌握求職面試著裝和儀容的禮儀要求；
3. 掌握面試中儀態禮儀的一般要求；
4. 熟知面試中的十個禮儀要求及三個注意事項，以及面試結束後的禮儀規範。

【技能目標】

1. 培養學生的應聘能力；
2. 提高學生的溝通能力與言談技巧；
3. 要求學生能出色地完成一次面試任務。

任務 1　求職面試準備

【案例導入】

劉英同學在簡歷的著作欄裡寫下了曾發表的一篇關於貿易保護方面的文章，以期在面試銀行時會有作用。結果在面試匯豐銀行時，當主考官問起她對匯率穩定的觀點時，她結結巴巴，說不出個所以然。事實是，身為會計專業的她對金融問題根本沒什麼研究，只是托金融專業的同學在所發表的文章後帶了自己的名字。因此，她也和匯豐銀行失之交臂。

思考：
1. 劉英為什麼應聘失敗？
2. 應聘前需要做好哪些準備？

【任務目標】

通過實訓，學生應瞭解並能獨立完成求職面試前的準備工作，如信息收集、簡歷準備、自薦信準備、面試問題的準備、儀表和儀容的準備等。

【理論知識】

一、信息收集

所謂「知己知彼，百戰不殆」，求職前進行信息收集，是對用人單位的尊重，也是更加瞭解用人單位以及職位的重要方法。

(一) 就業信息的內容

1. 供求信息

（1）用人單位的信息。一些畢業生在選擇單位時對用人單位情況不甚瞭解，在擇業時帶有很大的隨意性和盲目性。如只挑選大城市而不問用人單位的性質、業務範圍；有的只圖單位名稱好聽就盲目簽訂勞動合同等。要避免這些現象，做到對用人單位有個比較客觀的評價，關鍵在於掌握用人單位的信息。

（2）職業情況。瞭解產業分類與結構，以及隨著社會的發展，產業結構的調整和變化趨勢；瞭解職業的分類與結構，以及該職業發展的趨勢，使自己總覽全局，以便更好地把握自己，在國家建設的大背景下找到自己的正確位置。

（3）當年畢業生總的供求形勢。如全國當年畢業生的總人數，同類高校、同類專業的畢業生的情況，哪些專業緊俏，哪些專業供大於求等。

（4）本專業培養目標、發展方向、適用範圍、對口單位的情況。

（5）同自己專業直接對口或相關的行業、部門和單位的現狀和發展趨勢。

2. 就業政策和相關規定

（1）瞭解國家就業方針、原則和政策。不僅可以瞭解當年的就業政策，更重要的是瞭解當前的就業形勢和對策。

（2）瞭解相關的就業法律法規。不僅可以取得合法權益，而且可以捍衛自己的正當權利，減少不必要的損失。作為大學畢業生，必須清楚地瞭解就業法規、法令，學會用法律來保護自己。

（3）地方的用人政策。

（4）學校的有關規定。為了保證畢業生就業的順利進行，學校一般會根據國家的政策要求制定若干補充規定，這也是畢業生應該瞭解和遵守的，如畢業生協議書使用和簽訂規定，畢業生派遣程序，畢業生改派程序等。

（二）就業信息的收集與處理

就業信息的收集可以多渠道進行。例如從學校的就業指導中心、各大人才市場、各種招聘求職的網路渠道等。

就業信息的處理則需要去粗存精，去偽存真，有目的、有針對性地加以篩選處理，使獲得的信息具有準確性、全面性和有效性，使之更好地為自己的求職服務。

其實，最好的就業信息收集應該是平時累積的結果，而不是就業時臨時抱佛腳。為此，需要做到以下幾點：

（1）平時主動收集信息，養成閱讀、瀏覽信息的好習慣。

（2）朋友多了路好走，建立良好的人際關係，樹立健康的個人形象。

（3）盡可能利用假期、週末到單位實習，瞭解用人單位的工作流程。

（4）拓寬個人的知識面，建立合理的知識結構。

二、自薦材料的準備

自薦材料包括：個人簡歷、自薦信、學校推薦表、學習成績單、各種證書、各種社會實踐實習的鑒定材料、有關的科研成果證明等。這裡重點講個人簡歷和自薦信。

（一）個人簡歷

簡歷，顧名思義，就是對個人學歷、經歷、特長、愛好及其他有關情況所作的簡明扼要的書面介紹。簡歷是個人形象，包括資歷與能力的書面表述，決定了求職者「能否獲得企業的面試機會」。

現在在網路上可以下載很多個人簡歷表格，很多求職者圖方便，只是機械性地把自己的信息補上，而沒有考慮到該表格是否適合自己。這種簡歷看上去呆板、蒼白、千篇一律，沒有一點創意，同時也不能引起用人單位的興趣和好感。

而有些求職者，雖然很想寫好簡歷，但苦於方法不當，結果簡歷冗長乏味，主次不分，不盡如人意。

想要製作一篇好的個人簡歷，需要掌握很多技巧。

1. 長度

中國式個人簡歷的長度一般以 1~2 頁紙為最佳；美國式個人簡歷一般只有一頁紙；

歐洲式個人簡歷需要有封面，一般為2~3頁紙。

2. 寫作風格和內容

個人簡歷的寫作風格以簡潔明瞭為好，在簡歷中，一般使用短語和不完整的句子。

針對大學生求職者，簡歷的主要內容應有：本人的個人情況、教育背景、社會實踐、所學主要課程、個人特長和取得的各種榮譽和成績等。在此需要特別強調的是，由於大學生往往沒有工作經歷，因此可以用在大學期間參加的社會實踐、兼職工作、社團活動等內容來代替工作經歷的部分。

3. 重點

在個人簡歷中，要著重強調求職者做過的事情，例如與應聘的職位最為密切相關的事情；能體現求職者優於其他求職者的地方以及近期的信息。

如果一個求職者有多個求職目標，應該結合每個求職目標的不同，撰寫多份不同的簡歷，在每一份簡歷中都突出自己和這個求職目標吻合的重點，這才能使求職者顯得與眾不同，從而獲得更多招聘者的青睞。

但很多求職者在寫個人簡歷時，由於是下載表格，下載後也沒有結合自身的特點修改內容，因此經常會出現例如「英語四級未過」等字樣，這不但沒有體現自己的優勢，反而加重了自己的缺點。

4. 細節

細節能夠提供證據支持你的觀點，使應聘單位信服。在撰寫個人簡歷的時候，盡量用數字說話，因為數字比概述的文字更有說服力。例如，很多同學在描述兼職經歷時提到「銷售業績很好」，那「很好」到底是多少呢？

5. 版面設計

嘗試各種佈局、字體和行間距，使你的簡歷更有吸引力。

如果你的個人簡歷是有封面的，那姓名、聯繫方式、求職意向，甚至是學校名稱、專業等信息應該是包含在內的。對於沒有封面的個人簡歷，求職者應該把個人基本信息放在開頭或者結尾的部分。

按照人們長期形成的快速閱讀習慣，文本的開頭和結尾通常是閱讀的焦點，因此在這兩部分一定要體現求職者最為重要的數據和想要強調的內容。同時，在撰寫簡歷時，可以借助列表、特殊的字體、字體大小、字體加重等突出重要信息。但要注意簡歷的整體性，不要因為突出重點而使簡歷看起來雜亂無章。

6. 簡歷照片

簡歷照片既可以使用彩色照也可以使用黑白照。很多人圖省事，在複印簡歷時將照片也一同複印上去，由於複印效果較差，給人一種不好的感覺。有人採用噴墨打印機將掃描後的個人照片直接打印在簡歷上，由於噴墨點陣較大，打出來的照片給人一種模模糊糊、害相思病的感覺。

同其他身分證明上的照片一樣，個人簡歷上貼的照片應該是本人近期的照片，千萬不要隨隨便便把大一，甚至高中以前的照片拿來貼在簡歷上。同時，個人簡歷上的照片也不適合放生活照或者明星照。

簡歷上的照片選得不好也一樣會影響到本人的面試機會。

7. 簡歷打印

在簡歷打印之前，應該再三地檢查和修改，不要出現錯別字、錯誤的標點符號、錯誤的表格以及錯誤的信息。

簡歷打印時，應盡量使用激光打印，低檔次的彩色噴墨打印只適合打印幅面較小的圖片、文字，幅面過大容易使紙張因吸水過多而折皺變形。倘若條件允許，不妨採用彩色激光打印，但一定要注意保持整體風格的素雅統一，別把簡歷搞得五顏六色，形同塗鴉。

（二）自薦信

寫自薦信是目前畢業生求職擇業的一種比較常用，也是非常主要的手段，用人單位出於節約人力和時間的考慮，多數不採取直接面試的形式，而是要求求職者先寄送自我介紹材料，由他們進行比較、篩選，然後才通知求職者是否面試。因此，寫好自薦信十分重要，它是敲開職業大門的第一個重要步驟。

1. 自薦信的內容

（1）個人的基本情況

首先要介紹個人的基本情況，如姓名、性別、年齡、政治面貌、就讀學校、專業等。個人基本情況介紹得越詳細越好，但也要注意詳略得當。為使對方增加直接印象，最好附有近期照片。

同時，說明用人信息的來源，說明你對該單位的印象。

（2）說明勝任某項工作的條件

這是自薦信的核心部分，主要是向對方說明你有知識，有經驗，有專業技能，有與工作要求相符合的特長、性格和能力。

總之，無論從哪個角度都要突出適合於所求職業的特長和個性，不落俗套，起到吸引和打動對方的目的。

（3）介紹自己的能力

如：向對方介紹自己曾經參加過各種社會工作及取得的成績，預示著自己有管理方面的才能，有發展、培養的前途。

（4）附上有關材料或證書

在自薦信上附上有關資料文件，如畢業證書、學位證書、獲獎證書的影印件，學校的推薦信、履歷表、近照及有關證明等，給對方以辦事認真、考慮周全的印象。

（5）表示面談的願望

結尾要表示希望對方給予回信，並且熱切地希望有一個面談的機會。

寫清自己詳細的通信地址、郵政編碼和電話號碼，必要時還應註明何時打電話較合適等，以便互相聯絡。

2. 自薦信注意避免的事項

（1）不夠自信，過於謙虛；

（2）主觀意願，推理不當；

（3）自述語氣，過於主觀；

（4）措辭不當，造成反感。

3. 失敗的自薦信類型

（1）為用人單位限定時間的求職信：如「因學校×月×日以前留京指標截止，敬請貴公司務必於×日內給予答覆」。

點評：這種寫法，表面看上去很客氣，但實際上是在限定對方的時間，好像給對方下命令。當然，我們非常理解你焦急等待的心情，但不必在求職信中作這樣的表露。你完全可以通過向熟人打聽或以其他方式盡早知道結果。

（2）為用人單位規定義務的求職信：如「本人謹以最誠摯的心情，希望成為貴公司的一員，盼望得到貴公司的尊重、考慮和錄用」。

點評：這種寫法，事實上是在強迫對方，因為這句話的實際含義是「如果你不錄用我，就是對我的不信任」。

（3）盛氣凌人的求職信：如「貴公司××總經理先生要我直接寫信給您」，或者「×× ×處長十分關心我的工作問題，特讓我寫信給您，請多關照」。

點評：這種求職信讓人看後很反感，「既然總經理（或處長）都對你感興趣，你還寫信給我幹什麼？」或者別人會認為「這還了得，還沒進公司就到處找關係，搭後臺，誰敢用你！」

（4）「賣官子」的求職信：如「現已有多家公司欲聘用我，故盼請貴公司從速答覆」。

點評：這實際上是在用別的單位來壓用人單位，好像是在說「我可是一位難得的人才，你們不聘我，別人還搶著要呢！」除非你是在跟單位鬥氣，否則這樣的寫法實在沒有必要。

三、面試問題的準備

通常在面試前，求職者需要提前準備好一些常規的問題。除了自我介紹、專業所學、面試崗位及原因、獲獎經歷及愛好等，求職者還需要準備兩方面的問題：

第一，你希望面試官瞭解到你自己哪些信息。找出 2～5 處能反應你在該工作上的優勢的地方，比如性格特點、語言能力、學生會工作等。但要注意的是，每項優勢需要有具體的例子來證明。

第二，你需要淡化哪些劣勢或者缺點。找出你可能會被問到的劣勢或者缺點，比如成績平平、缺乏經驗、英語成績不好等。對待劣勢問題的回答，要懂得技巧。比如「我的成績很普通，是因為我覺得，在大學期間，除了學習成績外，其他能力的培養也很重要，因此我參加了很多社團活動，取得了具體××獎項」。

面試中經常會被問到的問題包括：

（1）介紹一下自己。
（2）概述簡歷內容。
（3）你為什麼覺得自己能勝任我們公司的工作？
（4）最讓你滿意的兩三項成就是什麼？
（5）你最喜歡和不喜歡的大學課程是什麼？為什麼？

（6）你在班級的排名是多少？你的成績分數怎樣？你的分數為什麼這麼低？

（7）你最近讀了什麼書？看了哪些電影？

（8）描述你在大學期間/學生會工作期間/實習期間曾經遇到過的某個重大問題，談談你是如何解決它的。

（9）工作之余有什麼興趣愛好？參加過哪些校園或社區活動？

（10）為瞭解我們公司，你做了些什麼？

（11）你最大的優勢/缺點是什麼？

（12）你有什麼問題要問我們嗎？

四、儀表、儀容的準備

（一）面試著裝準備

求職者的外在形象，是給主考官的第一印象。對於即將畢業的大學生，一套合適的職業裝是必不可少的，與職業裝相配的鞋子、襪子、皮帶以及包都是在面試前需要準備的物品。男士在面試中，不宜佩戴飾品；女士佩戴飾品時，應避免佩戴過多、過雜，應當採用「少而精」的原則。無論是男士還是女士，包的選擇應該偏於職業化，男士可以選擇公文包，女士選擇包時，不要過於花哨。包內物品應精簡，歸類整齊，不能什麼東西都塞在包裡。

（二）儀容準備

1. 頭髮

女士應聘者，頭髮要梳理整齊，最好不要染色，留長髮的女士不要披頭散髮，前額劉海不要超過眉毛。

男士應聘者，在面試前應保持頭髮整潔、髮型簡單、樸素、穩重大方，前面不留劉海，側面頭髮不蓋耳朵，後面頭髮不碰衣領。

2. 臉

男士求職者在面試時，不用化妝，但需要把臉洗乾淨，鬍子刮乾淨。

女士求職者面試當天化一點妝會顯得更精神、更自信。但化妝一定要以輕柔、優雅的淡妝為主，切忌濃妝豔抹。

3. 手

手是人體中活動最多的部分之一，當向面試官遞交材料時，手往往會成為面試官注視的焦點。因此面試前，要注意手部衛生，不要留長指甲。女士不要塗抹顏色豔麗的指甲油。

4. 體味

面試前應該洗個澡，既可以除掉身上的異味，也可以讓精神更加抖擻。面試前不要吃洋蔥、大蒜等刺激性味道的食物，也不要喝酒。面試前最好不要抽菸。面試前兩三個小時，可以使用一些清淡型的香水。

五、其他準備

隨行資料的準備是面試前必須要做的。面試時，可以多帶幾份個人簡歷的複印件，同時需要準備自己的證件、獲獎證書、成果或作品集等的複印件。帶好用來記錄的筆和紙。

面試前，還需做好行程計劃，尤其是到自己不熟悉的地方或者城市，必須提前規劃好路程和時間，以免面試遲到。

【實訓設計】

實訓技能　自薦材料的製作

一、實訓內容

所有同學完成自己的自薦材料的製作。

二、實訓方法

所有同學獨立完成。

三、實訓步驟

（1）教師講解求職面試前的準備禮儀的相關知識，並布置實習任務。
（2）所有同學按照要求，在機房獨立完成自己的自薦材料的製作，並裝訂成冊。
（3）上交自薦材料。

四、任務考核

教師負責考核。考核評分標準如表 7.1 所示。

表 7.1　　　　　　　　　　自薦材料評分表

組別＿＿＿＿＿＿　　姓名＿＿＿＿＿＿　　時間＿＿＿＿＿＿

考評項目	考評內容	應得分	扣分	實得分
自薦材料製作	材料的完整性	15		
	自薦材料是否符合禮儀要求	45		
	簡歷的創新性及吸引性	20		
	自薦信的內容	20		
	合計	100		

考評教師（簽名）：

任務 2　面試禮儀

【案例導入】

一位普通的大學生到一家著名的國外大公司去求職，很快被錄用了。公司的員工對此很驚訝，問公司的總裁為什麼。總裁說：「你們沒有注意到嗎？他在門口蹭掉腳上的土，進門後隨手關上了門，說明他做事小心仔細。當他看到那位殘疾人時，他立即起身讓座，表明他心地善良，體貼別人。進了辦公室他先脫去帽子，回答我所有的問題乾脆果斷，證明他既有禮貌又有素養。」「其他所有人都從我故意放在地上的那本書上邁過去，而他卻俯身揀起那本書，並放在桌上。當我和他交談時，我發現他衣著整齊，頭髮梳得整整齊齊，坐姿端正。有這樣小節的人難道不該用嗎？」

【任務目標】

通過實訓，學生應掌握求職者的儀態禮儀，熟知面試中的十個禮儀要求及三個注意事項，掌握面試時的一些應答及應對技巧。

【理論知識】

一、求職者的儀態禮儀

（一）求職者站姿的基本要求

站姿是儀態美的起點，又是發展不同動態美的基礎。良好的站姿能襯托出求職者良好的氣質和風度。

站姿的基本要求是挺直、舒展，站得直、立得正、線條優美、精神煥發。其具體要求是：

頭要正，頭頂要平，雙目平視，微收下顎，面帶微笑，動作要平和自然；脖頸挺拔，雙肩舒展，保持水平並稍微下沉；兩臂自然下垂，手指自然彎曲；身軀直立，身體重心在兩腳之間；挺胸、收腹、直腰，臀部肌肉收緊，重心有向上升的感覺；雙腳直立，女士雙膝和雙腳要靠緊，男士兩腳間可稍分開點兒距離，但不宜超過肩膀。

（二）求職者坐姿的基本要求

坐姿是儀態的重要內容。良好的坐姿能夠傳遞出求職者自信練達、積極熱情的信息，同時也能夠展示出求職者高雅莊重、尊重他人的良好風範。

求職者坐姿的基本要求是端莊、文雅、得體、大方。具體要求如下：

入座時要穩要輕，不可猛起猛坐使椅子發出聲響。女士入座時，若著裙裝，應用手將裙子稍向前攏一下。

坐定後，身體重心垂直向下，腰部挺直，上體保持正直，兩眼平視，目光柔和。男子雙手掌心向下，自然放在膝蓋上，兩膝距離以一拳左右為宜。女士可將右手搭在

左手上，輕放在腳面上。

坐時不要將雙手夾在兩腿之間或放在臀下，不要將雙臂端在胸前或放在腦後，也不要將雙腳分開或將腳放或伸得過遠。坐於桌前應該將手放在桌子上，或十指交叉後以肘支在桌面上。

入座後，盡量可能保持正確的坐姿，如果坐的時間長，可適當調整姿態以不影響坐姿的優美為宜。

（三）求職的走姿的基本要求

走姿是站姿的延續動作，是在站姿的基礎上展示人的動態美，無論是在日常生活中還是在社交場合中，走路往往是最吸引人注意的體態語言，最能表現一個人的風度和魅力。

求職者走姿的具體要求是：

行走時，頭部要抬起，目光平視對方，雙臂自然下垂，手掌心向內，並以身體為中心前後擺動。上身挺拔，腿部伸直，腰部放鬆，腿幅適度，腳步宜輕且富有彈性和節奏感。

男士應抬頭挺胸，收腹直腰，上體平穩，雙肩平齊，目光直視前方，步履穩健大方，顯示出男性的剛強雄健的陽剛之美。

女士應頭部端正，目光柔和，平視前方，上體自然挺直，收腹挺腰，兩腳靠攏而行，步履勻稱自如，含蓄恬靜，顯示女生莊重而文雅的溫柔之美。

（四）儀態禮儀注意的七個問題

在面試時，求職者的行為舉止十分重要，一般而言要注意七個問題：

（1）應聘時不要結伴而行。無論應聘什麼職位，獨立性、自信心都是用人單位對每位應聘者的基本素質要求。

（2）保持一定的距離。面試時，求職者和主考官必須保持一定的距離，不適當的距離會使主考官感到不舒服。如果應聘的人多，招聘單位一般會預先布置好面試室，把應試人的位置固定好。當求職者進入面試室後，不要隨意將椅子挪來挪去。有的人喜歡表現親密，總是把椅子向前挪。殊不知，這是失禮的行為。如果應聘的人少，主考官也許會讓你同坐在一張沙發上，求職者這時應界定距離，太近了，容易和主考官產生肌膚接觸，這是失禮的行為。

（3）不卑不亢。求職面試的過程實際上是一種人際交往過程，求職雙方都應用平和的心態去交流。

（4）舉止大方。舉止大方是指求職者舉手投足自然優雅，不拘束，從容不迫，顯示良好的風度。

（5）忌不拘小節。有求職者，自持學歷高，或者有經驗、有能力，不愁用人單位不用，在求職時傲慢不羈，不拘小節，表現出無所謂的樣子，這是不可取的。正是這些不易被人注意的細節，使很多人失去了一些好的工作機會。

（6）勿猶豫不決。一般來說，求職者應聘時舉棋不定的態度是不明智的。這會讓主考官感到你是個信心不足的人，難免懷疑你的工作作風和實際能力，容易讓招聘的

單位有更多的選擇機會，而自己卻喪失了一次機遇。

二、面試禮儀

（一）守時守信

守時是職業道德的一個基本要求，提前 10~15 分鐘到達面試地點效果最佳，可熟悉一下環境，穩定一下心情。面試時遲到或是匆匆忙忙趕到是致命的，如果應聘者面試遲到，那麼不管有什麼理由，也會被視為缺乏自我管理和約束能力，即缺乏職業能力，給面試者留下非常不好的印象。不管有什麼理由，遲到會影響自身的形象，這是一個涉及對人、對自己尊重的問題。而且大公司的面試往往一次要安排很多人，遲到了幾分鐘，就很可能永遠與這家公司失之交臂了，因為這是面試的第一道題，你的分值就被扣掉，後面的你也會因狀態不佳而搞砸。

如果路程較遠，寧可早到 30 分鐘，甚至一個小時。城市很大，路上堵車的情形很普遍，對於不熟悉的地方也難免迷路。但早到後不宜提早進入辦公室，最好不要提前 15 分鐘以上出現在面談地點，否則聘用者很可能因為手頭的事情沒處理完而覺得很不方便。外企的老板往往是說幾點就是幾點，一般絕不提前。當然，如果事先通知了許多人來面試，早到者可提早面試或是在空閒的會議室等候，那就另當別論。對面試地點比較遠，地理位置也比較複雜的，不妨先跑一趟，熟悉交通線路、地形，甚至事先搞清洗手間的位置，這樣就可知道面試的具體地點，同時也瞭解了路上所需的時間。

（二）放鬆心情

許多求職者一到面試點就會產生一種恐懼心理，害怕自己思維紊亂，詞不達意，出現差錯，以致痛失良機。於是往往會因為緊張而出現心跳加快、面紅耳赤等情況。此時，應控制自己的呼吸節奏，努力調節，盡量調整到最佳狀態後再面對招聘考官。

（三）以禮相待

進入公司前臺，求職者要把訪問的主題、有無約定、訪問者的名字和自己名字報上。到達面試地點後，求職者應在等候室耐心等候，並保持安靜。如果此時有的單位為使面試能盡可能多地略過單位情況介紹步驟，盡快進入實質性階段，準備了公司的介紹材料，是應該仔細閱讀以先期瞭解情況，也可自帶一些試題重溫。切忌不要來回走動顯示浮躁不安，也不要與別的面試者聊天，因為這可能是你未來的同事，甚至決定你能否稱職的人，你的談話對周圍的影響是你難以把握的，這也許會導致你應聘的失敗。更要堅決制止的是：在接待室恰巧遇到朋友或熟人，就旁若無人地大聲說話或笑鬧；吃口香糖、抽香菸、玩手機。

求職者在等候面試時，不要旁若無人，隨心所欲，對接待員熟視無睹，自己想幹什麼就幹什麼，給人留下不好的印象。對接待員要禮貌有加，也許接待員就是公司經理的秘書、辦公室的主任或人事單位的主管人。如果你目中無人，沒有禮貌，在決定是否錄用時，他們可能也有發言權，所以，你要給所有的人留下良好的印象，而並非只是面試的主考官。面試時，自覺將手機關掉。

（四）入室敲門

求職者進入面試室的時候，應先敲門，即使面試房間是虛掩的，也應先敲門，千萬別冒冒失失地推門就進，給人魯莽、無禮的感覺。

敲門時要注意門聲的大小和敲門的速度。正確的是用右手的手指關節輕輕地敲三下，問一聲：我可以進來嗎？待聽到允許後再輕輕地推門進去。

（五）微笑示人

求職者在踏入面試室的時候，應面帶微笑，如果有多位考官，應面帶微笑地環視一下，以眼神向所有人致意。

一般而言，陌生人在相互認識時，彼此會首先留意對方的面部，然後才是身體的其他部分。面帶真誠、自然、由衷的微笑，可以展示一個人的風度、風采，有利於求職者塑造自己的形象，給人留下美好的印象。

求職者與主考官相識之後，便要稍微收斂笑容，集中精神，平靜的面容有助於求職者面試成功。

（六）莫先伸手

求職者進入面試室，行握手之禮，應是主考官先伸手，然後求職者單手相應，右手熱情相握。若求職者拒絕或忽視了主考官的握手，則是失禮。若非主考官主動先伸手，求職者切勿貿然伸手與主考官握手。

（七）請才入座

求職者不要自己坐下，要等主考官請你就座時再入座。主考官叫你入座，求職者應該表示感謝，並坐在主考官指定的椅子上。如果椅子不舒適或正好面對陽光，求職者不得眯著眼，最好是詢問後再調整位置。

（八）遞物大方

求職者求職時必須帶上個人簡歷、證件、介紹信或推薦信，面試時一定要保證不用翻找就能迅速取出所有資料。如果送上這些資料，應雙手奉上，表現得大方和謙遜。

（九）語言謙和

培根說：「和藹可親的態度是永遠的介紹信。」謙和是對他人的敬重，是一種友好的表示，必然收到友好的回報。充滿熱情，必然給人以精力充沛、富有生機和自信的感覺。回答問題要口齒清晰，聲音大小適度，但不要太突然，答句要完整，不可猶豫，不可用口頭禪；也忌信口開河、賣弄自己、高談闊論、縱情大笑。面談時，講話要充滿自信。回答問題時盡量詳細，要按招聘人員的話題進行交談。有的主考官會故意提一些令應聘者感到受冒犯的問題，用來試探一下應聘者如何對待，考察其修養和應變能力。此時應聘者一定要冷靜，不能意氣用事。拒絕回答是可以的，但口氣和態度一定要婉轉、溫和。

（十）學會傾聽

好的交談是建立在「傾聽」的基礎上的。傾聽是一種很重要的禮節，不會傾聽，

也就無法回答好主考官的問題。傾聽就是要對對方說的話表示出興趣,在面試過程中,主考官的每一句話都可以說是非常重要的。你要集中精力,認真地聽,記住說話人講話的內容重點。

傾聽對方談話時,要自然流露出敬意,這才是一個有教養、懂禮儀的人的表現。要做到:

(1) 記住說話者的名字;
(2) 身體微微傾向說話者,表示對說話者的重視;
(3) 用目光注視說話者,保持微笑;
(4) 適當地作出一些反應,如點頭、會意地微笑、提出相關的問題。

三、面試禁忌

(一) 遲到

遲到是面試的一大忌。等待會使人產生焦急煩躁的情緒,使面談的氣氛不夠融洽。國外專家統計,求職面試遲到者獲得錄用的概率只相當於不遲到者的一半。面試以提前十分鐘左右到達場地為宜。

(二) 過多的手勢

「手勢宜少不宜多。」多余的手勢,會給人留下裝腔作勢、缺乏涵養的感覺。反覆擺弄自己的手指,要麼活動關節,要麼捻響,要麼攥著拳頭,或是手指動來動去,往往會給人一種無聊的感覺,讓人難以接受。在面談活動時,有些手勢會讓人反感,嚴重影響形象。例如,手指在桌上亂寫亂畫。

(三) 不必要的小動作

避免一些不必要的小動作。例如,玩弄衣帶、筆,玩手指頭、咬指甲、摳指甲,抓頭皮、撓頭皮、掏耳朵、摳鼻孔,蹺起二郎腿亂抖,用腳敲踏地面,雙手托下巴,說話時用手掩著口,搖擺小腿、抖腿等。

四、面試結束時的禮儀

面試結束時,不論是否被順利錄取,都要對用人單位的人事主管抽出寶貴時間來與自己見面表示感謝,並且表示期待著有進一步與他/她面談的機會。與面試官道別,離開辦公室時,應該把剛才坐的椅子扶正到剛進門時的位置,再次致謝後出門。經過前臺時,要主動與前臺工作人員點頭致意或說「謝謝,再見」之類的話。

面試之後,回到家裡,應該仔細記錄整個面試經過,每個面試提問、每個細節都要記載在面試記錄手冊裡。面試成功與否並不是最重要的,最重要的是從上一次面試中分析各種因素,學到經驗,讓自己下次面試表現得更好。

【補充資料】

面試自我介紹範例二則

例1：我叫韓雪，今年22歲，是××學院護理專業的畢業生。入學以來，我的學習成績在班上一直名列前茅，但我覺得學習成績的優秀並不能說明整體素質的優秀。作為團支部書記，我努力做好自己的工作，依靠大家的努力，我們支部連續三年被評為優秀團支部，我也連續三年被評為優秀團幹部。我在××醫院××病房實習了一年，多次受到護士長的表揚。我性格開朗、活潑，待人熱情誠懇。我認為我的性格對做好護理工作會有很大的幫助。

例2：我叫李剛，是××職業學院汽修專業的畢業生，今年20歲。我從小就對汽車有著特殊的感情，特別喜歡我的專業。我們所學的主要專業課是汽車構造、汽車維修和汽車電器。我的文化課成績一般，但專業課在班上數一數二，我還是學校少有的拿到了汽車駕駛執照的學生。

【實訓設計】

情景模擬與角色扮演

一、實訓內容

各小組自編一個面試情景，策劃一次應聘面試，要求綜合運用面試禮儀相關知識。

二、實訓步驟

（1）各小組討論確定自編情景，要求情景設計既要反應面試禮儀的基本要求，又要體現一定的創意，同時也不能太過誇張。

（2）各小組根據所擬情景，編排面試禮儀情景劇。

（3）各小組表演自己的情景劇，所有成員均須完成自己的角色任務。

（4）各小組主持人引導小組討論，整合成果，並作交流。

（5）教師總結和點評學生實訓中存在的問題。

三、任務考核

教師負責考核。考核評分標準如表7.2所示。

表7.2　　　　　　　面試禮儀評分表

組別＿＿＿＿　　　姓名＿＿＿＿　　　時間＿＿＿＿

評價項目與內容		應得分	扣分	實得分
準備工作	劇情合理，道具準備到位	5		
	實訓過程全組協調良好	5		
基本知識掌握	熟悉面試的基本禮儀及應注意的問題	10		
神態、舉止	聲音大小適中、語速適中	5		
	熱情、大方、得體	5		
	儀容、儀表、儀態得體	5		

表7.2(續)

評價項目與內容		應得分	扣分	實得分
面試禮儀	語言表達恰當	5		
	對面試其他禮儀知識的覆蓋面及反應程度	10		
	情景設計的創新性	10		
	小組成員的角色扮演是否到位	10		
觀摩討論	觀摩認真	5		
	積極討論	5		
實訓筆記	按規定時間上交	5		
	字跡清楚、填寫規範、內容詳盡完整	5		
	實訓分析總結正確	5		
	能提出合理化建議及創新見解	5		
合計		100		

考評教師（簽名）：

國家圖書館出版品預行編目(CIP)資料

商務禮儀 / 劉江海 主編. -- 第一版.
-- 臺北市：崧燁文化，2018.08

　面；　公分

ISBN 978-957-681-386-3(平裝)

1. 社交禮儀

192.3　　　107011660

書　　名：商務禮儀
作　　者：劉江海 主編
發 行 人：黃振庭
出 版 者：崧燁文化事業有限公司
發 行 者：崧燁文化事業有限公司
E-mail：sonbookservice@gmail.com
粉絲頁　　　　　　網　址：
地　　址：台北市中正區重慶南路一段六十一號八樓815室
8F.-815, No.61, Sec. 1, Chongqing S. Rd., Zhongzheng Dist., Taipei City 100, Taiwan (R.O.C.)
電　　話：(02)2370-3310　傳　真：(02) 2370-3210
總 經 銷：紅螞蟻圖書有限公司
地　　址：台北市內湖區舊宗路二段121巷19號
電　　話：02-2795-3656　傳真：02-2795-4100　網址：
印　　刷：京峯彩色印刷有限公司（京峰數位）

　　本書版權為西南財經大學出版社所有授權崧博出版事業股份有限公司獨家發行電子書繁體字版。若有其他相關權利需授權請與西南財經大學出版社聯繫，經本公司授權後方得行使相關權利。

定價：350 元

發行日期：2018 年 8 月第一版

◎ 本書以POD印製發行